Introduction à la pragmatique

Champs linguistiques

Collection dirigée par Marc Wilmet (Université libre de Bruxelles) et Dominique Willems (Universiteit Gent)

Recherches

Brès J., *La narrativité*
Cervoni J., *La préposition. Étude sémantique et pragmatique*
Corminboeuf G., *L'expression de l'hypothèse en français. Entre hypotaxe et parataxe*
Defrancq B., *L'interrogative enchâssée*
Dostie G., *Pragmaticalisation et marqueurs discursifs. Analyse sémantique et traitement lexicographique*
Englebert A., *L'infinitif dit* de narration
Fløttum K., Jonasson K., Norén C., *ON. Pronom à facettes*
Fuchs C. (Éd.), *La place du sujet en français contemporain*
Furukawa N., *Grammaire de la prédication seconde. Forme, sens et contraintes*
Furukawa N., *Pour une sémantique des constructions grammaticales. Thème et thématicité*
Gosselin L., *Sémantique de la temporalité en français. Un modèle calculatoire et cognitif du temps et de l'aspect*
Gosselin L., *Temporalité et modalité*
Grobet A., *L'identification des topiques dans les dialogues*
Hadermann P., *Étude morphosyntaxique du mot Où*
Heinz M., *Le possessif en français. Aspects sémantiques et pragmatiques*
Huyghe R., *Les noms généraux d'espace en français. Enquête linguistique sur la notion de lieu*
Léard J.-M., *Les gallicismes*
Marchello-Nizia Ch., *Grammaticalisation et changement linguistique.*
Martin F., *Les prédicats statifs. Étude sémantique et pragmatique*
Myers J. M., *Modalités d'apprentissage d'une langue seconde*
Rézeau P., (études rassemblées par), *Richesses du français et géographie linguistique. Volume 1*
Rosier L., *Le discours rapporté. Histoire, théories, pratiques*
de Saussure L., *Temps et pertinence. Éléments de pragmatique cognitive du temps*
Schnedecker C., *De l'un à l'autre et réciproquement...Aspects sémantiques, discursifs et cognitifs des pronoms anaphoriques corrélés*
Thibault A. (sous la coordination de), *Richesses du français et géographie linguistique, Volume 2*
Van Goethem K., *L'emploi préverbal des prépositions en français. Typologie et grammaticalisation*

Manuels

Bal W., Germain J., Klein J., Swiggers P., *Bibliographie sélective de linguistique française et romane.* 2e édition
Bracops M., *Introduction à la pragmatique. Les théories fondatrices : actes de langage, pragmatique cognitive, pragmatique intégrée.* 2e édition
Chiss J.-L., Puech C., *Fondations de la linguistique. Études d'histoire et d'épistémologie*
Chiss J.-L., Puech C., *Le langage et ses disciplines. XIXe -XXe siècles*
Delbecque N. (Éd.), *Linguistique cognitive. Comprendre comment fonctionne le langage*
Englebert A., *Introduction à la phonétique historique du français*
Gaudin Fr., *Socioterminologie. Une approche sociolinguistique de la terminologie*
Gross G., Prandi M., *La finalité. Fondements conceptuels et genèse linguistique*
Klinkenberg J.-M., *Des langues romanes. Introduction aux études de linguistique romane.* 2e édition
Kupferman L., *Le mot «de». Domaines prépositionnels et domaines quantificationnels*
Leeman D., *La phrase complexe. Les subordinations*
Mel'čuk I. A., Clas A., Polguère A., *Introduction à la lexicologie explicative et combinatoire.* Coédition AUPELF-UREF. Collection Universités francophones
Mel'čuk I., Polguère A., *Lexique actif du français. L'apprentissage du vocabulaire fondé sur 20 000 dérivations sémantiques et collocations du français*
Revaz Fr., *Introduction à la narratologie. Action et narration*

Recueils

Albert L., Nicolas L. (sous la direction de), *Polémique et rhétorique de l'Antiquité à nos jours*
Bavoux C. (dir.), *Le français des dictionnaires. L'autre versant de la lexicographie française*
Bavoux C., *Le français de Madagascar. Contribution à un inventaire des particularités lexicales.* Coédition AUF. Série Actualités linguistiques francophones
Béjoint H., Thoiron P. (Éds), *Les dictionnaires bilingues.* Coédition AUPELF-UREF. Collection Universités francophones
Benzakour F., Gaadi D., Queffélec A., *Le français au Maroc. Lexique et contacts de langues.* Coédition AUF. Série Actualités linguistiques francophones
Bouchard D., Evrard I., Vocaj E., *Représentation du sens linguistique. Actes du colloque international de Montréal*
Bouillon P., avec la collaboration de : Françoise Vandooren, Lyne Da Sylva, Laurence Jacqmin, Sabine Lehmann, Graham Russell et Evelyne Viegas, *Traitement automatique des langues naturelles.* Coédition AUPELF-UREF. Collection Universités francophones
Bres J., Haillet P.-P., Mellet S., Nolke H., Rosier L., *Dialogismes et polyphonies*
Chibout K., Mariani J., Masson N., Neel F., (sous la coordination de), *Ressources et évaluation en ingénierie des langues.* Coédition AUPELF-UREF. Série Actualité scientifique
Conseil supérieur de la langue française et Service de la langue française de la Communauté française de Belgique (Eds), *Langue française et diversité linguistique. Actes du Séminaire de Bruxelles* (2005)
Defays J.-M., Rosier L., Tilkin F. (Éds), *A qui appartient la ponctuation ? Actes du colloque international et interdisciplinaire de Liège (13-15 mars 1997)*
Evrard I., Pierrard M., Rosier L., Van Raemdonck D. (dir.), *Représentations du sens linguistique III. Actes du colloque international de Bruxelles* (2005)
Francard M., Latin D. (Éds), *Le régionalisme lexical.* Coédition AUPELF-UREF. Série Actualité scientifique
Englebert A., Pierrard M., Rosier L., Van Raemdonck D. (Éds), *La ligne claire. De la linguistique à la grammaire. Mélanges offerts à Marc Wilmet à l'occasion de son 60e anniversaire*
Hadermann P., Van Slijcke A., Berré M. (Éds), *La syntaxe raisonnée. Mélanges de linguistique générale et française offerts à Annie Boone à l'occasion de son 60e anniversaire.* Préface de Marc Wilmet
Queffélec A., Derradji Y., Debov V., Smaali-Dekdouk D., Cherrad-Benchefra Y. *Le français en Algérie. Lexique et dynamique des langues.* Coédition AUF. Série Actualités linguistiques francophones
Rézeau P. (sous la direction de), *Variétés géographiques du français de France aujourd'hui. Approche lexicographique*

MARTINE BRACOPS

AVEC EXERCICES ET CORRIGÉS

Introduction à la pragmatique

Les théories fondatrices : actes de langage, pragmatique cognitive, pragmatique intégrée

Champs linguistiques

de boeck duculot

Le présent ouvrage a fait l'objet de toute notre attention. Si néanmoins certaines demandes d'autorisation de reproduction n'étaient pas parvenues aux auteurs ou à leurs ayants droit, merci de nous en informer.

Pour toute information sur notre fonds et les nouveautés dans votre domaine de spécialisation, consultez notre site web: **www.deboeck.com**

2e édition
Éditions Duculot
Rue des Minimes 39, B-1000 Bruxelles

Imprimé en Belgique

Dépôt légal :
Bibliothèque nationale, Paris : septembre 2010
Bibliothèque royale de Belgique, Bruxelles : 2010/0035/017

ISSN 1374-089X
ISBN 978-2-8011-1611-1

Pour Olivier, et pour les Fofos.

En fait toute phrase, même si elle se résume à un sujet, un verbe et un complément, est porteuse d'un message qui la dépasse, compte tenu du contexte et de la façon dont elle est émise. Elle contient certes une information, mais elle participe simultanément à une communication ; ce qui implique au moins deux personnes, et par conséquent intervention simultanée de celui qui émet et de celui qui reçoit.

Autrement dit, un mot n'a de sens que dans un certain contexte. Ce contexte ne peut être le même, par exemple, pour un jeune et pour un adulte. Il faut donc admettre que l'outil de communication est imparfait. Il n'y a pas de recette pour y remédier, sinon la conscience, de part et d'autre, de cette difficulté et la volonté de la surmonter en n'enfermant pas l'interlocuteur dans les phrases qu'il a prononcées.

On peut, tout au moins, espérer que ces difficultés inhérentes au procédé d'échange ne seront pas accrues par l'attitude des personnes en cause. Si le mensonge ou la mauvaise foi s'insèrent dans le processus, il n'y a plus échange, mais manipulation réciproque.

Albert Jacquard, *Petite philosophie à l'usage des non-philosophes*, Paris, Calmann-Lévy, 1997 ; coll. Le livre de poche n° 14562, p. 17.

PRÉFACE

La principale difficulté des ouvrages d'introduction à une discipline, c'est la gestion des relations entre les deux thèmes de l'équation que sont la complexité et l'abondance de la matière concernée par la discipline d'un côté, et la pertinence et la justesse de l'exposé qu'on voudrait en faire de l'autre. Cette difficulté est d'autant plus grande que l'ouvrage en question se veut en même temps un manuel, c'est-à-dire un ouvrage dont l'ambition pédagogique est d'être à la fois explicite, précis et accessible. À la lecture de l'*Introduction à la pragmatique*, on est frappé par la manière dont Martine Bracops a su gérer les thèmes de cette équation. Elle a déjoué les difficultés avec brio. Cela se voit dès le titre qui est explicité par un sous-titre se présentant comme un condensé de la structuration de l'ouvrage. Avant même d'ouvrir l'ouvrage, le lecteur possède déjà les principales clefs du manuel ; il s'agit de présenter les fondements de la pragmatique à travers trois moments de son histoire : la naissance avec les philosophes du langage anglo-saxons Austin, Searle et Grice, l'orientation cognitiviste que Sperber et Wilson lui ont donnée et l'approche intégrée qu'elle a connue avec les travaux de Ducrot et Anscombre. Ces trois moments font l'objet respectivement de trois parties, précédées d'une introduction où l'auteur pose le cadre théorique général dans lequel s'inscrit la pragmatique.

Trois raisons me semblent présider à cette réussite : le point de vue épistémologique, la perspective historique et le regard critique. Ces trois éléments structurent le manuel dans sa totalité et assurent son équilibre général.

La dimension épistémologique est omniprésente dans l'ouvrage, ce qui permet à l'auteur, au détour de la présentation d'une approche ou de la définition d'un concept, ou même dans le cadre d'un exercice applicatif, de faire des rappels qui sont à la base même de la naissance de la pragmatique : À quoi sert le langage ? Qu'est- ce que communiquer ? Quel rôle joue le code par rapport aux objets du monde ? Quelle relation entretient le code avec les instances d'énonciation ? etc. Autant de questionnements qui orientent le lecteur dans son cheminement, et qui rappellent les fondamentaux qui justifient le recours à de nouvelles approches dépassant la dimension codique du langage.

La perspective historique, de par son caractère heuristique, favorise la découverte : le lecteur part des interrogations anciennes que les philosophes n'ont cessé de formuler sur le langage, le monde, les locuteurs, les interlocuteurs, leurs intentions, le dit, le non-dit, l'explicite, l'implicite, le linguistique, l'extralinguistique, etc., pour suivre la réflexion menée par ces philosophes et voir émerger une discipline qui revendique « l'analyse de l'usage du langage », c'est-à-dire « tous les phénomènes intervenant dans l'interprétation des phrases et qui ne sont pris en charge ni par la syntaxe ni par la sémantique ». Cette émergence s'inscrit dans une évolution qui connaît des reprises, des reformulations, des critiques et même des remises en question. Pour rendre compte de cette évolution, le risque, c'est de tomber dans des redites imposées par la perspective historique : le même objet est repris par les uns et les autres, parce que chacun le décrit à sa manière tout en revendiquant partiellement les analyses de ceux qui l'ont précédé et en y ajoutant sa propre conception. M. Bracops évite ce risque par au moins trois moyens : la méthode cumulative, le système des renvois et le regard critique. La méthode cumulative lui a permis de concevoir ses trois parties sur la base d'une relation d'inclusion ; la conclusion de chaque partie ou chapitre est l'occasion de faire la synthèse de ce qui a été décrit et d'assurer l'ouverture sur la suite. Le système des renvois garantit la cohérence générale de l'ouvrage et allège la démonstration des éventuelles redites imposées par la nature de la matière. Quant au regard critique, il s'ajoute aussi bien à ces deux derniers éléments (méthode cumulative et système de renvois) qu'au point de vue épistémologique et à la perspective historique. C'est le point focal de la méthodologie adoptée dans cet ouvrage.

En effet M. Bracops rappelle régulièrement les avancées théoriques que représentent certaines analyses, les différences qu'elles ont entre elles et les limites qu'elles portent en elles. Ainsi souligne-t-elle le chevauchement entre les concepts introduits par les divers auteurs, les différences de positionnement par rapport à la linguistique (l'approche intégrée par rapport aux autres approches), les nuances des analyses sur lesquelles insistent les uns et les autres, etc.

Par ailleurs si on admet qu'une discipline se définit d'abord par son objet d'étude, son appareil conceptuel et les applications auxquelles elle donne lieu, on constate aisément que ce manuel couvre ces trois aspects :

- l'objet d'étude de la pragmatique, comme on l'a déjà souligné, est l'interprétation des énoncés en fonction de tous les éléments impliqués par la situation d'énonciation, qu'ils soient explicités ou implicités, qu'ils relèvent des intentions du locuteur ou de données extralinguistiques ;

- l'appareil conceptuel spécifique à la pragmatique est constitué par l'ensemble des termes définis dans le corps des chapitres et dans le glossaire, et figurant dans l'index (*acte de langage, allocutaire, attitude propositionnelle, présupposé, contexte, énoncé, implicitation, inférence, littéralité, loi de discours, maximes conversationnelles, performatif, polyphonie, principe de coopération, principe de pertinence, topos, etc.*) ;
- les applications des analyses présentées dans cet ouvrage figurent à deux endroits : dans le corps des développements où les exemples jouent un rôle illustratif, et dans la partie réservée franchement à la dimension applicative et où l'on trouve des exercices qui présentent l'essentiel du contenu de chaque partie et qui portent aussi bien sur des publicités que sur des textes littéraires.

L'*Introduction à la pragmatique* est un excellent ouvrage où tout le monde trouve son compte : le commun des mortels qui ignore tout de ce domaine, l'étudiant qui cherche à découvrir et à retenir l'essentiel de la discipline, et le spécialiste qui est en quête de bonnes synthèses critiques. C'est un ouvrage qui est à la fois synthétique et analytique : la synthèse s'exprime à travers les grandes orientations de la discipline et le condensé des contenus encyclopédiques ; l'analyse se vérifie dans les développements réservés aux concepts essentiels et aux illustrations qui leur sont consacrées.

Le tout est rédigé dans une langue très claire, ce qui en rend la lecture très agréable.

Salah Mejri
Université Paris 13

SOMMAIRE

AVANT-PROPOS

La pragmatique est une discipline jeune, qui trouve ses véritables fondements dans les années 1950 à 1990. Or, les développements actuels de la pragmatique sont multiples, tant dans le secteur des sciences humaines que dans celui des sciences cognitives. L'objectif du présent ouvrage est d'initier aux grandes théories fondatrices le lecteur désireux de se familiariser avec cette discipline récente. Il ne s'agit donc pas d'une présentation à caractère historique renouant avec les courants – essentiellement logicistes – dans lesquels la pragmatique trouve, dès le XIXe siècle (et même dès Aristote), ses racines. Il ne s'agit pas non plus de la tentative d'esquisser un panorama des développements et domaines d'activité de la pragmatique contemporaine. Le propos est de cerner une période clé, véritablement déterminante : les années 1950 à 1990.

Sont ainsi présentés, après une brève introduction, les travaux des philosophes du langage anglo-saxons John L. Austin, John R. Searle et H. Paul Grice, puis le modèle cognitiviste de Dan Sperber et Deirdre Wilson, et enfin les théories de l'école française, représentée par Oswald Ducrot et Jean-Claude Anscombre.

L'ouvrage est conçu en sorte de se prêter à une lecture progressive dans l'ordre des chapitres ; toutefois, le lecteur qui le désire peut également se livrer à une lecture ponctuelle ou à une recherche thématique : afin de lui simplifier la tâche, des références entre parenthèses et des notes de bas de page renvoient d'une section à l'autre au sein d'un même chapitre, ou d'un chapitre à l'autre lorsque des notions similaires ou connexes apparaissent chez plusieurs pragmaticiens.

Par souci pédagogique, l'exposé, accompagné de plusieurs schémas, se veut aussi simple et clair que possible, tout en s'efforçant de ne verser ni dans la simplification excessive ni dans le réductionnisme. Dans le même but, les exemples ont été, autant que possible, réutilisés au fil des chapitres, afin de souligner les similitudes ou les divergences dans les analyses proposées par les différents modèles théoriques.

Enfin, le lecteur qui le souhaite peut, en recourant à certaines des notions abordées dans l'ouvrage, s'exercer à l'analyse de cas : cette nouvelle édition accueille en effet, à la suite des trois chapitres principaux (*1. Les philosophes du langage*, *2. La pragmatique cognitive*, *3. La pragmatique intégrée*), plusieurs propositions d'applications pratiques (assorties d'éléments de réponse) portant sur des points précis développés dans l'exposé théorique.

INTRODUCTION

1 Qu'est-ce que la pragmatique ?

Le terme *pragmatique* dérive du grec *πϱαξις*, qui signifie « action, exécution, accomplissement, manière d'agir, conséquence d'une action... ». En 1938, le philosophe et sémioticien américain Charles W. Morris est le premier à l'utiliser pour définir, paradoxalement, une discipline qui n'existe pas encore : « la pragmatique est cette partie de la sémiotique qui traite du **rapport entre les signes et les usagers des signes** ». On voit que cette définition déborde largement et le domaine linguistique, pour aller vers la sémiotique (étude des signes), et le domaine humain, les « usagers des signes » pouvant fort bien être des animaux ou des machines.

Trente ans plus tard, le logicien et philosophe des sciences israélien Yehoshua Bar-Hillel précise que la pragmatique concerne aussi la « dépendance essentielle de la communication, dans le langage naturel, du **locuteur** et de l'**auditeur**, du **contexte** linguistique et du contexte extra-linguistique, de la disponibilité de la **connaissance de fond**, de la rapidité à obtenir cette connaissance de fond et de la **bonne volonté des participants** à l'acte communicatif »[1].

Et le Français Francis Jacques (1979) de conclure : « la pragmatique aborde **le langage comme phénomène à la fois discursif, communicatif et social** ».

Ce sont là autant de pistes de recherche qu'exploitent les courants récents et contemporains de la pragmatique.

---

1. « Communication and argumentation in Pragmatic Languages », in *I linguaggi nella società e nella tecnica*, Milan, 1968.

Les notions clés de la pragmatique correspondent à des concepts longtemps ignorés ou négligés par la philosophie du langage et la linguistique : la notion d'**acte**, car le langage est action en ce sens qu'il permet d'instaurer un sens, mais aussi d'agir sur le monde et sur autrui ; la notion de **contexte**, car l'interprétation du langage ne saurait faire abstraction de la situation concrète dans laquelle les propos sont émis (le lieu, le moment, l'identité des interlocuteurs...) ; et la notion de **désambiguïsation**, car certaines informations extra-linguistiques sont indispensables à la compréhension sans équivoque d'une phrase (l'attribution des référents corrects aux pronoms, etc.).

C'est grâce à de tels concepts que la pragmatique s'efforce de répondre aux questions qui la préoccupent : que faisons-nous lorsque nous parlons ? que disons-nous exactement lorsque nous parlons ? comment se fait-il que nous ne disions pas toujours ce que nous voulons dire, ni ne voulions dire ce que nous disons ? qu'avons-nous besoin de savoir pour que telle phrase cesse d'être ambiguë ? pouvons-nous nous fier au sens littéral d'un propos ? etc.

La pragmatique est donc une discipline qui s'attache à **la communication et à ses acteurs** ; à ce titre, et quelle que soit l'orientation qu'elle prend, il est logique qu'elle accorde au **langage** une place prépondérante.

2 Qu'est ce que le langage ?

Le langage est la « fonction d'expression de la pensée et de communication entre les hommes, mise en œuvre au moyen d'un système de signes vocaux (parole) et éventuellement de signes graphiques (écriture) qui constitue une langue » ; du point de vue de la linguistique, il est « l'ensemble de la langue (système abstrait) et de la parole (réalisations) » (*Le Grand Robert de la langue française*) – on retrouve dans cette seconde partie de la définition l'opposition langue *vs* parole de F. de Saussure, langue *vs* discours de G. Guillaume.

Le langage est un **phénomène isolé et propre à l'espèce humaine**. La plupart des espèces animales disposent certes de systèmes de communication ou d'expression : les singes (on sait aujourd'hui que l'homme et les grands primates appartiennent à la même famille), les abeilles, les fourmis, les oiseaux, etc. Mais même lorsque les animaux recourent à la gestuelle, voire à la mimique, leurs modes d'expression restent fort éloignés de la faculté de communication des hommes. Cette aptitude particulière, inscrite dans le patrimoine génétique humain, a probablement été favorisée par des circonstances liées à l'évolution de l'espèce : morphologie du crâne et du larynx de l'homme, existence de l'os hyoïde à l'angle de la partie antérieure du cou et du plancher de la bouche, développement d'aires cérébrales spécialisées, etc.

Nulle espèce dans le règne animal ne dispose donc d'un langage comparable à celui des humains, lequel se distingue nettement des formes de communication, pourtant multiples, qu'utilisent les animaux.

En effet, **les échanges langagiers des humains ne sont pas entièrement conditionnés par les stimuli** : les paroles qu'une personne est susceptible de prononcer dans des circonstances données ne se résument pas à un ensemble stéréotypé de répliques. Les échanges communicatifs des animaux, par contre, sont entièrement prévisibles.

EXEMPLE

Une abeille qui rentre à la ruche après avoir repéré une source de nourriture exécutera une danse qui, par la fréquence des frétillements de l'insecte et l'inclinaison de son corps par rapport à la verticale, lui permettra de communiquer l'information à ses congénères et même de localiser le butin avec précision. L'abeille peut certes produire au départ de ces deux variables (fréquence et inclinaison) de multiples messages ; ceux-ci sont néanmoins totalement prévisibles et en nombre fini, comme au demeurant les réponses des autres insectes. En revanche, un être humain qui rentre chez lui après avoir découvert un bon restaurant est susceptible de proférer un nombre infini de phrases, lesquelles sont absolument imprévisibles, de même que les réponses de ses interlocuteurs.

De surcroît, **le langage humain est un système symbolique créatif** : il n'y a pas de limite au nombre de messages qu'une personne peut produire ou comprendre. Et les signaux linguistiques complexes comme les phrases ont une structure interne ; ils sont décomposables et leurs éléments constitutifs peuvent se recombiner entre eux pour forger des significations nouvelles[2].

EXEMPLE

Il est parfaitement possible de comprendre une phrase, même un peu étrange, que l'on n'a jamais entendue auparavant : *La locomotive a balayé une termitière déserte.*

Enfin, il n'existe aucun lien intrinsèque entre le signe linguistique et le contenu qu'il évoque : c'est l'**arbitraire du signe**.

EXEMPLES

Décrire, même très précisément, le physique d'une personne à un interlocuteur qui ne la connaît pas amène généralement ce dernier à se faire de la personne une idée très différente de celle qu'il aurait eue s'il avait pu voir sa photo : en effet, la photo *ressemble* à la personne ; le message linguistique, non.

– *[...] la pêche c'est aussi cruel que les courses de taureaux...*
– *Je n'avais jamais fait la comparaison, dit modestement Cidrolin.*

2. Les mots (lexèmes) eux-mêmes sont décomposables en éléments susceptibles de se recombiner entre eux : c'est la double articulation (morphèmes/phonèmes) définie par A. Martinet.

– *Réfléchissez cinq minutes. Ce sont des maniaques sadiques, les pêcheurs à la ligne. Ils ont une réputation usurpée de philosophes bons. Franchement, ne trouvez-vous pas l'hameçon plus sournois et vicieusement barbare que l'espadrille ?*
– *L'espadrille ?*
– *Ces trucs qu'ils enfoncent dans le cou du fauve.*
– *Vous êtes sûr que cela s'appelle comme ça ?*
– *Pour le moment, moi j'appelle ça comme ça, donc ça s'appelle comme ça et comme c'est avec moi que vous causez en ce moment et avec nul autre, il vous faut bien prendre mes mots à leur valeur faciale. (Queneau, Les fleurs bleues)*

L'interlocuteur qui gratifie Cidrolin de ce commentaire halieutique fait jouer, en décidant d'appeler *espadrille* une *banderille*, le principe de l'arbitraire du signe (Queneau a bien entendu choisi deux termes qui connaissent une relative proximité phonétique, ce qui garantit et la compréhension du lecteur et l'effet humoristique).

3 L'utilité du langage

Il serait tentant de dire que le langage sert à améliorer et à développer les liens sociaux et l'organisation sociale, ou qu'il permet de demander et d'obtenir ce que l'on veut (et que l'on n'aurait pas obtenu sans recourir à lui). Mais de tels objectifs sont atteints de façon satisfaisante sans le recours au langage : les abeilles et les fourmis sont manifestement capables de construire une hiérarchie élaborée, d'autres espèces animales ainsi que des populations dites primitives organisent des activités sociales (chasse, cueillette), signalent la présence d'un danger, etc. Quant aux enfants en âge prélinguistique et aux animaux domestiques, chacun sait qu'ils se font parfaitement comprendre (on dit souvent à propos d'un chien ou d'un chat qu' « il ne lui manque que la parole »).

Le véritable avantage du langage, c'est qu'il est **un outil de représentation et de transmission de connaissance et d'information**. Le contenu d'un message peut être abstrait, et les mots peuvent transmettre des informations générales ; le langage jouit d'une faculté d'**évocation**.

EXEMPLE

Des manchots sur la banquise pousseront des cris d'alerte et battront des ailes pour prévenir leurs congénères de l'arrivée d'un ours polaire, afin de les engager à fuir ou à se mettre à l'abri. En revanche, les hommes peuvent parler de l'ours en l'absence de l'animal, donner des informations générales sur l'ours polaire : *L'ours polaire est un fauve, Les ours polaires ont élu domicile sur cette portion de banquise ...*

4 La compréhension du langage

La compréhension du langage met en œuvre deux types de processus : les **processus codiques** et les **processus inférentiels**.

4.1 *Les processus codiques*

Les processus codiques d'interprétation du langage sont des processus applicables par rapport à un **code**, c'est-à-dire à un **ensemble de conventions**.

La production d'une phrase suppose un **encodage**, son interprétation un **décodage** : cela postule évidemment l'existence d'un code commun au locuteur et à interlocuteur. On peut, *mutatis mutandis*, comparer cette situation avec celle, dans le registre non verbal, de l'interprétation des panneaux de signalisation routière : ceux-ci se réfèrent au code de la route, supposé connu des autorités responsables de l'installation de ces panneaux comme des usagers de la route. La convention veut ainsi qu'un disque rouge barré en son diamètre horizontal d'une épaisse ligne blanche indique une voie à sens interdit, qu'un octogone rouge portant la mention STOP impose un arrêt de plusieurs secondes, etc.

L'étude des **processus d'encodage et de décodage** des phrases est prise en charge par la **linguistique**, composée des disciplines traditionnelles : la **phonétique** et la **phonologie**, qui décrivent respectivement les sons propres à une langue, et la fonction de ces sons ainsi que la façon dont ils s'articulent entre eux pour former des mots et des groupes de mots ; la **syntaxe**, qui étudie la manière dont les mots se combinent entre eux pour former des phrases et cherche à dégager les règles formelles permettant de déterminer quand une phrase est bien ou mal formée (phrase **grammaticale** *vs* phrase **agrammaticale**), et rend également compte des variations morphologiques qui affectent les mots (p. ex. les marques de genre et de nombre) ; et la **sémantique**, qui étudie la signification des mots d'une langue (i. e. son **lexique**), et la façon dont les significations des différents mots se combinent entre elles pour livrer la signification des phrases (**signification compositionnelle**).

EXEMPLES

Il est convenu que le mot *ours* désigne un grand plantigrade carnivore vivant en Europe, en Asie, en Amérique ou dans les régions polaires (lexique : arbitraire du signe).

La concaténation des mots pour former des phrases impose le respect des prescriptions syntaxiques (règles de grammaire) : p. ex., l'ordre des mots joue un rôle déterminant dans les phrases *L'ours a mangé le trappeur* et *Le trappeur a mangé l'ours*.

Les processus codiques mis en œuvre pour l'interprétation des phrases renvoient à l'**aspect linguistique formel du langage**, qui suppose une association conventionnelle entre un mot et un message, et donc l'univocité de la signification. Or, l'univocité existe certes, mais elle est rare.

EXEMPLES

L'ours polaire est un fauve.
Marcel Proust est né à Auteuil le 10 juillet 1871.
Ces phrases semblent bien revêtir une signification unique ; pourtant la première pourrait, dans certains contextes et agrémentée d'une intonation et de mimiques adéquates, prendre une valeur métaphorique (« Mon patron, qui fait preuve d'une grande froideur, sait se montrer aussi impitoyable que l'ours polaire qui chasse sur la banquise »), et un interlocuteur qui ignorerait qui est Marcel Proust (ou qui ne saurait pas où se situe Auteuil) ne tirerait pas de la seconde grand-chose de plus de que de *Jean Dupont est né à Auteuil (/à Saint-Denis) le 10 juillet 1871* (à savoir qu'un individu nommé Marcel Proust ou Jean Dupont est né un certain jour à un certain endroit).

De surcroît, on constate aisément que l'usage d'une même phrase ne relève pas de l'univocité.

EXEMPLES

Mon amie est italienne.
Cette phrase peut être prononcée par divers locuteurs (le possessif *mon* renvoie dès lors à des « je » différents, soit p. ex. *Martine* et *Hervé*) à des moments différents (*le 15 avril 1989* et le *10 février 2000*) et en des lieux différents (*un appartement à Bruxelles* et *une maison à Lyon*). Les *amies* évoquées seront donc des personnes différentes (*Anna* et *Marina*) ; en outre, l'*amie* peut être une personne avec qui le locuteur entretient une relation d'amitié, ou son amie de cœur, voire sa compagne, etc.

L'alcool me rend bavard.
La télévision m'endort.
Selon la manière dont il interprète la situation, l'interlocuteur peur aboutir à deux solutions opposées : si le locuteur souhaite faire preuve de réserve, il ne boira pas d'alcool, mais s'il désire prendre la parole, il en boira ; si le locuteur entend veiller, il convient d'éteindre la télévision, mais s'il préfère dormir, il faut l'allumer.

L'interprétation du langage nécessite donc le recours à des processus plus sophistiqués que les processus codiques : les processus inférentiels.

4.2 *Les processus inférentiels*

Les processus inférentiels mettent en jeu la réflexion, le **raisonnement**, la faculté de **déduction** de l'interlocuteur.

Pour comprendre une phrase, il faut disposer de certaines connaissances qui permettent de faire des hypothèses sur l'état d'esprit, les connaissances et les intentions du locuteur de la phrase (pour comprendre *Mon amie est italienne*, savoir si l'*amie* est une camarade ou une amante ; pour comprendre *L'alcool me rend bavard* ou *La télévision m'endort*, savoir si le locuteur désire se montrer taciturne ou prolixe, s'il souhaite veiller ou dormir, etc.). **Ces connaissances préalables n'ont rien de linguistique et ne font l'objet d'aucune association conventionnelle préalable à l'interprétation de la phrase** ; la preuve en est que le même locuteur peut, à des moments différents, utiliser la même phrase en lui donnant des significations diverses.

EXEMPLE

Tu sais quelle heure il est ?
Il peut s'agir d'une véritable question, d'une mise en garde contre un retard possible ou probable (« Il est grand temps de partir »), ou encore d'un reproche (« Je t'attends depuis plus d'une heure »).

Ces connaissances que les interlocuteurs partagent ou peuvent partager reposent sur différents facteurs. D'une part, sur la **perception immédiate** de l'environnement, la **situation d'énonciation**, le **contexte**.

EXEMPLE

Si deux personnes discutent et qu'un avion de chasse passe au-dessus de leurs têtes, toutes deux peuvent supposer que l'autre a perçu le passage d'un engin volant bruyant. Si donc le locuteur interrompt son discours par une interjection et une grimace marquant son déplaisir, il peut attendre de l'interlocuteur que celui-ci en détermine aisément la cause.

D'autre part, sur le bagage de connaissances et le savoir dont dispose tout individu, bagage complexe et abondant appelé **connaissances de fond** ou **connaissances encyclopédiques**.

EXEMPLES

Si un médecin fait un exposé devant des confrères, ceux-ci disposeront de connaissances plus vastes et plus précises dans le domaine médical (les prérequis) qu'un public non averti. Ainsi, un spécialiste des maladies cardio-vasculaires ne s'adressera pas dans les mêmes termes à des confrères dans un colloque, à ses étudiants à l'université, au grand public réuni pour une conférence de vulgarisation, à des lycéens, etc.

On communique en théorie plus aisément avec un interlocuteur qui appartient à la même culture que nous (un Français) qu'avec quelqu'un dont l'univers culturel nous est inconnu (un Esquimau).

Un **processus inférentiel** est donc **l'ensemble du raisonnement de déduction qui, à partir de la phrase émise et des connaissances préalables partagées**

par les interlocuteurs, permet l'interprétation de cette phrase. Et dialoguer, c'est **récupérer la pensée de l'interlocuteur** pour comprendre le sens des phrases qu'il prononce. Il faut noter que les processus inférentiels exploitent des **capacités humaines de déduction générales**, c'est-à-dire non spécifiques au langage, à sa production et à son interprétation.

EXEMPLE

Un signe de la main adressé à une personne croisée dans la rue signifie en général « Bonjour ».

L'étude des processus inférentiels qui viennent se superposer au code pour livrer une interprétation complète des phrases relève de la pragmatique. La pragmatique est donc l'analyse de l'usage du langage, c'est-à-dire qu'elle traite tous les phénomènes intervenant dans l'interprétation des phrases et qui ne sont pris en charge ni par la syntaxe ni par la sémantique. L'analyse pragmatique vient donc compléter l'analyse linguistique pour donner une interprétation complète de la phrase.

Il est en effet très fréquent que la seule analyse linguistique ne permette pas de donner l'interprétation complète d'une phrase.

EXEMPLE

Jean est parti pour Tokyo et a appris le japonais.
Jean a appris le japonais et est parti pour Tokyo.

L'interlocuteur déduit soit que les actions se succèdent dans le temps selon l'ordre (1) *Jean est parti pour Tokyo* et (2) *Jean a appris le japonais*, soit au contraire selon l'ordre (1) *Jean a appris le japonais* et (2) *Jean est parti pour Tokyo*, conclusion à laquelle ne permet pas d'accéder l'analyse purement linguistique (ni du reste l'expression logique, où $P \wedge Q = Q \wedge P$). De surcroît, l'ordre chronologique induit souvent une relation de causalité, et donc l'oriente : on mentionne théoriquement d'abord la cause, ensuite l'effet (« Jean est parti pour Tokyo, c'est pourquoi il a appris le japonais » *vs* « Jean a appris le japonais, c'est pourquoi il est parti pour Tokyo »).

Par ailleurs, **certaines phrases ont la propriété d'en impliquer d'autres**.

EXEMPLES

Martin est parvenu à te convaincre.
→ *Martin a essayé de te convaincre.*
Si j'avais invité Marianne, Michel serait venu à ce dîner.
→ *Je n'ai pas invité Marianne et Michel n'est pas venu à ce dîner.*

De surcroît, l'interprétation de certaines phrases exige le recours à des connaissances non linguistiques, à **des éléments extérieurs au langage**.

Ces facteurs peuvent avoir trait à **l'énonciation même**, c'est-à-dire au fait de prononcer la phrase.

EXEMPLES

Ton dessert est délicieux, mais n'insiste pas.
L'enchaînement réalisé par *mais* ne porte pas sur le fait « Ton dessert est délicieux » (comme ce serait le cas dans *Ton dessert est délicieux mais un peu trop sucré*), mais sur le fait de dire « Ton dessert est délicieux ».

Tu veux dîner dehors ? Parce qu'il y a un nouveau restaurant qui s'est ouvert en ville.
L'enchaînement réalisé par *parce que* porte sur l'acte de questionnement, et non sur le contenu de la question (comme ce serait le cas dans *Tu veux dîner dehors parce que ma cuisine te déplaît ?*)

Michel n'est pas intelligent, il est génial.
Ce qui est nié, ce n'est pas le fait pour Michel d'être intelligent (comme ce serait le cas dans *Michel n'est pas intelligent*) – en effet, qu'il soit génial implique forcément qu'il soit intelligent –, mais la possibilité même de l'affirmation *Michel n'est pas intelligent*, jugée insuffisante.

Franchement, je voudrais te parler.
L'adverbe ne qualifie pas un fait de « franc » (comme ce serait le cas dans *Je voudrais te parler franchement*), mais porte sur l'énonciation même de *Je voudrais te parler*.

Ces facteurs non langagiers indispensables à l'interprétation de la phrase peuvent aussi appartenir au **contexte** dans lequel celle-ci est prononcée.

EXEMPLES

Voilà l'homme à la fraise !
Il peut s'agir du convive qui a malencontreusement écrasé une fraise sur la nappe, de l'invité qui arbore une collerette dans une soirée costumée, de mon dentiste désigné par une périphrase évoquant un de ses outils de travail, d'un malade atteint d'un angiome, du monsieur affublé d'un gros nez, etc.

– *Quelle heure est-il ?*
– *Le journal télévisé vient de commencer.*

La réponse à la question n'est cohérente que si les deux locuteurs savent à quelle heure débute le journal télévisé.

– *Je vais à la poste.*
– *Il est cinq heures vingt.*

L'intervention du second locuteur signale qu'il est inutile de se rendre au bureau de poste car à cinq heures vingt celui-ci est fermé.

– *Ne te gare pas devant l'entrée des voisins.*
– *On est lundi.*

Ces deux répliques, échangées par le conducteur d'une voiture et son passager, indiquent qu'il est inopportun de se garer devant l'entrée des voisins, mais que cette consigne peut être ignorée le lundi (p. ex. parce que les voisins sont toujours absents ce jour-là).

Naturellement, si le contexte change, l'interprétation de la phrase change aussi : l'« homme à la fraise » peut désigner des êtres différents selon les circonstances, le journal peut être diffusé à des heures diverses suivant les chaînes de télévision, la poste peut fermer à six heures, l'habitude peut être que les voisins s'absentent le mercredi, etc.

Enfin, il est troublant de constater que **certaines phrases agrammaticales se comprennent sans aucune difficulté grâce à la mise en œuvre de processus inférentiels** d'interprétation.

EXEMPLE

Il neige et elle tient.
Cette phrase transgresse la règle de syntaxe qui voudrait que le pronom *elle* y ait un référent. Il s'agit pourtant d'une phrase authentique (l'exemple est cité par Moeschler et Reboul 1994 : 500). On voit ainsi qu'**il n'y a pas de correspondance obligatoire entre un possible de langue** (une phrase grammaticale) **et un possible matériel** (une phrase proférée). Par ailleurs, il est aisé pour l'interlocuteur de saisir le sens de cette phrase : le contexte lui permet de comprendre que le pronom *elle* représente *la neige.*

L'interprétation d'une phrase ne dépend donc pas nécessairement de la grammaticalité de cette phrase. Du reste, un locuteur qui ne maîtrise pas bien la langue qu'il utilise parvient généralement à se faire comprendre, même s'il ne conjugue pas ou pas correctement les verbes, s'il bouscule l'ordre des mots, s'il fait l'économie de certains accords, s'il omet certains articles ou pronoms, etc. (ainsi, la phrase agrammaticale * *Ours fauve grand être* se comprend sans trop de mal).

Dans un dialogue, chaque interlocuteur est donc tenu de spéculer en attribuant à l'autre certaines pensées, l'autre pouvant être un humain, mais aussi un animal ou un objet.

EXEMPLES

Le chat boude.
Ton ordinateur refuse d'ouvrir ce fichier.
Ma moto ne veut pas démarrer.
Ces nuages annoncent la pluie.

De tels exemples, d'usage courant, montrent bien que cette spéculation ne relève pas de l'analyse linguistique, mais bien d'une faculté humaine de raisonnement. En se livrant à cette spéculation, chaque interlocuteur met en jeu **la stratégie de l'interprète** (D. Dennett, 1990). Celle-ci permet de dépasser le décodage linguistique des phrases, qui n'en livre qu'une interprétation partielle, valable uniquement dans le cas de figure peu fréquent de l'univocité (*L'ours polaire est un fauve*) ou des phrases interprétables hors contexte (*Marcel Proust est né à Auteuil le 10 juillet 1871*) – cf. *supra* sous 4.1.

La stratégie de l'interprète permet en outre – comme il est judicieux que le fasse une théorie de l'interprétation des phrases convaincante – de **rendre compte du succès mais aussi de l'échec de l'interprétation**. Ainsi, elle explique les **malentendus** et les **erreurs** : l'interlocuteur qui ignore si le locuteur désire dormir ou veiller interprétera mal la phrase *La télévision m'empêche de dormir* ; l'interlocuteur qui ignore si le mot *café* désigne le breuvage ou un débit de boissons restera perplexe devant l'ambiguïté de la phrase *Ce nouveau café a beaucoup de succès*, etc.

REMARQUES

1 L'échec actuel des recherches sur l'intelligence artificielle vient de ce que l'ingénierie linguistique s'est attachée au seul aspect codique du langage (les ordinateurs ont rencontré un succès certain dans des domaines formels et proches de l'aspect codique du langage : calcul mathématique, jeu d'échecs – Deep Blue a battu le champion du monde Garry Kasparov en 1997 –, etc.) mais a négligé les aspects plus quotidiens et moins formalisables de l'usage du langage : elle n'a pas pris en compte la masse énorme de connaissances et de facultés humaines (raisonnement, expérience, appréhension du contexte, mémoire affective, etc.) sur lesquelles l'interlocuteur s'appuie pour faire des inférences sur ce que le locuteur veut dire.

C'est aussi pour cette raison que la traduction automatique est de nos jours utile pour le traitement de textes techniques, scientifiques, institutionnels, administratifs ou juridiques dans lesquels se répètent certains passages ou certaines formules (lesquels revêtent chaque fois la même signification, et peuvent donc être considérés comme univoques), mais se révèle catastrophique dans le domaine littéraire. Ainsi la traduction automatique de l'anglais en français de la sentence évangélique *Flesh is weak* (*Matthieu*, XXVI, 41) aurait-elle un jour donné, racontent les traducteurs, *La viande est molle* (et non *La chair est faible*)...

En 1950, le mathématicien britannique Alan Turing (1912-1954), un des pères de l'informatique et de l'intelligence artificielle, a donné de cette dernière la définition suivante : une machine pensera quand elle sera capable de soutenir une conversation d'une certaine durée sans sujet préétabli et de telle sorte que ses réponses puissent passer pour celles d'un être humain. C'est ce que fait l'ordinateur HAL dans le célèbre roman d'Arthur Clarke, *2001. A Space Odyssey*. À ce jour, aucune machine n'a passé avec succès le test de Turing.

2 La différence essentielle entre le langage humain et les langages des animaux tient au fait que le langage animal est codique, tandis que l'homme a la volonté de signifier *et* la volonté que cette intention soit reconnue par le destinataire du message. Ainsi, les signes utilisés par les grands primates pour communiquer entre eux sont indicatifs et expressifs, c'est-à-dire qu'ils peuvent indiquer un objet présent au moment de la communication et exprimer quelque chose à ce sujet, mais ils accèdent rarement au registre descriptif et symbolique (i. e. à la référence à un objet ou à une situation étrangers au moment de la communication – ce qui détermine cette asymétrie fondamentale: le langage humain peut parler des communications animales, alors que l'inverse n'est pas vrai), et jamais au registre narratif. Toutefois, des recherches ont montré certaines capacités des grands singes à utiliser des modes de communication symboliques, et ont souligné que cette aptitude n'est pas révélée par la fréquentation du milieu humain, puisque les singes sont étudiés en laboratoire. Certains chercheurs estiment donc que nos frères d'évolution possèdent des aires corticales dédiées à la communication symbolique homologues aux nôtres, mais que la vie en milieu naturel n'avait jamais sollicitées et qui donc ne s'étaient jamais développées[3].

Par ailleurs, certaines espèces animales recourent, dans leur habitat naturel, à la communication symbolique, en élaborant des schémas parfois fort complexes. Cet usage que fait l'animal de la communication symbolique est bien sûr très utilitaire : il vise presque toujours à modifier le comportement d'un congénère. Il est cependant surprenant de repérer certains éléments, *a priori* caractéristiques du langage humain, dans la communication animale (même s'ils y sont moins développés).

EXEMPLES

Le dialogue : dans la plupart des espèces animales, les individus communiquent entre eux ; quant aux animaux domestiques, chacun sait qu'ils communiquent avec leurs compagnons humains et répondent avec plus ou moins de bonne volonté aux injonctions de ceux-ci.

La métacommunication ou capacité de communiquer sur la communication : bien des animaux pratiquent le jeu. Un jeune loup ou un jeune chimpanzé peuvent jouer à se battre avec un congénère, et dans ce cas ils communiquent (par le « rire » ou halètement de jeu chez les chimpanzés) l'information que l'intention de mordre qu'ils manifestent n'est pas une véritable attaque.

Le mensonge : il est faux de croire que la communication animale est toujours honnête et coopérative ; le mensonge est en effet loin d'y être rare et y prend la forme d'une tromperie tactique. Ce mensonge se traduit par l'usage manipulatoire d'un signal (cri ou geste) : ce signal est produit dans des circonstances qui ne le justifient pas, ou au contraire n'est pas produit dans un contexte qui le requiert. Ainsi, les coqs peuvent émettre des signaux mensongers indiquant la présence d'aliments lorsque les poules s'éloignent d'eux ; certains merles et grives émettent

3. Le développement d'un caractère existant dans le patrimoine génétique mais non sélectionné à l'origine, et qui, à un moment, peut se révéler avantageux pour la survie des individus puis des populations qui en disposent, de sorte qu'il entre dans le processus de la sélection naturelle et se mue progressivement en adaptation, est appelé *exaptation* ou *préadaptation*.

des cris d'alarme en l'absence de tout prédateur, à seule fin d'éloigner d'autres oiseaux de leurs réserves de nourriture.

5 Évolution de la pragmatique

Reste à résoudre la question théorique de savoir quel est, par rapport à la linguistique notamment, le statut de la pragmatique. Certains théoriciens considèrent que la pragmatique fait partie intégrante de la linguistique et parlent de **pragmatique linguistique** ou de **pragmatique intégrée** (à la linguistique) ; d'autres voient dans la pragmatique une science autonome dont le paradigme principal est aujourd'hui la **pragmatique cognitive**. C'est dire les difficultés qu'il y a à tenter d'unifier la pragmatique, tant du point de vue de la délimitation de son champ d'application que de ses hypothèses, et même de sa terminologie.

Des années 1930 aux années 1990, l'évolution de la pragmatique peut se résumer schématiquement en trois grandes étapes.

5.1 *Les années 1930-1940 : la pragmatique radicale formaliste*

Dans les années 1930 et 1940 déjà, **la tradition sémioticienne et logiciste anglo-saxonne** (Peirce, Morris) considère que tout système de signes (langage naturel ou langage artificiel) se compose d'une **syntaxe** qui étudie la concaténation des signes entre eux ; d'une **sémantique** qui étudie la signification conventionnelle des signes (i. e. la relation entre les signes et leurs référents dans le monde, lesquels peuvent être de trois ordres : 1) les objets du monde ; 2) les états, événements, actions vérifiés au travers des objets du monde ; 3) l'ensemble des valeurs de vérité vrai/faux) ; et d'une **pragmatique** qui étudie **la relation entre les signes et les utilisateurs**, mais ne s'occupe pas des valeurs de vérité (celles-ci étant prises en charge par la sémantique) et est donc **non vériconditionnelle**.

Dans cette conception, **la pragmatique** n'est pas une discipline à part entière, elle n'existe qu'à l'état de projet ; en effet, son **domaine** est **extrêmement étriqué** : elle ne s'occupe que d'un petit nombre fini de termes dans le système de la langue, ceux qui posent problème à l'analyse linguistique, à savoir les déictiques (ou termes dont la seule forme linguistique ne permet pas de définir le référent) : déictiques de personne (les pronoms personnels de première et deuxième personnes *je*, *tu*, *nous*, *vous*) et déictiques de temps et de lieu (*hier*, *demain*, *ici*, *à gauche*...).

Ces **théories sémioticiennes** sont **linéaires**, c'est-à-dire que syntaxe, sémantique et pragmatique entrent en jeu successivement et dans cet ordre, **et modulaires**, c'est-à-dire que syntaxe, sémantique et pragmatique sont indépendantes.

5.2 *Les années 1950-1970 : les philosophes du langage*

Depuis Aristote au IVe siècle avant notre ère, la philosophie du langage cherche à répondre à des questions comme : que signifie comprendre un message linguistique ? qu'est-ce que le sens d'un mot ou d'une phrase ? qu'est-ce que saisir une signification ?

Dès le XIXe siècle, dans la perspective positiviste, puis à la suite de la crise dite « des fondements » des mathématiques à la charnière des XIXe et XXe siècles (détection de contradictions dans les systèmes axiomatiques – Cantor, 1845-1918), le désir naît de trouver aux mathématiques des fondements issus de la logique. Cette exigence de créer une logique universelle pourvue d'un langage abstrait similaire à celui des mathématiques va donner lieu au développement des diverses branches de la **logique formelle**, qui se dotent pour leurs démonstrations de langages artificiels dépourvus de toute forme d'équivoque. Les tenants de ce courant de pensée sont les **mathématiciens-philosophes** ; il s'agit principalement de l'Allemand Frege (1848-1925, créateur du premier langage formel), des Britanniques Whitehead (1861-1947) et Russell (1872-1970), et des Américains d'origine allemande Carnap (1891-1970) et autrichienne Gödel (1906-1978) – cf. les *Principia mathematica* de Russell et Whitehead (1910-1913). Ces penseurs sont les fondateurs de la **première philosophie analytique** (i. e. « qui procède par analyse ») dont le principe est de remonter d'une proposition à d'autres reconnues pour vraies et d'où on puisse ensuite la déduire (passage de la conséquence au principe). Ainsi, par le truchement de la logique, un pont est jeté entre l'étude des mathématiques et celle du langage – mais il s'agit naturellement de langages logiques, et donc artificiels et formels.

C'est dans la lignée de ces travaux que s'inscrivent, dans les années 1950-1970, **les philosophes du langage anglo-saxons** : les philosophes britanniques de l'École d'Oxford Peter F. Strawson (1919), John L. Austin (1911-1960) et H. Paul Grice (1913-1988), et les Américains Willard Quine (1908) et John R. Searle (1932). Leur grande innovation sera de s'intéresser non plus aux langages artificiels, mais aux langues naturelles, au **langage ordinaire**[4]. Ils vont ainsi ouvrir véritablement la voie à la pragmatique, en observant que le rôle du **langage** n'est pas exclusivement de décrire le réel, mais aussi d'**exercer une action** (c'est la théorie des actes de langage). C'est dire que, par rapport au point de vue des sémioticiens des années 1930-1940, le champ d'application de la pragmatique se trouve formidablement élargi. Dès lors, la pragmatique prend son essor et acquiert le statut de **discipline à part entière**.

4. À noter que le philosophe anglais d'origine autrichienne Ludwig Wittgenstein (1889-1951), élève de B. Russell à Cambridge (1912), cherchait à établir une correspondance entre la logique du monde et la structure formelle du langage (*Tractatus logico-philosophicus*, 1921), et s'intéressait déjà au langage naturel : le rôle de la philosophie est selon lui de l'analyser afin d'en éviter les pièges et donc de clarifier la pensée (*Investigations philosophiques*, 1952 [1936-1949]).

Cependant, sa nouveauté (qui la rend souvent suspecte aux yeux de certains tenants des disciplines classiques) d'une part, et son caractère de carrefour pluridisciplinaire (linguistique, sémantique, sémiologie, sociologie, psychologie...) d'autre part expliquent que son domaine d'investigation soit souvent défini négativement et non pas par les pragmaticiens eux-mêmes, mais par des chercheurs (syntacticiens et sémanticiens notamment) qui ne pratiquent pas la pragmatique mais se contentent d'y renvoyer les questions qui les embarrassent. La pragmatique n'est donc toujours pas une science reconnue.

5.3 *Les années 1980-1990 : pragmatique cognitive* vs *pragmatique intégrée*

Après l'apport des philosophes du langage anglo-saxons, la pragmatique, qui a pris de l'importance sans pour autant être définie avec précision, va évoluer suivant **deux courants** distincts. L'un s'exerce sur le territoire anglo-saxon et fait de la pragmatique une science à part entière et une discipline indépendante : c'est la **pragmatique cognitive**. L'autre, relativement limité, voit en elle une discipline fille la linguistique et est le fait de chercheurs français : c'est la **pragmatique intégrée** (à la linguistique).

5.3.1 La pragmatique cognitive

Depuis les années 1980 (parfois dès 1970), la pragmatique connaît de nouveaux développements, étend son territoire à de nouveaux domaines et se fixe de nouvelles finalités. Elle est classée, tout comme la linguistique (phonétique/phonologie, syntaxe, sémantique), parmi les **sciences expérimentales** (i. e. fondées sur l'expérience scientifique) (Milner 1989). Linguistique et pragmatique sont ainsi des sciences voisines et complémentaires, qui appartiennent au même ensemble de sciences, et sont donc susceptibles de rencontrer diverses disciplines connexes.

Ainsi, selon les axes de recherche des différents théoriciens, la pragmatique s'oriente vers la **sociolinguistique**, lorsque l'accent est mis sur les fonctions du langage et non sur ses structures, sur la contextualisation (Gumperz, Labov, Goffman) ; vers la **psycholinguistique**, lorsque l'accent est mis sur les processus d'acquisition ou de traitement de l'information (Milner, Charolles) ; ou vers les **sciences cognitives** (i. e. l'ensemble des sciences qui concernent la connaissance et ses processus), qui, comparant le fonctionnement du cerveau humain à celui d'un ordinateur, considèrent que le traitement pragmatique des informations relève du **système central de la pensée** et définissent une pragmatique **déductive** chargée d'analyser les **processus inférentiels généraux, universels et non spécifiques au langage** mis en œuvre dans l'interprétation des phrases.

Les **sciences cognitives**, à savoir essentiellement la logique, l'informatique, la psychologie cognitive, la linguistique, la philosophie de l'esprit, l'intelligence artificielle, la neurobiologie (étude du fonctionnement des cellules et tissus nerveux) et les neurosciences (ensemble des connaissances et recherches relatives au système nerveux), tentent d'expliciter le fonctionnement de l'esprit et du cerveau et de dégager, en s'appuyant sur la notion d'**état mental**, les mécanismes d'acquisition, de développement et d'utilisation des connaissances. Il est donc clair que l'essor des sciences cognitives dans les années 1980 (l'intelligence artificielle notamment) a largement contribué au développement de la pragmatique, et à en définir le courant cognitiviste : **la pragmatique cognitive s'efforce de rendre compte des rapports entre le langage et ses usagers en en faisant un des aspects d'un système bien plus vaste de traitement de l'information**. Dès ce moment, la discipline connaît une extension positive et argumentée de l'intérieur – et non plus négative et imposée de l'extérieur, comme c'était le cas dans les années 1950-1970.

La pragmatique cognitive est une **théorie vériconditionnelle** (contrairement à la pragmatique intégrée). Elle vise en effet à ce que l'individu se construise **la représentation du monde** (sans cesse enrichie et modifiée) **la plus appropriée possible** : l'un de ses objets est donc l'attribution d'une valeur de vérité aux phrases. Dans l'optique cognitiviste, essentiellement illustrée par les travaux de Dan Sperber et Deirdre Wilson, la pragmatique s'occupe de tous les aspects pertinents pour l'interprétation complète des phrases en contexte, que ces aspects soient ou non liés au code linguistique.

5.3.2 La pragmatique intégrée

Selon certains chercheurs français (J.-Cl. Anscombre, O. Ducrot, Fr. Récanati, C. Kerbrat-Orecchioni), **la pragmatique se surajoute à la sémantique**[5] pour rendre compte des aspects dont celle-ci ne traite pas : la description de la situation de communication et des conditions de réussite de la communication, l'étude des mots « situationnels » comme *je*, *tu*, *maintenant*, *ici*... (déictiques de personne, de temps et de lieu) qui s'interprètent relativement à la situation de communication (i. e. hors du champ de la langue), etc. À la fin des années 1970, les linguistes français Anne-Marie Diller et François Récanati définissent ainsi la pragmatique : elle « étudie l'utilisation du langage dans le discours, et les marques spécifiques qui, dans la langue, attestent sa vocation discursive »[6].

5. À noter que pour certains (p. ex. J.J. Katz, *Semantic Theory*, New York, Harper & Row, 1972), la pragmatique est réduite à la sémantique, avec laquelle elle se confond purement et simplement.
6. *Langue française*, Paris, 1979, n° 42, p. 3.

La pragmatique est donc vue comme **une théorie sémantique intégrant dans le code linguistique les aspects liés à l'énonciation même**. Le **sens de l'énoncé** résulte de la **conjonction d'informations linguistiques** appartenant au composant linguistique de la phrase (morphèmes, unités lexicales) et livrant la signification de la phrase, **et d'informations extra-linguistiques** appartenant au composant pragmatique (ou rhétorique), intégré à la sémantique. Contrairement à la pragmatique cognitive, **la pragmatique intégrée est non vériconditionnelle** (la vériconditionnalité relève de la sémantique, mais pas de la pragmatique) : elle vise à montrer les différences entre langage naturel et langage formel. Les théories concernées sont des **théories pragmatiques argumentatives**.

6 Conclusion

La pragmatique s'est donc surtout développée dans la tradition anglo-saxonne (Grande-Bretagne et États-Unis), avec une exception notable en France : Oswald Ducrot *et al.* Cela est dû essentiellement à trois raisons.

6.1 Tout d'abord, les **courants analytiques en philosophie et en logique**, qui sont à la base du véritable essor de la pragmatique, ont toujours été très importants dans la tradition anglo-saxonne (cf. *supra* sous 5.2).

6.2 Ensuite, dès les années 1970 s'est manifestée une **réaction contre la grammaire générative** et ses thèses radicales, et notamment contre la thèse de l'indépendance de la syntaxe. Selon Noam Chomsky, la syntaxe serait en effet indépendante de la sémantique et de la phonétique. Il en avance pour preuve les observations suivantes : l'homme acquiert très tôt dans sa vie la conscience des contraintes syntaxiques, les règles syntaxiques s'imposent même à l'expression spontanée, les aphasiques conservent souvent le souvenir des structures syntaxiques, les corrections des erreurs commises dans une langue étrangère s'orientent surtout vers la syntaxe et non vers le sens, etc. Il est clair cependant que l'on ne parle pas pour appliquer des règles de grammaire mais pour transmettre du sens, et que les fautes de syntaxe qui peuvent être commises sont tolérables pour autant qu'elles ne compromettent pas le sens qui doit être communiqué (cf. *supra* sous 4.2 possible de langue *vs* possible matériel). De surcroît, dans les langues naturelles, les règles de construction des phrases ne sont pas indépendantes du sens qu'elles expriment – dans les systèmes logiques en revanche, la syntaxe est autonome : toute transgression des règles de grammaire détruit l'expression du sens.

La réaction anti-chomskienne a amené certains grammairiens à formuler au début des années 1970 une théorie de grammaire à base sémantique, la sémantique générative qui, par le biais de l'« hypothèse performative », introduisait dans la structure profonde de la phrase une indication sur sa valeur d'action (i. e. sur ce que l'on appelle le but illocutionnaire de la phrase – cf. *infra* Austin, sous 1.2.1). Pour schématiser, après cette rencontre de la linguistique et de la pragmatique, deux courants se sont dessinés : d'un côté la grammaire générative classique, conservant les théories de Chomsky sur l'autonomie de la syntaxe par rapport à la sémantique, et de l'autre la sémantique générative qui a donné lieu à des développements d'orientation cognitiviste (Langacker, Lakoff). La pragmatique cognitive dépasse donc la thèse chomskienne de l'autonomie de la syntaxe.

Par ailleurs, le point de vue structuraliste véhiculé par la dichotomie saussurienne langue *vs* parole, où la parole était vue comme un phénomène purement individuel et contingent à écarter du champ d'étude de la linguistique, se trouve lui aussi dépassé. Les développements de la pragmatique intégrée (cf. *supra* sous 5.3.2) s'inscrivent en revanche dans le prolongement de la linguistique de l'énonciation inaugurée par Émile Benveniste (années 1960 et 1970 – cf. *infra* sous Ducrot, 1.1), qui ne pose plus pour distinction majeure l'opposition langue *vs* parole, mais l'opposition **énoncé** (ce qui est dit) ***vs* énonciation** (acte de dire).

6.3 Enfin, une autre réaction s'est fait sentir dans le monde anglo-saxon : la **réaction contre les thèses béhavioristes** dominantes en psychologie depuis le début du XXe siècle. Le béhaviorisme ou psychologie du comportement, représenté notamment par Watson (États-Unis) et Pavlov (Russie), est une théorie matérialiste et déterministe qui cantonne la psychologie à l'étude scientifique et expérimentale du comportement, sans aucun recours à l'introspection ni aux explications de l'ordre de la psychologie profonde. Les psychologues américains béhavioristes refusaient donc de postuler l'existence de facteurs inobservables pour se fonder sur le seul modèle « stimulus → réponse = récompense/punition » : ce modèle renvoie aux fameuses expériences où des rats traversaient un labyrinthe puis recevaient, selon leur habileté ou leur maladresse, un morceau de fromage ou une décharge électrique dans les pattes... Les béhavioristes avaient donc rejeté la notion d'état mental ; or celle-ci est fondamentale pour la pragmatique cognitive, qui dès lors s'oppose aux thèses de la psychologie du comportement.

* *

*

Les derniers développements de la pragmatique donnent à penser que les recherches en la matière se révéleront à l'avenir intéressantes dans certains domaines techniques, notamment ceux liés aux **industries de la langue** qui mettent en jeu l'interprétation et/ou la production de phrases : la traduction automatique, le dialogue homme-machine, etc. En effet, les techniques élaborées dans ce cadre requièrent une interprétation des phrases plus complète que celle livrée par la seule analyse linguistique. Le succès des travaux à venir semble donc lié à l'alliance entre linguistique et pragmatique.

Chapitre 1
LES PHILOSOPHES DU LANGAGE

1 John Langshaw Austin

Jusqu'à la deuxième Guerre mondiale, la philosophie du langage s'intéressait avant tout à la logique et avait pour but d'étudier le langage en tant qu'abstraction. Les philosophes du langage étudiaient les **modèles de langages artificiels construits par les logiciens**. En effet, ils estimaient qu'il était plus aisé d'appréhender l'abstraction « langage » au travers de tels modèles parfaits (vocabulaire fini, règles syntaxiques intangibles, etc.)[1], qu'au travers des langues naturelles (i. e. le langage humain), jugées obscures et compliquées. De l'avis de ces philosophes, ce langage ordinaire se distinguait des langages artificiels par ses défauts (lacunes, imprécisions, malentendus...).

À partir des années 1950 cependant se dessine un nouveau courant de pensée : l'intérêt des philosophes du langage se déplace de la logique vers les langues naturelles, mais envisagées cette fois d'une façon positive. Les membres de cette **école du langage ordinaire** vont, en réaction à l'approche logiste du langage (Frege, Russell, Whitehead), s'intéresser à la **communication**, c'est-à-dire au **langage envisagé dans son utilisation** (et non dans son essence), et se pencher sur les différents usages que les locuteurs peuvent faire des mots. Dans la lignée de Ludwig Wittgenstein (1889-1951), John L. Austin est l'un des penseurs les plus importants de cette nouvelle philosophie analytique anglo-saxonne.

1. Cf. le système de Russell et Whitehead (*Principia Mathematica*, 1910-1913).

Ce nouveau courant va exercer une influence importante : avec la reconnaissance du langage ordinaire, les bases de la pragmatique sont jetées ; les travaux d'Austin sont de ce point de vue déterminants.

John Langshaw Austin (1911-1960) est britannique ; il fait partie, avec Peter Strawson et John Searle, des philosophes dits de l'**École d'Oxford**. La présentation faite ici de ses thèses suit le cheminement de la pensée de l'auteur tel que le reflète le texte des douze conférences qu'il tint à Harvard en 1955 dans le cadre des William James Lectures. Ces conférences, rassemblées sous l'intitulé *How to do things with words* (1962 – en traduction française : *Quand dire, c'est faire*, 1970), ont été publiées à titre posthume. Il s'agit donc à l'origine d'exposés oraux adressés à un public. Austin avait probablement envisagé de structurer les différents éléments de sa théorie avec davantage de rigueur en vue d'une publication, mais il n'en a pas eu l'occasion. Par ailleurs, il semble clair qu'en 1955, Austin n'avait pas le projet d'innover en créant une discipline (la pragmatique), mais bien celui de donner une impulsion nouvelle à la philosophie du langage.

C'est avec John Austin que naît véritablement l'intérêt pour le langage envisagé d'un point de vue bien particulier : le langage considéré comme un mode d'action. Son principal apport à la philosophie du langage est l'ébauche de la **théorie des actes de langage**. Celle-ci s'appuie sur le constat que le langage n'a pas pour unique fonction de décrire le réel, mais peut aussi permettre d'agir.

1.1 *L'opposition constatif* vs *performatif*

1.1.1 L'illusion descriptive

Austin innove en contestant un des fondements de la philosophie analytique de l'époque, qu'il appelle **l'illusion descriptive**, à savoir que le but du langage est de décrire la réalité. De fait, nombre de phrases déclaratives (i. e. qui ne sont ni interrogatives : *Quelle heure est-il ?*, ni impératives : *Sortez !*, ni exclamatives : *Comme c'est dommage !*) permettent de décrire le monde qui nous entoure et peuvent être évaluées en termes de vérité ou de fausseté, selon que la situation qu'elles évoquent se produit ou s'est produite ou non.

EXEMPLE

Le cerisier est en fleurs.
Cette phrase sera vraie si le cerisier est effectivement en fleurs, et fausse dans le cas contraire.

Cependant, **bien des phrases déclaratives ne peuvent être jugées vraies ou fausses**.

EXEMPLES

Je te baptise au nom du Père, du Fils et du Saint-Esprit.
Je vous déclare unis par les liens du mariage.
Au nom de la loi, je vous arrête.
Je jure de dire la vérité, rien que la vérité, toute la vérité.
Je vous présente mes condoléances.
Je te promets d'arrêter de fumer.
Je te conseille de venir ce soir.
Je m'excuse.

En effet, de telles phrases ne rendent pas compte de l'état présent ou passé du monde : elles cherchent à agir sur l'état du monde, à le modifier. Austin appelle ce type de phrases des **performatifs** (anglais *performative*). **Les performatifs servent à accomplir des actes**, des actes « institutionnels », c'est-à-dire qui n'existent que relativement à une institution humaine et **qui font référence à une convention humaine** : si l'on peut accomplir un acte en disant qu'on l'accomplit, p. ex. *je promets*, c'est parce qu'il existe une convention telle que « dire *je promets*, c'est promettre ». Bien souvent, prononcer la formule conventionnelle signifie donc accomplir l'acte.

Par opposition aux performatifs, Austin appelle les phrases du premier type, celles qui décrivent le réel en termes de vérité ou de fausseté, des **constatifs**.

Austin tente également de déterminer des critères grammaticaux qui permettent de reconnaître une phrase performative, mais ses propositions restent peu convaincantes : la phrase performative devrait contenir un **verbe performatif** (i. e. un verbe dont le sens correspond à l'exécution d'un acte : *baptiser*, *jurer*, *marier*, *promettre*...), être à la première personne du singulier et à l'indicatif présent. Cette description est immédiatement prise en défaut.

EXEMPLES

Vous êtes autorisé par la présente à occuper la maison sise 2, rue de l'Ermite.
Il est formellement interdit d'entrer dans la salle pendant le spectacle.
La séance est levée.
Échec et mat.
Adjugé !
Bien qu'elles ne répondent pas aux trois conditions énoncées par Austin, ces phrases ou expressions permettent manifestement d'accomplir l'acte qu'elles désignent et sont donc des performatifs.

REMARQUE

Certains performatifs s'accompagnent systématiquement de gestes conventionnels (p. ex. le commissaire-priseur frappe la table de son marteau en disant *Adjugé !*, ou le témoin appelé à la barre lors d'un procès lève la main droite en prêtant serment), et bien des actes sociaux sont accomplis par le biais de gestes, de mimiques, de regards qui revêtent donc une valeur performative (p. ex. la gestique du commissaire-priseur durant une vente aux enchères). C'est ce que constate P. Attal[2], qui suppose dès lors que, avant que l'homme acquière le langage, tous les actes « institutionnels » devaient être réalisés par des performatifs non verbaux de ce genre.

1.1.2 L'évaluation en termes de succès *vs* échec

Il est évidemment impossible d'évaluer les performatifs en termes de vérité ou de fausseté : ils ne peuvent être jugés qu'en termes de réussite ou de ratage de l'acte, en termes de **succès** (ou bonheur) et d'**échec** (ou malheur).

Le performatif correspond à l'accomplissement d'un acte conventionnel, institutionnel. Ce principe lui impose selon Austin six contraintes, faute de quoi le performatif aboutit à un échec. Examinons ces contraintes, illustrées par les deux actes bien connus choisis par Austin : le mariage et la promesse.

1) Il doit exister une **procédure**, reconnue par convention, dotée par convention d'un certain effet, et comprenant l'énoncé de certains mots par certaines personnes dans certaines circonstances.

EXEMPLES

La procédure du mariage et ses effets : il existe une procédure institutionnelle prévoyant une série de dispositions qui, une fois appliquées, mènent à la conclusion d'une union entre deux personnes.
La procédure de la promesse et ses effets : il existe une convention humaine qui veut que, lorsque je dis *je promets*, je m'engage à accomplir ultérieurement l'acte que je vais mentionner.

2) Les **personnes et circonstances particulières** doivent être celles qui conviennent pour qu'on puisse invoquer la procédure en question.

EXEMPLES

Seul l'officier de l'état civil (ou le curé) peut procéder à un mariage[3] ; quelqu'un qui est déjà marié ne peut pas se marier une seconde fois ; l'officier de l'état civil ne peut pas marier un couple de chimpanzés ; la cérémonie du mariage doit se dérouler dans le lieu prévu (la mairie, l'église) ; etc.

2. *L'information grammaticale*, 1995.
3. À ce propos, le « mariage de Montrouge » dans les années 1950 représente un beau cas d'école pour le droit : le maire de Montrouge étant absent alors que deux futurs époux attendent d'être unis, c'est le concierge qui, serviable, se substitue à lui et procède à la cérémonie. Les mariés ne l'apprennent qu'ultérieurement. Quelques années plus tard, la mésentente s'installe au sein du couple et le mari souhaite voir annuler le mariage pour vice de procédure. Cependant, le Conseil d'État français déclare l'union valable car au moment de l'engagement des conjoints « l'intention y était ». Il y a là divergence entre les conclusions juridiques et les conclusions pragmatiques : aux yeux de la loi, le mariage est bien réel ; selon Austin, il y a échec du performatif pour cause d'emploi indu de la procédure.

Dire *Je promets à ma mère de lui rendre visite* en l'absence de ma mère est vain en ce sens qu'une promesse n'est valide que si elle est prononcée en présence de l'interlocuteur concerné.

3) Il faut qu'il y ait **exécution correcte** de la procédure par tous les participants.

EXEMPLES

L'officier de l'état civil ne peut pas être ivre (ni personne d'autre !) ; l'officier de l'état civil doit lire, dans l'ordre adéquat, certains articles de loi (et non d'autres) ; les mariés doivent tous deux dire *Oui* au moment approprié ; les témoins doivent signer l'acte de mariage au moment prévu ; etc.
Formuler une promesse en marmonnant de sorte que la phrase soit incompréhensible invalide cette promesse ; le témoin appelé à la barre du tribunal doit prêter serment en proférant à haute et intelligible voix la formule *Je jure de dire la vérité, toute la vérité, rien que la vérité* ; etc.

4) Il faut qu'il y ait **exécution intégrale** de la procédure par tous les participants.

EXEMPLES

Les mariés doivent assister à la cérémonie dans sa totalité ; les témoins ne peuvent pas partir avant d'avoir signé l'acte de mariage ; etc.
Dire *Je promets...* sans formuler la suite de la phrase, c'est-à-dire sans mentionner le contenu de la promesse, laisse celle-ci sans effet et la vide donc de son sens.

5) Lorsque la procédure suppose certaines pensées ou certains sentiments chez les participants, lorsqu'elle doit provoquer par la suite un certain comportement de leur part, il faut que les participants aient effectivement ces pensées ou ces sentiments, et qu'ils aient **l'intention d'adopter le comportement attendu**.

EXEMPLES

Les mariés sont supposés s'aimer ; ils doivent avoir l'intention de se porter assistance et d'être fidèles, etc.
La promesse suppose la sincérité du locuteur par rapport à son engagement.

6) Les participants doivent **réellement adopter par la suite le comportement attendu**.

EXEMPLES

Les mariés doivent s'aimer, se porter assistance, être fidèles, etc.
La promesse doit être tenue, c'est-à-dire que le locuteur doit conformer son comportement à l'engagement qu'il a pris.

Austin propose pour les performatifs qui ne répondent pas à ces six conditions une **typologie des échecs**, présentée sur le schéma 1.1.[4]

Contrevenir aux règles (1), (2), (3) et (4) mène à l'**insuccès**. Il y a **appel indû**, c'est-à-dire que l'acte visé est interdit, si **la procédure invoquée est inexistante** (1) ou si **la procédure invoquée est employée indûment** (2). Il y a **exécution ratée** si l'acte visé est vicié par une **défectuosité** (3) ou un **accroc** (4).

EXEMPLES

Procédure inexistante : il n'existe pas de contrat de vie en communauté (exception faite du PACS, mais il lie deux personnes et non un groupe), il ne peut par conséquent pas être fait référence à une telle procédure.

Procédure employée indûment : une personne déjà mariée ne peut contracter un nouveau mariage ; en cas de bigamie, la procédure du mariage est donc employée indûment lors de la seconde union.

Défectuosité : l'officier de l'état civil procède à la cérémonie du mariage sans avoir ceint l'écharpe qui symbolise son autorité.

Accroc : l'un des témoins quitte la mairie avant la fin de la cérémonie.

Dans l'ensemble des cas d'insuccès, **l'acte visé n'est pas accompli**, il est nul et non avenu.

EXEMPLES

La situation d'insuccès peut se décrire par *X... a rempli les formalités du mariage/X... a utilisé la formule de la promesse* mais non par *X... s'est marié/X... a promis.*

Contrevenir aux règles (5) et (6) mène à l'**abus** par **insincérité** (5) ou par **rupture ultérieure des conventions** (6).

EXEMPLES

Insincérité : le mariage blanc.

Rupture ultérieure des conventions : la non-assistance au conjoint, l'adultère, le divorce.

Dans les cas d'abus, **l'acte visé est accompli**, mais il est purement verbal.

4. D'après Austin (1970 : 52, deuxième conférence). Les appellations entre crochets sont ajoutées à la classification originelle d'Austin, qui n'a pas trouvé d'expression jugée satisfaisante pour désigner les catégories correspondantes.

Schéma 1.1

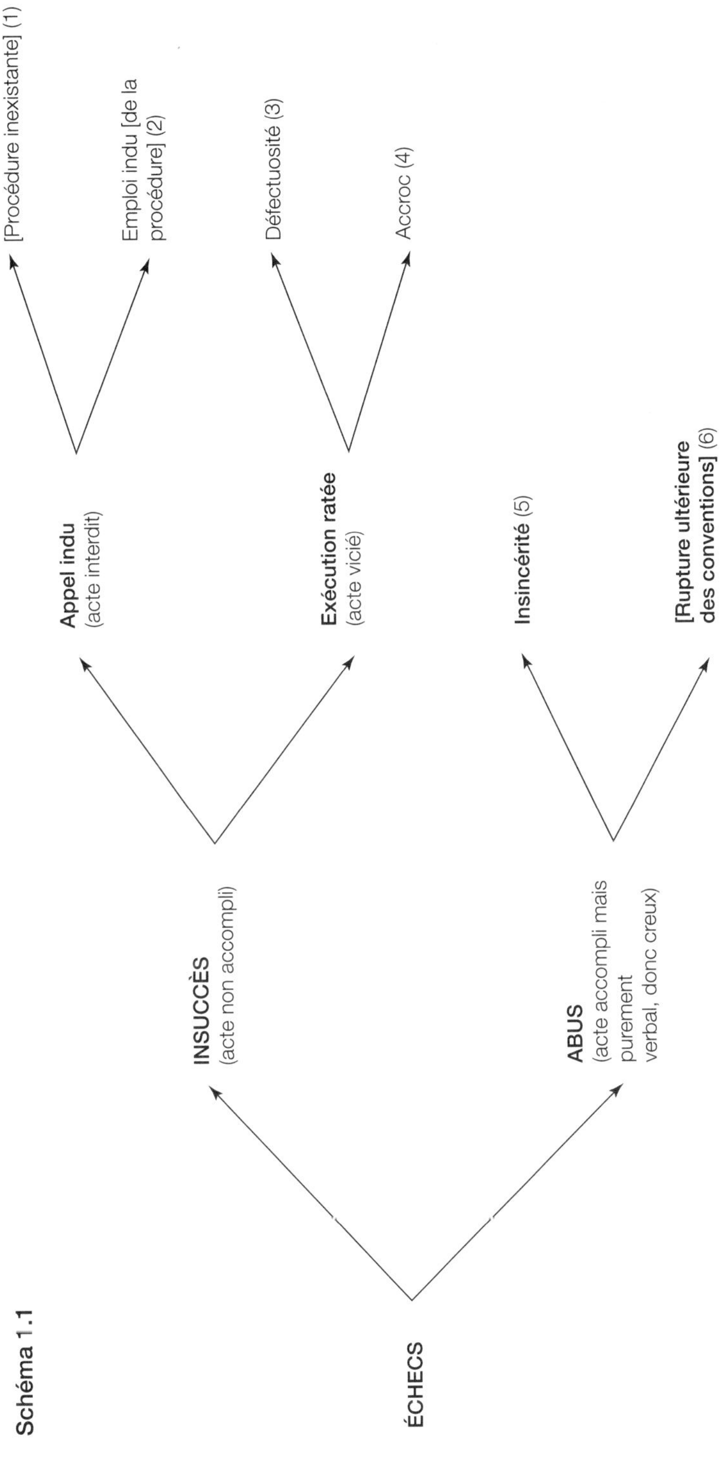
ÉCHECS
INSUCCÈS
(acte non accompli)
ABUS
(acte accompli mais purement verbal, donc creux)
Appel indu
(acte interdit)
Exécution ratée
(acte vicié)
Insincérité (5)
[Rupture ultérieure des conventions] (6)
[Procédure inexistante] (1)
Emploi indu [de la procédure] (2)
Défectuosité (3)
Accroc (4)

EXEMPLES

Si le locuteur dit *Je vous présente mes condoléances/Je te conseille d'accepter/Je te promets d'arrêter de fumer* alors que la peine de l'interlocuteur n'éveille en lui aucune sympathie, qu'il ne croit pas qu'accepter soit la meilleure façon d'agir pour l'interlocuteur, ou qu'il n'a aucune intention de cesser de fumer, il fait preuve d'insincérité. En continuant à fumer, il rompt les conventions établies par la promesse.

Ce dernier exemple montre que les différentes causes d'échec peuvent bien entendu se combiner entre elles : une promesse insincère et non tenue, un mariage blanc suivi d'un divorce, etc.

Austin ajoute encore trois conditions indispensables au succès d'un performatif : il faut que le locuteur ait un **interlocuteur** (qu'il ait été entendu par quelqu'un) ; il faut que cet interlocuteur ait **compris et reconnu l'acte** pour ce qu'il est (d'où p. ex. l'importance de disposer au tribunal d'interprètes jurés si les parties en présence parlent des langues différentes) ; et enfin, il faut que le performatif soit **accompli « sérieusement »**, à savoir qu'une formule performative prononcée sur une scène de théâtre, dans un film ou, plus généralement, dans une fiction correspond à un usage parasitaire du langage.

1.1.3 Performatifs explicites *vs* performatifs implicites

Austin tente ensuite d'affiner sa description des performatifs. D'une part, il distingue les **performatifs explicites**, ou phrases qui désignent explicitement l'acte qu'elles servent à accomplir (jouissant ainsi d'une sorte de propriété de réflexivité, d'une signification auto-référentielle)[5].

EXEMPLES

Je te baptise au nom du Père, du Fils et du Saint-Esprit.
Je vous déclare unis par les liens du mariage.
Au nom de la loi, je vous arrête.
Je jure de dire la vérité, rien que la vérité, toute la vérité.
Je vous présente mes condoléances.
Je te promets d'arrêter de fumer.
Je te conseille de venir ce soir.
Je m'excuse.

D'autre part, il définit les **performatifs implicites** (ou primaires), ou phrases qui font référence à une convention, mais ne désignent pas explicitement l'acte qu'elles servent à accomplir. Les performatifs implicites accomplissent les mêmes actes que les performatifs explicites et sont paraphrasables par ceux-ci.

5. La notion de performatif explicite se retrouve dans le concept d'énonciation subjective défini par É. Benveniste (cf. *infra*, Ducrot, sous 1.1, remarque).

EXEMPLES

Je vais arrêter de fumer. > *Je te promets d'arrêter de fumer.*
Accepte. > *Je te conseille d'accepter.*
Je suis désolé. > *Je m'excuse.*
Sortez d'ici ! > *Je vous ordonne de sortir d'ici.*

La différence entre les deux phrases *Je te promets d'arrêter de fumer/Je vais arrêter de fumer* ne tient donc pas au fait que la première est performative et sert à accomplir un acte, alors que la seconde est constative et décrit la réalité : toutes deux accomplissent un acte. La différence entre les deux tient à ce que la première est un performatif explicite (introduit par *je promets de*), tandis que la performativité de la seconde est implicite.

Dès lors, Austin insiste beaucoup sur l'importance du **contexte**, qui est souvent déterminant pour l'interprétation de la phrase. Ainsi, **certains performatifs implicites voient leur sens varier** en fonction des circonstances qui entourent la production de la phrase.

EXEMPLES

Je ne resterai pas longtemps.
Suivant le contexte, cette phrase peut être une promesse, une menace, une prévision, une prédiction...

Arrête de fumer.
Suivant le contexte, cette phrase peut être un ordre, un conseil, un suggestion...

Vas-y donc !
Suivant le contexte, cette phrase peut être un encouragement, une exhortation, un ordre, un défi, une permission...

En revanche, **les performatifs explicites ont un sens fixe** et déterminé quel que soit le contexte.

EXEMPLES

Au nom de la loi, je vous arrête.
Je te promets/Je te préviens/Je prévois/Je pense que je ne resterai pas longtemps.
Je t'ordonne/Je te conseille/Je te suggère d'arrêter de fumer.

L'interlocuteur saisit ce sens fixe et déterminé des performatifs explicites soit grâce à un **préfixe** (*je promets, je préviens, j'ordonne, je conseille...*) signalant sans ambiguïté ce sens ; soit grâce aux **éléments modaux** (choix des mots (*je, certes, même...*), ordre des mots, mode verbal (p. ex. formes à valeur impérative), intonation, etc.) qui lui sont fournis.

Cependant, l'opposition constatif *vs* performatif et la notion de performatif implicite posent problème dans la théorie d'Austin.

1.1.4 Problèmes posés par l'opposition constatif *vs* performatif et par la performativité implicite

Les difficultés rencontrées par Austin sont de quatre types.

1.1.4.1 D'abord, **les verbes performatifs peuvent s'employer dans des phrases qui ne sont pas des performatifs** mais ressemblent davantage à des constatifs.

EXEMPLES

Tu m'avais promis d'arrêter de fumer.
Jacques m'a présenté ses condoléances.

1.1.4.2 Certaines phrases connaissent **deux lectures, l'une performative, l'autre constative**.

EXEMPLES

La séance est ouverte.
Je ne resterai pas longtemps.

Ces phrases sont des performatifs dans la bouche du président lorsque la phrase marque effectivement l'ouverture de la séance, ou si l'interlocuteur a des garanties qui lui permettent d'interpréter la phrase comme une promesse (*Je ne resterai pas longtemps = Je te promets que je ne resterai pas longtemps*), mais sont des constatifs dans la bouche du journaliste qui assiste à la séance et décrit la réalité, ou si le contexte amène l'interlocuteur à interpréter la phrase comme une supposition, une prévision, etc. (*Je ne resterai pas longtemps = Je pense que je ne resterai pas longtemps*).

De surcroît, Austin tient à distinguer les performatifs des formules de politesse du langage courant ; or, on ne voit pas quelle différence de nature il y aurait entre les actes institutionnels et les actes de la conversation quotidienne, les mêmes actes pouvant être accomplis formellement dans le cadre d'une institution ou informellement à titre de simple acte de conversation.

EXEMPLES

Une institution peut remercier un de ses membres de façon solennelle au cours d'une cérémonie, mais Georges peut remercier son voisin qui lui tient ouverte la porte de l'ascenseur.
Une institution peut féliciter un de ses collaborateurs qui a obtenu une promotion, un prix, etc., mais Anne peut féliciter son neveu qui vient de réussir ses examens.

1.1.4.3 Les **performatifs** sont **évaluables en termes de succès ou d'échec**, mais **certains constatifs** également.

EXEMPLES

Je lègue ma maison à mon fils.
Si le locuteur de cette phrase n'a pas de maison (ou pas de fils), il y a échec du performatif par absence de référent (insuccès dû à une exécution ratée pour cause de défectuosité – cas n° (3) dans la typologie des échecs).

L'actuel roi de France est chauve.
Prononcée en république, cette phrase (constative) ne peut être dite ni vraie ni fausse, et ce pour des raisons similaires : il y a ici échec du constatif par absence de référent.

1.1.4.4 Enfin et surtout, les **performatifs implicites** posent problème en ce sens qu'ils entretiennent des rapports avec la réalité, et sont donc susceptibles d'être, tout comme les constatifs, évaluables en termes de vérité ou de fausseté. Ainsi, le performatif implicite *Je suis désolé* (> *Je m'excuse*) permet certes d'accomplir un acte social conventionnel (une excuse), mais sert aussi à décrire la réalité (le fait que je suis désolé) et peut donc à ce titre être dit vrai ou faux (selon que je suis effectivement désolé ou non) : cette phrase est donc mi-constative et mi-performative. Austin en arrive ainsi à la conclusion que le performatif implicite est un **performatif impur**.

Cependant, cette notion de performatif impur ne suffit pas à résoudre la difficulté : si tous les performatifs implicites deviennent des performatifs impurs, tous les constatifs *aussi* deviennent des performatifs impurs. En effet, toutes les phrases visent à accomplir quelque chose, et toutes relèvent donc de l'acte de langage ; par conséquent, **toutes les phrases ont une valeur plus ou moins performative** : *Le cerisier est en fleurs = J'affirme que le cerisier est en fleurs.*

Ainsi, **tout constatif entre dans la catégorie des performatifs** (implicites) : dès lors, Austin estime que **l'opposition constatif *vs* performatif ne se justifie plus**, et il y renonce. C'est une attitude que critiqueront ultérieurement d'autres pragmaticiens, qui y voient une erreur de raisonnement.

1.1.5 Arguments pour le maintien de l'opposition constatif *vs* performatif

Geoffrey J. Warnock, François Récanati et Oswald Ducrot développent ainsi plusieurs arguments en faveur du maintien de l'opposition constatif *vs* performatif.

1.1.5.1 Selon G.J. Warnock (1973), Austin aurait utilisé successivement – et involontairement – **deux critères de définition de la performativité**.

Dans un premier temps, le performatif est défini comme une phrase qui sert à accomplir un **acte institutionnel** (autre que l'acte consistant simplement à « dire quelque chose ») ; cette définition s'applique aux performatifs explicites (*Je te baptise au nom du Père, du Fils et du Saint-Esprit/Je vous déclare unis par les liens du mariage/Au nom de la loi, je vous arrête/Je jure de dire la vérité, rien que la vérité, toute la vérité/Je vous présente mes condoléances/Je te promets d'arrêter de fumer*). Mais ensuite entre en jeu un second critère de performativité : le performatif devient une phrase par laquelle on accomplit un **acte de langage** (acte purement linguistique : p. ex. l'assertion). Cette seconde définition débouche sur la notion de performatif implicite (*J'affirme que le cerisier est en fleurs*). Le problème est que ce deuxième critère est beaucoup trop large : toutes les phrases visent en effet à « dire quelque chose ». Dès lors, ce critère de performativité s'applique à toutes les phrases, et *ipso facto* la notion de performativité ne s'oppose plus à rien.

Austin aurait donc confondu acte institutionnel et acte de langage, et c'est la dilution du critère de performativité qui l'aurait mené à l'abandon de l'opposition constatif *vs* performatif. Or celle-ci, si l'on se réfère au premier critère de définition, était justifiée : simplement, **ce sont les performatifs explicites seuls qui s'opposent aux constatifs**.

Seraient donc performatifs (explicites) *Je te baptise au nom du Père, du Fils et du Saint-Esprit/Je vous déclare unis par les liens du mariage/Au nom de la loi, je vous arrête/Je jure de dire la vérité, rien que la vérité, toute la vérité/Je vous présente mes condoléances/Je te promets d'arrêter de fumer* et serait en revanche constatif *J'affirme que le cerisier est en fleurs.*

C'est pourquoi, contrairement aux vrais performatifs (explicites), une phrase introduite par *j'affirme que...* peut être formulée, de façon certes moins explicite, par un constatif.

EXEMPLES

J'affirme que le cerisier est en fleurs.	>	*Le cerisier est en fleurs.*
Je te baptise au nom du Père, du Fils et du Saint-Esprit.	>	*?*
Je vous déclare unis par les liens du mariage.	>	*?*
Au nom de la loi, je vous arrête.	>	*?*
Je jure de dire la vérité, rien que la vérité, toute la vérité.	>	*?*
Je vous présente mes condoléances.	>	*?*
Je te promets d'arrêter de fumer.	>	*?*

1.1.5.2 Pour Récanati (1981), la distinction constatif *vs* performatif doit être réinterprétée comme une distinction entre **deux types de forces orientées inversement**. Sont des **performatifs** les phrases par l'énonciation desquelles **la réalité est censée se conformer au langage** (i. e. les phrases qui servent à accomplir un acte et dénotent son accomplissement), c'est-à-dire les performatifs explicites d'Austin (*Je te baptise au nom du Père, du Fils et du Saint-Esprit/*

Je vous déclare unis par les liens du mariage/Au nom de la loi, je vous arrête/Je jure de dire la vérité, rien que la vérité, toute la vérité/Je vous présente mes condoléances/Je te promets d'arrêter de fumer). Sont en revanche des **constatifs** les phrases par l'énonciation desquelles **c'est le langage qui se conforme à la réalité** et cherche à la refléter (*Le cerisier est en fleurs*).

Selon Récanati, c'est le choix systématique d'exemples de performatifs explicites qui aurait amené Austin à confondre l'acte accompli et la réalisation de l'état de choses représenté (l'accomplissement de l'acte et la modification de la réalité qu'il implique se confondant dans le cas des performatifs explicites), et donc à abandonner l'opposition constatif *vs* performatif.

1.1.5.3 Ducrot (préface à Searle, 1972 : 12) aboutit à une conclusion similaire à celle de Récanati en proposant comme critère de reconnaissance d'un performatif P la transposition en discours indirect de la phrase « Il m'a dit P ». En effet, cette transposition donnera « Il m'a P » si et seulement si P est un performatif explicite.

EXEMPLES

Je te promets un livre.
→ *Il m'a dit : « Je te promets un livre ».* = *Il m'a promis un livre.*

Je t'apporte un livre.
→ *Il m'a dit : « Je t'apporte un livre ».* ≠ *Il m'a apporté un livre.*

Je te parle.
→ *Il m'a dit : « Je te parle ».* ≠ *Il m'a parlé.*

L'abandon de l'opposition constatif *vs* performatif va pousser Austin à élaborer une théorie générale du langage comme action.

1.2 *La théorie des actes de langage*

1.2.1 Le langage envisagé comme moyen d'action

L'opposition constatif *vs* performatif s'étant révélée défectueuse, et puisque toute phrase vise à l'accomplissement d'un acte, Austin réoriente sa pensée, la centrant sur **le langage envisagé comme moyen d'agir**. Il distingue trois aspects de l'acte consistant à faire quelque chose par le langage.

1) L'**acte locutionnaire**, ou **fait de dire** quelque chose, de prononcer une phrase (réalisation grammaticale et articulatoire de la phrase (selon les règles syntaxiques et phonologiques)).

EXEMPLE

Qui a gagné le Tour de France cette année ?
[acte locutionnaire = construire et prononcer la phrase interrogative]

2) L'**acte illocutionnaire**, ou acte que l'on accomplit **en disant** quelque chose : faire une promesse, donner un ordre, proférer une assertion, formuler une protestation, poser une question...

3) L'**acte perlocutionnaire**, ou acte que l'on accomplit **par le fait de dire** quelque chose : obliger l'interlocuteur à avouer son ignorance en matière de cyclisme, donner à l'interlocuteur l'occasion de briller en public par l'étalage de sa connaissance du cyclisme, amener l'interlocuteur à allumer la télévision, changer de sujet de conversation, (faire semblant de) relancer la conversation, etc.

Austin conclut que toute phrase énoncée sérieusement correspond au moins à l'exécution d'un acte locutionnaire et à celle d'un acte illocutionnaire, et parfois aussi à celle d'un acte perlocutionnaire.

EXEMPLES

– *Ne te gare pas devant l'entrée des voisins.*
acte locutionnaire + acte illocutionnaire (= ordre négatif, i. e. interdiction)

– *On est lundi.*
acte locutionnaire + acte illocutionnaire (= assertion) + acte perlocutionnaire (= persuasion)

À noter que pour Austin, l'acte perlocutionnaire est réussi – et donc existe – uniquement si le premier locuteur est convaincu par l'argument du second.

Selon Austin, l'**acte illocutionnaire** est l'acte de langage essentiel. En accomplissant un acte illocutionnaire, le locuteur s'assigne un certain rôle et assigne à l'interlocuteur un rôle complémentaire (p. ex., dans le cas d'un ordre, le locuteur exprime sa volonté que l'interlocuteur suive une conduite donnée, et se présente comme détenteur de l'autorité nécessaire pour que l'interlocuteur soit tenu d'adopter la conduite en question simplement parce que c'est la volonté du locuteur). Pour Austin, cet acte illocutionnaire est d'un usage **conventionnel**, au même titre que les actes institutionnels (i. e. les actes liés aux institutions et conventions des sociétés humaines). Ainsi, chacune de nos paroles sert à accomplir un acte « social » au sein de la vaste institution que représente le langage, et qui comporte une panoplie de rôles conventionnels correspondant à la gamme des actes de langage socialement reconnus. À ce titre, l'acte illocutionnaire peut être explicité par une formule performative.

EXEMPLES

Ne te gare pas devant l'entrée des voisins.
→ *Je t'ordonne de ne pas te garer devant l'entrée des voisins.*

La séance est ouverte.
→ *Je déclare que la séance est ouverte.*

Le cerisier est en fleurs.
→ *Je dis/J'affirme que le cerisier est en fleurs.*

Et à ce titre aussi, **l'acte illocutionnaire est évalué en termes de succès ou d'échec** (et non en termes de vérité ou de fausseté) : c'est la compréhension par l'interlocuteur du sens et de la valeur (i. e. du type d'acte illocutionnaire) de ce qui est dit qui conditionne directement le succès de l'acte.

La théorie des actes de langage offre l'avantage de n'accorder aucune position privilégiée aux phrases susceptibles d'entretenir des rapports particuliers avec la réalité (les anciens constatifs : affirmation, description, etc.) : elles ne représentent que des actes illocutionnaires parmi d'autres et à ce titre sont évaluables en termes de succès ou d'échec ; simplement, il est en outre possible d'attacher une valeur de vérité à ce qu'elles expriment.

1.2.2 Taxinomie des valeurs illocutionnaires

Austin propose une **typologie des valeurs illocutionnaires**. Celle-ci se compose de cinq catégories établies par le classement des verbes au moyen desquels s'expriment les actes illocutionnaires.

1) Les verbes **verdictifs** expriment un verdict, une appréciation, et correspondent souvent aux actes juridiques : *acquitter*, *condamner*, *diagnostiquer*, *estimer*, *évaluer*, *prononcer*, *supputer*...

2) Les verbes **exercitifs** renvoient à l'exercice de pouvoirs, de droits ou d'influences : *approuver*, *avertir*, *blâmer*, *commander*, *conseiller*, *exhorter*, *marier*, *nommer*, *voter*...

3) Les verbes **promissifs** expriment l'obligation pour le locuteur d'adopter une certaine attitude (promesse, prise en charge, engagement, manifestation d'intention, etc.) : *convenir de*, *épouser la cause*, *faire vœu*, *garantir*, *parier*, *promettre*...

4) Les verbes **comportatifs** renvoient aux attitudes et aux comportements sociaux, impliquent une attitude ou une réaction face à la conduite ou à la situation d'autrui : *approuver*, *bénir*, *blâmer*, *compatir*, *critiquer*, *déplorer*, *s'excuser*, *féliciter*, *mettre au défi*, *porter un toast*, *présenter ses condoléances*, *protester*, *remercier*, *rendre hommage*, *souhaiter la bienvenue*...

5) Les verbes **expositifs** explicitent les ressorts de l'argumentation, ou indiquent dans quel sens les mots sont employés : *citer*, *formuler*, *illustrer*, *mentionner*, *nier*, *postuler*, *témoigner*...

La typologie d'Austin est toutefois peu convaincante car de nombreux chevauchements et difficultés de classement se présentent (certains verbes se retrouvent dans plusieurs catégories, p. ex. *approuver*).

1.3 *Conclusion sur la théorie d'Austin*

Diverses critiques ont été adressées à la théorie d'Austin, contestant notamment la faiblesse des critères grammaticaux de description des performatifs (cf. *supra* sous 1.1.1) ou de la typologie des valeurs illocutionnaires (cf. *supra* sous 1.2.2).

Mais la critique principale porte incontestablement sur l'abandon de l'opposition entre constatifs et performatifs (cf. *supra* sous 1.1.4 et 1.1.5). En effet, **l'opposition constatif *vs* performatif aurait pu être maintenue dans la théorie austinienne des actes de langage** : parmi tous les actes illocutionnaires possibles (promesse, interrogation, ordre...), certaines assertions sont dotées d'une propriété supplémentaire et peuvent soit décrire la réalité (ce sont les constatifs, évaluables en termes de vérité ou de fausseté), soit accomplir l'acte institutionnel qu'elles désignent (ce sont les performatifs, évaluables en termes de succès ou d'échec).

Cependant, et malgré les points faibles de son analyse, **Austin pose des jalons essentiels**, et c'est grâce à lui que naît la pensée pragmaticienne : son intérêt pour l'étude du **langage ordinaire** envisagé de façon positive (et non plus critique) et sa **dénonciation de l'« illusion descriptive »** lui ont permis de jeter les bases de la **théorie des actes de langage**, laquelle sera abondamment développée et affinée par ses successeurs. Les travaux d'Austin (ainsi que ceux de J.R. Searle et H.P. Grice) ont été à l'origine de nombre de recherches en linguistique, philosophie du langage, logique, psychologie cognitive, psycholinguistique, sociolinguistique, intelligence artificielle...

REMARQUE

Certains travaux, antérieurs à ceux d'Austin, laissent pressentir l'ébauche d'une théorie des actes de langage, même si Austin reste le pionnier en la matière.

D'une part, le philosophe A. Reinach a, dès avant la première Guerre mondiale, défini les actes sociaux, qui ont pour caractéristique d'être accomplis par le langage et que l'on exécute par le simple fait de dire quelque chose, et qui engendrent pour le locuteur et l'interlocuteur des droits et des obligations (lesquels ne se confondent pas avec les droits et devoirs moraux).

D'autre part, dans les années 1930, le linguiste anglais Alan H. Gardiner part de la distinction entre le discours ou activité humaine généralement déclenchée par un événement particulier ou stimulus et par laquelle un locuteur communique avec un interlocuteur en utilisant des signaux verbaux organisés selon un code commun, et la langue ou ensemble des connaissances qui portent sur ce code et sur ces signaux et permettent la communication. L'unité du discours est la phrase, divisée en sujet et prédicat (la chose dont on parle/ce que l'on en dit: *Jean/est venu*); l'unité de la langue est le mot. La fonction première du langage humain n'est pas de refléter la pensée ou la réalité, mais d'agir sur le comportement de l'interlocuteur.

Sur la base de cette description, Gardiner distingue quatre grands types de phrases.

1) La déclaration : l'assertion (affirmation ou dénégation) vise à dire quelque chose de quelque chose (*Je pensais que tu dînais à la maison ce soir*).
2) La question : elle appelle la corroboration (i. e. une réponse en *oui/non*) ou la spécification (*Pierre a-t-il téléphoné ?/Qui a téléphoné ?*).
3) La requête : le locuteur exprime son désir d'une action qui ne dépend pas (ou pas uniquement) de sa volonté (ordre, supplication, prière, conseil, etc. : *Chut ! Tais-toi !/Ferme la porte, s'il te plaît*).
4) L'exclamation : elle est censée être l'expression spontanée de l'humeur, de l'attitude ou du désir du locuteur (*Comme c'est dommage !*).

Il est intéressant de constater que, pour la plupart, les précurseurs de la pragmatique ne sont pas, ou pas seulement, linguistes : Reinach est philosophe ; Gardiner est égyptologue avant d'être linguiste ; Austin, Searle et Grice sont des philosophes qui étudient le langage. Cette remarque s'applique du reste également aux principaux représentants de la pragmatique cognitive moderne, Deirdre Wilson et Dan Sperber : si la première est linguiste, le second est anthropologue.

2 John Rogers Searle

Le philosophe du langage John Rogers Searle (1932) est professeur à l'Université de Berkeley (Californie). Il livre son interprétation de la théorie des actes de langage dans deux ouvrages, *Speech Acts* (1969) et *Expression and Meaning* (1979), respectivement traduits en français sous les titres *Les actes de langage. Essai de philosophie du langage* (1972) et *Sens et expression. Étude des théories des actes de langage* (1982).

Pour Searle, une théorie du langage est indissociable d'une théorie de l'action ; en effet, la production d'une phrase est une action, c'est-à-dire un acte de langage.

La théorie searlienne des actes de langage s'articule en deux volets : l'examen des conditions de réussite d'un acte de langage (1972), et une proposition de taxinomie des actes de langage (1982).

2.1 *Le principe d'exprimabilité*

Le principe d'exprimabilité est à la base de la vision des actes de langage développée par Searle. Il le formule comme suit : **toute intention** (i. e. état mental : pensée, croyance, désir, etc.) **du locuteur peut être exprimée explicitement et littéralement par un moyen conventionnel** (i. e. par une phrase). Cela revient à dire que toute phrase est réductible à un performatif explicite (tel que le définit Austin – cf. *supra* Austin, sous 1.1.3).

EXEMPLE

Le cerisier est en fleurs. = *J'affirme que le cerisier est en fleurs.*

2.2 *Analyse de la phrase*

Austin distingue, dans la production d'une phrase, acte locutionnaire, acte illocutionnaire et acte perlocutionnaire. Searle s'attache exclusivement aux actes illocutionnaires : les actes locutionnaires ne présentent à son avis pas grand intérêt, et il doute de l'existence des actes perlocutionnaires. Selon lui, toute phrase énoncée sérieusement correspond nécessairement à la réalisation d'un acte locutionnaire et surtout à celle d'un acte illocutionnaire.

2.2.1 Searle, dont l'exemple de prédilection est la promesse, distingue dans une phrase d'une part l'**acte propositionnel**, c'est-à-dire l'expression d'un contenu appelé contenu propositionnel, et d'autre part l'**acte illocutionnaire**, ou acte accompli en disant quelque chose (cf. *supra* Austin, sous 1.2.1), à savoir demander, ordonner, affirmer...

EXEMPLE

Je te promets d'arrêter de fumer.
Acte propositionnel : expression du contenu propositionnel « arrêter de fumer ».
Acte illocutionnaire : promettre.

La distinction entre acte propositionnel et acte illocutionnaire permet p. ex. de rendre compte de certains phénomènes de négation, comme la **négation propositionnelle** et la **négation illocutionnaire**.

EXEMPLES

Je te promets que je ne viendrai pas demain.
Dans cette phrase, il y a négation propositionnelle : c'est le contenu « venir demain » qui est nié.

Je ne te promets pas que je viendrai demain.
Dans cette phrase en revanche, il y a négation illocutionnaire : c'est l'acte de promesse qui est nié.

En outre, plusieurs phrases qui posent le même acte propositionnel (i. e. expriment un contenu similaire) peuvent mettre en jeu des actes illocutionnaires différents, c'est-à-dire avoir des **buts illocutionnaires** différents.

EXEMPLES

Jeannot mange des légumes./Jeannot ne mange pas de légumes.	[assertion]
Jeannot mange-t-il des légumes ?	[question]
Jeannot, mange des légumes./Mange des légumes, Jeannot !	[ordre/conseil/prière]
Si Jeannot pouvait manger des légumes !	[souhait/regret]

Inversement, un même acte illocutionnaire peut naturellement s'appliquer à des contenus différents.

EXEMPLES

Je te promets que je viendrai demain.
Je te promets que je ne dirai rien.

2.2.2 Searle distingue également dans la structure syntaxique de la phrase le **marqueur de contenu propositionnel**, à savoir ce qui relève du contenu (*je viendrai demain*), et le **marqueur de force illocutionnaire**, à savoir ce qui relève de l'acte illocutionnaire (*Je (te) promets).*

Cette distinction entre marqueur de contenu propositionnel et marqueur de force illocutionnaire n'est réellement observable syntaxiquement que si la formulation est explicite et littérale, c'est-à-dire dans le cas des performatifs explicites, où le **préfixe** joue le rôle de marqueur de force illocutionnaire.

EXEMPLES

Je te promets que je viendrai demain.
Je t'ordonne de fermer la fenêtre.

Selon Searle, lorsqu'on n'a pas affaire à un performatif explicite, le marqueur de force illocutionnaire est la **forme syntaxique** même de la phrase : phrase déclarative, impérative, interrogative... ; mode verbal ; etc. (*Jeannot (ne) mange (pas) de(s) légumes*, *Jeannot mange-t-il des légumes ?*, *Jeannot, mange des légumes*, *Mange des légumes, Jeannot !*, *Si Jeannot pouvait manger des légumes !*). Et toute phrase est, en vertu du principe d'exprimabilité, susceptible d'être explicitée (i. e. de prendre la forme d'un performatif explicite).

EXEMPLES

Je viendrai demain. → *Je te promets que je viendrai demain.*
→ *Je te préviens que je viendrai demain.*

[promesse/prévision, prédiction, menace]

Ferme la fenêtre. → *Je t'ordonne de fermer la fenêtre.*
→ *Je te demande de fermer la fenêtre.*
→ *Je te conseille de fermer la fenêtre.*

[ordre/requête/suggestion]

2.2.3 En distinguant d'une part acte propositionnel et acte illocutionnaire, et d'autre part marqueur de contenu et marqueur de force illocutionnaire, Searle définit **deux intentions chez le locuteur** : **poser un acte illocutionnaire** (promettre, demander, affirmer, ordonner...), **et faire reconnaître cette intention** (promesse, demande, affirmation, ordre...) en produisant une phrase qui, soumise aux **règles conventionnelles** régissant l'interprétation des phrases dans la langue commune, est susceptible d'être comprise ainsi. Ces règles conventionnelles qui régissent l'interprétation des phrases sont les **règles constitutives** qui permettent l'accomplissement d'un acte illocutionnaire.

↳ liés à la structure syntaxique.

2.3 *Les règles constitutives de l'acte illocutionnaire*

Selon Searle (1972 : 76), « parler une langue, c'est accomplir des actes conformément à des règles »[6] : la réalisation d'un acte illocutionnaire correspond donc à la production d'une phrase qui, suivant des conventions, satisfait les règles constitutives attachées à l'acte illocutionnaire en question. Ces règles constitutives de l'acte illocutionnaire sont, *mutatis mutandis*, comparables aux règles du football ou des échecs, qui non seulement disent comment on joue à ces jeux, mais créent la possibilité même d'y jouer. Si ces règles sont respectées, l'acte illocutionnaire est réussi, si elles ne le sont pas (ou pas toutes), l'acte illocutionnaire se solde par un échec.

Searle énonce les sept règles (ou séries de règles) constitutives suivantes.

1) **Règles préparatoires**

Ces règles concernent la situation de communication et prévoient que les interlocuteurs sont matériellement en mesure de se comprendre.

EXEMPLES

Les interlocuteurs parlent la même langue, ils ne souffrent d'aucune infirmité qui leur interdirait de communiquer (surdité, aphonie...), ils parlent « sérieusement » (i. e. le discours n'est pas un discours de fiction – cf. *infra* sous 2.5.4.1), etc.

2) **Règle de contenu propositionnel**

Le contenu propositionnel doit être défini, isolable de l'acte illocutionnaire et repérable.

EXEMPLES

Une action future du locuteur pour la promesse, une action future de l'interlocuteur pour l'ordre, etc.

3) **Règle essentielle**

Cette règle définit le but (illocutionnaire) de l'acte illocutionnaire, c'est-à-dire qu'elle spécifie le type d'obligation contractée par l'un et/ou l'autre des interlocuteurs. La règle essentielle conditionne par là les règles suivantes (préliminaires, de sincérité, d'intention et de convention).

- type d'obligation qui va engager l'interlocuteur par ses intentions

6. Conception qui renvoie à celle d'Austin, qui voit le langage comme une vaste institution proposant aux locuteurs une panoplie de rôles conventionnels (cf. *supra* Austin, sous 1.2.1).

EXEMPLES

Le locuteur qui promet ou asserte souscrit un engagement quant à ses intentions ou à ses croyances, le locuteur qui ordonne entend amener l'interlocuteur à réaliser l'action visée, etc.

4) **Règles préliminaires**

Les règles préliminaires prévoient que le locuteur et l'interlocuteur doivent partager un certain nombre de connaissances (que Searle appelle « croyances d'arrière-plan »), et s'accorder sur certaines conditions qui doivent être préalablement satisfaites pour que l'acte illocutionnaire puisse être accompli.

EXEMPLES

Si le locuteur donne un ordre, il faut que l'interlocuteur soit capable de réaliser ce qui lui est demandé – et que cette réalisation n'ait eu aucune chance de se produire sans l'intervention du locuteur : enjoindre de sortir à quelqu'un qui est en train de quitter la pièce de sa propre initiative ne peut évidemment pas être considéré comme un ordre qui atteint son but.

Les règles préliminaires déterminent aussi la force (illocutionnaire) de l'acte illocutionnaire ; celle-ci correspond à l'intensité avec laquelle le but illocutionnaire est mis en œuvre.

EXEMPLES

Sont de même but illocutionnaire mais de forces différentes l'ordre et la requête (obtenir que l'interlocuteur fasse quelque chose : *Ferme la porte*), ainsi que la promesse et la menace (exprimer un engagement de la part du locuteur : *Je te promets que je viendrai demain*).

5) **Règle de sincérité**

Cette règle porte sur l'état mental du locuteur au moment où il parle et stipule qu'il doit être sincère.

EXEMPLES

Le locuteur qui promet ou affirme doit être honnête (i. e. ne pas mentir), et il endosse par conséquent la responsabilité liée à sa déclaration (donc, si le locuteur ment en formulant une promesse, il n'est pas libéré de son engagement, mais reste responsable de l'intention qu'il a manifestée d'accomplir tel acte) ; le locuteur qui donne un ordre doit souhaiter sincèrement que l'action qu'il ordonne d'accomplir le soit.

6) **Règles d'intention**

Les règles d'intention répertorient les intentions que peut s'approprier le locuteur (promesse, ordre, question, hypothèse...). Elles imposent également que le locuteur ait la volonté de faire reconnaître son intention par l'interlocuteur grâce à la phrase prononcée.

7) **Règles de convention**

Les règles de conventions répertorient les moyens linguistiques dont le locuteur dispose conventionnellement pour exprimer ses intentions.

EXEMPLES

Le locuteur qui veut promettre dit *Je te promets…* ; le locuteur qui veut donner un ordre négatif dit *Je t'interdis de…* ; le locuteur qui veut exprimer une hypothèse dit *Si (tu viens avec moi)…* ; etc.

REMARQUE

Searle relève aussi l'existence de **règles normatives** dans l'activité de communication : ainsi, les règles de politesse régissent les relations entre les individus (p. ex. on ne coupe pas la parole à quelqu'un). Ces règles normatives sont **d'ordre social** et ont pour objet des comportements ou des actions qui existent indépendamment d'elles (p. ex. une formulation courtoise ou grossière n'a aucune incidence sur le but ou la force illocutionnaires d'un acte).

2.4 *Taxinomie des actes illocutionnaires*

Searle critique la classification austinienne des valeurs illocutionnaires (cf. *supra* Austin, sous 1.2.2) : outre les difficultés de classement et les chevauchements entre les catégories, Austin ne procède pas à une classification d'actes illocutionnaires, mais à une classification de verbes susceptibles selon lui de revêtir une valeur illocutionnaire. Or, Searle distingue **verbes illocutionnaires** et **actes illocutionnaires** : en effet, pour lui, les verbes illocutionnaires appartiennent à des langues particulières, tandis que l'aspect illocutionnaire du langage, c'est-à-dire les actes illocutionnaires, transcende les différences entre les langues particulières. C'est donc en fonction des actes illocutionnaires (et non en fonction des verbes) qu'il convient d'élaborer une taxinomie.

Searle propose les cinq catégories suivantes, établies d'après l'intention du locuteur.

1) Les phrases **représentatives** : le locuteur s'engage sur la vérité du contenu exprimé, c'est-à-dire que la phrase est évaluable, pour ce qui est de son contenu, en termes de vérité ou de fausseté (il faut pouvoir poser à propos d'une phrase représentative la question « Peut-on dire de cette phrase qu'elle est vraie ou fausse ? »).

EXEMPLES

J'affirme que le cerisier est en fleurs.
Le cerisier est en fleurs.

→ influence son locuteur.

2) Les phrases **directives** : le locuteur cherche à faire faire quelque chose par l'interlocuteur.

EXEMPLES

Je t'ordonne de fermer la fenêtre.
Ferme la fenêtre.

→ obligation personnelle.

3) Les phrases **promissives** : le locuteur s'oblige lui-même à accomplir un acte ou à adopter un comportement.

EXEMPLES

Je te promets que je viendrai demain.
Je viendrai demain.

4) Les phrases **expressives** : le but du locuteur est de manifester son état psychologique par rapport au contenu exprimé par la phrase.

EXEMPLES

Je te félicite pour ton courage.
Je déplore l'absence de Françoise.

→ conventionelle.

5) Les phrases **déclaratives** : ce sont les performatifs d'Austin, à savoir les phrases qui, par le fait d'être prononcées, provoquent la vérité du contenu qu'elles expriment en se référant à une institution extra-linguistique (le baptême, le mariage, l'ouverture solennelle d'une séance, etc.) et en impliquant des statuts respectifs bien spécifiques pour le locuteur et l'interlocuteur.

EXEMPLES

Je te baptise au nom du Père, du Fils et du Saint-Esprit.
Je déclare la séance ouverte.
La séance est ouverte.

→ basée sur la syntaxe de la phrase.

2.5 *Discussions sur la théorie de Searle*

La théorie searlienne des actes de langage suscite quelques discussions, essentiellement sur les points suivants : la taxinomie des actes illocutionnaires (cf. *infra* sous 2.5.1) ; le principe d'exprimabilité (cf. *infra* sous 2.5.2 et 2.5.3) ; les règles d'intention et de convention (cf. *infra* sous 2.5.2) ; la règle de sincérité (cf. *infra* sous 2.5.3) ; l'analyse du discours de fiction (cf. *infra* sous 2.5.4.1) ; l'analyse du discours mensonger (cf. *infra* sous 2.5.4.2) ; et l'interprétation des actes de langage indirects (définis *infra* sous 2.5.5).

2.5.1 La taxinomie des actes illocutionnaires

Malgré sa tentative de classer non plus des verbes (comme le fait Austin), mais des actes illocutionnaires, Searle illustre ses catégories par des exemples qui, *ipso facto*, utilisent certains verbes (cf. *supra* sous 2.4) – et de fait, comment décrire (en linguistique comme dans toute autre science) en échappant à l'usage des termes que le langage ordinaire met à notre disposition ? Dès lors, on peut également reprocher à la classification proposée par Searle de présenter des difficultés de classement et des chevauchements entre catégories. Ceux-ci sont dus p. ex. aux problèmes de polysémie, du type *promettre = s'engager à/garantir* (dont le sens peut être négatif : *Les climatologues nous promettent que l'effet de serre fera des ravages avant la fin du siècle / Je vous promets du plaisir !*).

En outre, il n'est pas évident de soutenir la **thèse « universaliste »**, c'est-à-dire d'affirmer l'universalité des actes illocutionnaires : en effet, les différentes sociétés non seulement ne dénomment pas leurs actes de langage de la même manière, mais de surcroît ne les conçoivent pas de la même façon. Ainsi certaines peuplades aborigènes d'Australie ignorent-elles la notion de faveur et donc celle de gratitude ; en wobé (langue de Côte-d'Ivoire), l'équivalent de notre remerciement est l'élément *se-*, lequel exprime en fait un sentiment général d'empathie avec l'interlocuteur, sentiment extrêmement vaste, et dont le remerciement n'est jamais qu'une facette, etc. Certains chercheurs proposent donc, pour définir les actes illocutionnaires, de créer un **métalangage spécifique** composé de « primitifs quasi universels » en nombre restreint, du type : *moi/toi/quelqu'un/quelque chose/bon/mauvais/(ne pas) vouloir/(ne pas) savoir/(ne pas) dire/(ne pas) penser/(ne pas) pouvoir/lieu/moment/avant/après/parce que...*[7].

Au demeurant, probablement toute tentative de classification, qu'elle vise les verbes illocutionnaires ou les actes illocutionnaires, est-elle vouée à l'échec : si bien des phrases sont en effet susceptibles d'appartenir à deux ou plusieurs classes, c'est parce que le langage ordinaire cherche à refléter la réalité empirique, laquelle ne se divise pas en catégories bien distinctes, mais se présente plutôt comme un continuum sur lequel s'échelonnent et parfois se chevauchent différentes valeurs (*Ibid.*).

2.5.2 Les règles d'intention et de convention et le principe d'exprimabilité

Les règles d'intention et de convention, qui stipulent que les actes illocutionnaires et les phrases par lesquelles ils sont accomplis représentent un moyen conventionnel pour exprimer et réaliser des intentions (« parler une langue, c'est accomplir des actes conformément à des règles »), et le principe d'exprimabilité,

7. C. Kerbrat-Orecchioni, in *Où en est la pragmatique ?*, 1995.

selon lequel le locuteur pourrait toujours exprimer explicitement ce qu'il veut dire, montrent que **Searle a une vision codique du langage**.

En effet, pour Searle, le langage pourrait être toujours explicite, et s'il ne l'est pas, c'est pour des raisons extrinsèques et inessentielles : c'est pour respecter certaines normes sociales, p. ex. les règles de la politesse (cf. *supra* sous 2.3, remarque). **Il est donc légitime de prendre le langage explicite comme modèle du langage en général**. Par conséquent, l'interprétation des phrases se résume à un décodage : il suffit à l'interlocuteur de comprendre la phrase prononcée pour savoir *ipso facto* quel acte de langage le locuteur accomplit en la formulant (puisque l'acte illocutionnaire se reflète intégralement dans la phrase). Selon Searle, le langage est donc « transparent » : observer les états mentaux revient à observer les phrases qui les expriment (et *vice versa*).

Du fait qu'il y a, de manière non systématique, des marqueurs associés à certaines forces illocutionnaires, Searle conclut que le langage pourrait être différent de ce qu'il est, c'est-à-dire être toujours explicite. C'est pourquoi l'interprétation des phrases est essentiellement une opération de décodage, à laquelle s'ajoutent éventuellement des inférences rendues nécessaires par certains phénomènes inessentiels (p. ex. l'indirection d'un acte de langage – cf. *infra* sous 2.5.5) et donc négligeables. Le problème est que, statistiquement, dans le langage courant, les formulations non explicites l'emportent largement en fréquence sur les formulations explicites : il est beaucoup plus courant de dire *Le cerisier est en fleurs* que *J'affirme que le cerisier est en fleurs*.

De ce point de vue, la théorie de Searle s'inscrit davantage dans l'optique du béhaviorisme que dans celle des sciences cognitives. En effet, sa théorie des actes de langage s'est développée selon un modèle codique qui méconnaît l'importance des procédés inférentiels et des informations d'ordre non linguistique (dont le rôle du contexte).

2.5.3 La règle de sincérité et le principe d'exprimabilité

La règle de sincérité et le principe d'exprimabilité posent un réel problème à la théorie des actes de langage. En effet, **la règle de sincérité néglige la faillibilité des croyances humaines**, à savoir le fait que le locuteur d'une phrase fausse peut parfaitement être de bonne foi. Or, règle de sincérité et principe d'exprimabilité combinés amènent à considérer comme équivalentes du point de vue du sens des phrases qui ne répondent manifestement pas à des conditions de vérité/fausseté identiques.

EXEMPLES

Il fait beau. / *Je pense qu'il fait beau.*
La baleine est un poisson. / *Je crois que la baleine est un poisson.*

Prétendre que *Il fait beau* et *Je pense qu'il fait beau* ont des significations identiques mène au **paradoxe de la croyance**. En effet, il existe bien un lien entre les croyances d'un individu (le locuteur) et l'état du monde, mais ce sont les croyances de l'individu qui dépendent (partiellement et de façon faillible) de l'état du monde, et non l'inverse : l'état du monde ne dépend nullement des croyances de l'individu. En d'autres mots, [s'il est vrai qu'il fait beau, alors il est vrai que je pense qu'il fait beau] est vrai ; mais [s'il est vrai que je pense qu'il fait beau, alors il est vrai qu'il fait beau] n'est pas vrai[8]. Or, **il n'y a équivalence sémantique entre deux phrases que si lorsque la première est vraie, la seconde l'est aussi, et *vice versa*.** Par conséquent *Il fait beau/Je pense qu'il fait beau, La baleine est un poisson/Je crois que la baleine est un poisson* ne sont pas des équivalents sémantiques[9].

2.5.4 La fiction et le mensonge

À côté du discours sérieux, Searle définit le discours non sérieux, c'est-à-dire le discours de fiction ou discours fictif (cf. *infra* sous 2.5.4.1).

EXEMPLES

Discours sérieux :
Balzac est l'auteur du Père Goriot.

Discours fictif :
Le père Goriot réside à la pension Vauquer.

Par ailleurs, Searle définit également le discours figuratif (i. e. les figures de rhétorique – cf. *infra* la métaphore, sous 2.5.5.3), qui peut se combiner au discours sérieux comme au discours fictif.

EXEMPLES

Discours sérieux et figuratif :
La femme est l'avenir de l'homme. (Aragon) (métaphore)

Discours fictif et figuratif :
Le père Goriot est le christ de la paternité. (métaphore de fiction)

---

8. Voir le critère de distinction constatif *vs* performatif proposé par Fr. Récanati : par l'énonciation d'un performatif, la réalité se conforme au langage ; par l'énonciation d'un constatif, le langage se conforme à la réalité (cf. *supra* Austin, sous 1.1.5.2).
9. Voir la critique de G.J. Warnock dénonçant la dilution du critère de performativité dans la théorie d'Austin (cf. *supra* Austin, sous 1.1.5.1). C'est aussi cet argument, appelé *performadoxe*, qu'oppose W. Lycan (1984) à l'hypothèse performative du syntacticien générativiste J. Ross (1970) selon laquelle toute phrase a une structure de surface (= la phrase effectivement prononcée) et une structure profonde (= la signification de la phrase : antécédents des pronoms, expressions élidées en surface, etc.), et toute phrase qui ne comporte pas dans sa structure de surface un performatif explicite a dans sa structure profonde une préface performative (*Il pleut = Je pense/J'affirme qu'il pleut*).

Le problème est que la théorie searlienne des actes de langage ne parvient pas à donner une description satisfaisante du discours de fiction, ni de la phrase mensongère, qui relèvent pourtant des utilisations courantes du langage. Selon Searle, **la fiction et le mensonge sont des activités langagières qui adoptent la forme de l'assertion sans pour autant être de vraies assertions**.

2.5.4.1 Le discours de fiction

Le locuteur d'une phrase de fiction (p. ex., l'auteur d'un roman) prétend accomplir un acte d'assertion, mais il n'essaie pas de faire croire à l'interlocuteur (p. ex. au lecteur) qu'il est confronté à un authentique acte d'assertion. Autrement dit, **l'intention du locuteur n'est pas de tromper l'interlocuteur**.

> EXEMPLES
>
> *Les Martiens mesurent deux mètres de haut et sont verts avec de grandes antennes.*
> *Mary Poppins ouvrit son parapluie et s'envola au-dessus des toits de Londres.*
>
> *Harry Potter enfourcha le balai, donna un grand coup de pied par terre et s'éleva à toute vitesse.* (J.K. Rowling, *Harry Potter à l'école des sorciers*)
>
> *Jack l'Éventreur est sans doute mort maintenant, et mort impuni. Il doit reposer dans un de ces calmes cimetières anglais où l'ombre rectiligne des cyprès se prolonge sur des gazons soigneusement peignés et sur des allées monotones.* (R. Desnos, *Jack l'Éventreur*)

Selon Searle, **il n'y a pas de langage propre à la fiction** : le discours de fiction recourt au langage ordinaire. De fait, si la fiction consiste à représenter des personnages, des objets et des événements qui n'existent pas dans le monde, elle ne peut le faire que parce qu'elle utilise le même langage que celui employé ordinairement pour dépeindre des personnages, des objets et des événements existant dans le monde : le récit de fiction n'est donc possible *que* parce qu'il utilise le langage ordinaire.

De surcroît, toutes les phrases d'un texte de fiction ne sont pas fausses.

> EXEMPLES
>
> *C'était le temps où les voitures à chevaux circulaient dans la ville, et des volées de moineaux venaient picorer le crottin jusque sous la queue des percherons.* (Ch. Bertin, *La petite dame en son jardin de Bruges*)
>
> Tous les éléments qui apparaissent dans une phrase de fiction ne sont pas nécessairement faux : ni Swann ni la duchesse de Guermantes n'existent, mais l'Affaire Dreyfus évoquée par Proust dans *À la recherche du temps perdu* a bel et bien eu lieu.

Searle en conclut que, **dans le discours de fiction, les actes illocutionnaires correspondant aux phrases utilisées ne sont pas accomplis**. Le discours de fiction est un **discours non sérieux**, c'est-à-dire que **le locuteur ne s'engage pas quant à la vérité des phrases qu'il produit**. Le locuteur du discours de fiction peut donc **négliger certaines règles** que le locuteur d'un discours sérieux se doit de respecter (ces règles se rapportent généralement à l'assertion, qui est l'acte illocutionnaire le plus fréquent dans le discours de fiction) : les règles préparatoires (le locuteur doit parler sérieusement), la règle essentielle (le locuteur qui asserte souscrit un engagement quant à ses croyances), et surtout la règle de sincérité (le locuteur ne doit pas mentir ni affirmer ce qu'il sait être faux).

Searle postule donc *ipso facto* l'existence de **règles propres au texte de fiction** : ce sont des règles **suspensives** qui ont pour fonction de neutraliser l'action de celles des règles régissant le sens des phrases qui concernent le type d'acte de langage accompli et l'état mental du locuteur : il s'agit d'un ensemble de **conventions ni sémantiques ni linguistiques** qui suspendent les liens entre la signification de la phrase et l'accomplissement de l'acte illocutionnaire correspondant.

En fin de compte, la seule obligation à laquelle le locuteur du discours de fiction est tenu de se soumettre est une **règle de cohérence** : tous les éléments qui apparaissent dans une fiction doivent être cohérents les uns par rapport aux autres.

EXEMPLE

Par rapport à *Les Martiens mesurent deux mètres de haut et sont verts avec de grandes antennes*, il est exclu, dans le même récit de science-fiction, d'écrire que *Les Martiens sont rouges, sphériques et ont un entonnoir à la place de la bouche*.

Cependant, la théorie de Searle sur le discours de fiction pose problème. En effet, puisque le langage utilisé par le discours de fiction est le langage ordinaire, comment peut-il conserver son sens ordinaire tout en ne permettant pas d'accomplir les actes illocutionnaires qui lui sont attachés ? S'il en était ainsi, les autres phrases du discours ordinaire devraient elles aussi jouir de cette double propriété (accomplir un acte illocutionnaire ou raconter une histoire), ce qui n'est manifestement pas le cas.

Dès lors, comment le locuteur d'une phrase de fiction peut-il arriver à ne pas tromper son interlocuteur ? On ne peut à la fois produire une phrase grammaticale complète de forme assertive et indiquer que l'acte illocutionnaire qui y est accompli est feint. Il faudrait pour cela que cette phrase inclue une « préface » ou une « postface » qui indique explicitement son caractère non sérieux. Or, exception faite de la formule consacrée *Il était une fois*... qui ouvre les contes de fées, il n'y a pas, dans le discours de fiction, de telles « préfaces » ou « postfaces » (cette formule n'apparaissant que dans les contes de fées, et devant la seule première phrase, elle ne saurait évidemment résoudre le problème à l'échelle du discours de fiction en général). Il faudrait dès lors considérer que toute phrase du discours de fiction se double implicitement d'une « préface » (ou d'une « postface »).

EXEMPLE

[*Dans « À la recherche du temps perdu »*] *Swann restait là, désolé, confus et pourtant heureux devant cette enveloppe qu'Odette lui avait remise sans crainte* [...]. (M. Proust, *Du côté de chez Swann*).

Mais une telle « préface » implicite devrait en ce cas ouvrir toutes les phrases du discours de fiction, et dès lors les phrases qui représentent d'authentiques assertions (*C'était le temps où les voitures à chevaux circulaient dans la ville, et des volées de moineaux venaient picorer le crottin jusque sous la queue des percherons*) basculent elles aussi dans le domaine de la fiction. Et si la « préface » implicite n'accompagne que les phrases relevant de la fiction, selon quel critère l'interlocuteur peut-il deviner quelles sont les assertions feintes nanties d'une préface implicite, et les assertions véritables qui en sont dépourvues ? En d'autres termes, comment est-il possible de reconnaître, dans un même récit, les phrases de fiction des authentiques assertions ?

2.5.4.2 La phrase mensongère

Le locuteur d'une phrase mensongère prétend accomplir un acte d'assertion, et il essaie de faire croire à l'interlocuteur qu'il est confronté à un authentique acte d'assertion. Autrement dit, **l'intention du locuteur est de tromper l'interlocuteur**.

EXEMPLE

Balzac est l'auteur des Trois Mousquetaires.
[Le locuteur sait que l'auteur du roman est Alexandre Dumas.]

Un premier problème surgit immédiatement : **comment les deux intentions du locuteur** (poser un acte illocutionnaire et faire reconnaître cet acte par l'interlocuteur) **pourraient-elles être exprimées conventionnellement** (i. e. explicitement) **en ayant la moindre chance d'aboutir ?** La condition indispensable au succès d'un acte de tromperie est en effet précisément de ne pas apparaître comme tel. Cela revient à dire que le mensonge ne répond ni au principe d'exprimabilité, ni aux règles d'intention et de convention : donc, **le mensonge n'est pas un acte illocutionnaire**.

Un second problème est que **le mensonge semble bien être un acte perlocutionnaire** (tromperie, persuasion...), autrement dit un acte susceptible d'être évalué en termes de succès ou d'échec quant à la réaction de l'interlocuteur. Or, ce n'est pas le cas. En effet, le mensonge se réalise au travers d'un acte illocutionnaire d'assertion ; le succès de l'acte perlocutionnaire (mensonge) est donc lié au succès de cet acte d'assertion (emporter la conviction de l'interlocuteur), ce qui mène à un **paradoxe**: le mensonge ne peut réussir que si l'acte d'assertion est authentique (ce qui implique le respect de la règle de sincérité), mais si l'acte d'assertion est authentique, alors il n'y a pas mensonge. Donc, **le mensonge n'est pas non plus un acte perlocutionnaire**. En d'autres mots, la théorie searlienne des actes des langage ne peut décrire la phrase mensongère – sauf bien entendu en lui reconnaissant le statut d'acte locutionnaire.

En outre, la théorie de Searle oblige à considérer comme des mensonges des phrases qui n'en sont pas.

EXEMPLE

Thierry habite Montesson. Il part en vacances à Sidney, où il sympathise avec des Australiens. Lorsque ses nouveaux amis lui demandent où il habite, Thierry leur répond: *J'habite Paris*. La réponse de Thierry n'est manifestement pas un mensonge (et il ne s'agit pas non plus d'une phrase de fiction): il tente au contraire de proposer à ses amis australiens une phrase aussi claire et compréhensible que possible. Il est probable que la phrase *J'habite Montesson* n'aurait pas été facile à comprendre pour des Australiens qui ignorent peut-être que Montesson est une banlieue du nord-ouest de Paris. Cependant, seule cette seconde réponse respecte la règle de sincérité (le locuteur doit dire la vérité), tandis que la première transgresse cette règle. Selon Searle, la réponse de Thierry à ses amis est donc une phrase mensongère.

2.5.5 L'interprétation des actes de langage indirects

Les actes de langage indirects sont ceux par lesquels le locuteur manifeste son intention de façon indirecte: **une phrase dont le marqueur de force illocutionnaire indique une force illocutionnaire donnée est en fait utilisée avec un but illocutionnaire tout à fait différent**; un exemple très courant est celui de la requête (voire de l'injonction) présentée sous la forme d'une question[10].

Lycan (1984) distingue trois types d'actes de langage indirects, répartis sur un continuum allant de l'indirection la plus faible (indirection possible) à la plus forte (indirection manifeste).

L'**indirection possible** concerne les phrases qui peuvent s'utiliser de façon indirecte, mais peuvent aussi s'utiliser de façon directe, c'est-à-dire développer un but illocutionnaire correspondant à la force indiquée par leur marqueur.

10. La distinction entre acte de langage direct et acte de langage indirect se retrouve tant en pragmatique cognitive (cf. *infra* Sperber et Wilson, sous 5.1) qu'en pragmatique intégrée (cf. *infra* Ducrot, sous 6.1.1).

EXEMPLES

Il fait froid ici.
Prononcée dans une pièce où la fenêtre est grande ouverte, cette phrase exprime soit un constat (acte direct), soit une requête (= « Ferme le fenêtre », acte indirect).

Voulez-vous vous asseoir ?
Selon qu'elle est adressée à une vieille dame dans le métro, ou à l'étudiant qui entre dans la salle d'examen, etc., cette phrase exprime soit une question (acte direct), soit une proposition (= « Je vous propose de vous asseoir », acte indirect) ou un ordre (= « Asseyez-vous », acte indirect).

L'**indirection probable** concerne les phrases qui s'utilisent habituellement de façon indirecte :

EXEMPLES

Peux-tu fermer la fenêtre ?/Veux-tu fermer la fenêtre ?
Prononcée dans une pièce où la fenêtre est grande ouverte, cette phrase équivaut en principe à une requête (= « Ferme la fenêtre », acte indirect), même si l'hypothèse de la véritable question (acte direct) ne peut être complètement éliminée (p. ex. dans le cas où *Peux-tu fermer la fenêtre ?* s'adresse à petit enfant, ou à un blessé qui se sert difficilement de ses mains).

Veux-tu t'asseoir ?!
Cette phrase (dont la structure intonative est figurée par la ponctuation *?!*) équivaut généralement à un ordre (= « Assieds-toi », acte indirect), mais peut aussi, si elle est dite en riant, dans une bousculade p. ex., exprimer une interrogation (acte direct).

Voulez-vous me montrer les papiers du véhicule ?
Cette phrase équivaut certainement le plus souvent à un ordre (= « Montrez-moi les papiers du véhicule », acte indirect), p. ex. dans la bouche d'un gendarme qui contrôle un automobiliste ; on ne peut toutefois pas exclure qu'elle corresponde à une vraie question (acte direct), p. ex. si le locuteur cherche à aider quelqu'un qui éprouve des difficultés à trouver une information dans les papiers de sa voiture.

REMARQUE

Tu peux mentir à ta mère ?
Veux-tu venir au cinéma ?

On opposera ces deux phrases, qui sont visiblement de véritables questions (i. e. des actes directs) auxquelles il est d'ailleurs naturel de répondre par *oui* ou par *non* et qui ne laissent aucune place à l'indirection, aux exemples illustrant l'indirection probable.

L'**indirection manifeste** concerne les phrases qui s'utilisent toujours de façon indirecte.

EXEMPLES

Peux-tu fermer la fenêtre, s'il te plaît ?/Veux-tu fermer la fenêtre, s'il te plaît ?
Il s'agit toujours d'une requête.

Veux-tu bien t'asseoir ?!
Il s'agit toujours d'un ordre.

Dans les cas où l'indirection est probable ou manifeste, il y a **acte de langage indirect conventionnel** : il est conventionnel de recourir à la question *Peux-tu fermer la fenêtre (, s'il te plaît) ?/Veux-tu fermer la fenêtre (, s'il te plaît) ?* pour exprimer l'injonction *Ferme la fenêtre*. En revanche, lorsque l'indirection est seulement possible, il y a **acte de langage indirect non conventionnel** : aucune convention langagière ne prévoit que l'assertion *Il fait froid ici* exprime l'injonction *Ferme la fenêtre*. Le classement d'un acte de langage indirect dans l'une des trois catégories susmentionnées (indirection possible, probable ou manifeste) est évidemment fonction et du degré de codification de l'acte indirect (i. e. de son caractère conventionnel), et du contexte dans lequel il s'inscrit (Kerbrat-Orecchioni, in *Où en est la pragmatique ?*, 1995).

2.5.5.1 Les actes de langage indirects conventionnels

Un acte de langage indirect conventionnel fréquent est la formulation détournée d'une requête.

EXEMPLES

Peux-tu fermer la fenêtre ?/Veux-tu fermer la fenêtre ?
Peux-tu fermer la fenêtre, s'il te plaît ?/Veux-tu fermer la fenêtre, s'il te plaît ?

Selon la théorie searlienne des actes de langage, l'intention du locuteur (i. e. que l'interlocuteur ferme la fenêtre) ne devrait jamais être satisfaite puisqu'elle ne peut être reconnue par la signification conventionnelle de la phrase. Or, si la forme syntaxique de cette phrase indique qu'elle devrait avoir pour but illocutionnaire le constat ou la demande d'information, il est clair que cette phrase est presque toujours utilisée (et comprise) comme une requête et avec le but illocutionnaire correspondant.

Searle résout ce problème en expliquant que la phrase *Peux-tu/Veux-tu fermer la fenêtre ?* se compose en fait de deux actes de langage : un **acte primaire** (la requête), accompli par l'intermédiaire d'un **acte secondaire** (la question). **L'intention illocutionnaire** (i. e. l'acte que le locuteur a l'intention d'accomplir par sa phrase), soit la requête, **porte uniquement sur l'acte primaire**, et c'est cette intention qui doit être reconnue par l'interlocuteur.

L'interlocuteur qui décode la phrase *Peux-tu/Veux-tu fermer la fenêtre ?* est supposé procéder comme suit : il applique les règles sémantiques de décodage des actes de langage (règles de convention) et constate que, dans la situation de communication, la question du locuteur (i. e. l'acte illocutionnaire secondaire) n'a pas grande pertinence ; il en conclut que cette question n'est pas l'acte illocutionnaire intentionné ; il identifie alors l'intention du locuteur et l'acte illocutionnaire primaire (la requête).

L'analyse que fait Searle des actes de langage indirects pose cependant trois problèmes.

D'abord, elle contredit le principe d'exprimabilité et les règles d'intention et de convention : pourquoi le locuteur ne s'exprime-t-il pas explicitement et littéralement en produisant un acte dont le but illocutionnaire correspond à son intention, et en recourant aux moyens conventionnellement mis à sa disposition par la langue pour ce faire ?

Ensuite, elle montre que pour Searle, il suffit de poser une question sur les conditions préparatoires d'une requête (i. e. sur la capacité ou la volonté de l'interlocuteur de réaliser l'acte requis) pour accomplir indirectement l'acte primaire de requête. Cette position nie donc *ipso facto* l'existence même de l'indirection probable (*Peux-tu/Veux-tu fermer la fenêtre ?* est obligatoirement une injonction) ; de surcroît, elle empêche de distinguer des actes dont les forces illocutionnaires sont manifestement différentes.

EXEMPLES

Peux-tu/Veux-tu fermer la fenêtre ?	=	*Ferme la fenêtre.*
Tu peux mentir à ta mère ?	≠	*Mens à ta mère.*
Veux-tu venir au cinéma ?	≠	*Viens au cinéma.*

Enfin, la seule théorie des actes de langage ne permet pas à l'interlocuteur d'interpréter de façon satisfaisante la phrase du locuteur : l'interlocuteur doit en outre faire preuve de bonne volonté, c'est-à-dire se montrer coopératif et s'efforcer de faire réussir la communication, et recourir à des informations d'arrière-plan qui sont d'ordre contextuel et non linguistique (« Le cadre de notre conversation n'est pas propre à indiquer un intérêt théorique portant sur ma capacité à fermer la fenêtre », « La fenêtre grande ouverte laisse entrer de l'air froid », « De sa place, le locuteur ne peut atteindre la fenêtre »...).

2.5.5.2 Les actes de langage indirects non conventionnels

L'interprétation de certains actes de langage indirects non conventionnels pose davantage de problèmes à Searle. En effet, si *Il fait froid ici* s'analyse (côté conventionnel en moins) comme *Peux-tu/Veux-tu fermer la fenêtre ?*, c'est-à-dire comme un acte indirect composé d'un acte secondaire d'assertion (*Il fait froid ici*) doublant un acte primaire de requête (« Ferme la fenêtre »), il est beaucoup moins commode d'expliquer la réponse du second locuteur dans le petit dialogue *– Ne te gare pas devant l'entrée des voisins./– On est lundi.*

L'acte secondaire est manifestement un acte illocutionnaire d'assertion ayant pour contenu propositionnel « On est lundi ». Mais quel est l'acte primaire qui se réalise au travers de cette assertion ? Selon la théorie searlienne des actes de langage, deux solutions sont envisageables. Soit l'acte primaire est un acte d'assertion ayant pour contenu propositionnel « Le lundi on peut se garer devant l'entrée des voisins » ; mais pourquoi un acte de langage indirect se composerait-il d'un acte primaire et d'un acte secondaire de même but illocutionnaire (deux assertions) ? Soit il n'y a pas d'acte primaire ; or, comme il s'agit manifestement d'un acte de langage indirect (*On est lundi* signifie ici « Le lundi on peut se garer devant l'entrée des voisins »), la théorie de Searle, qui exige dans ce cas la combinaison d'un acte primaire avec un acte secondaire, est prise en défaut.

De surcroît, le recours à la coopération de l'interlocuteur et aux connaissances d'arrière-plan liées à la situation de communication est ici aussi indispensable.

Searle explique donc *comment* analyser l'acte de langage indirect, mais pas *pourquoi* le locuteur, contredisant en cela le principe d'exprimablilité, décide de recourir à un acte indirect alors que rien ne lui interdit d'utiliser l'acte direct correspondant à son intention.

2.5.5.3 La métaphore

Selon Searle, la métaphore relève, comme les autres figures, du **discours sérieux figuratif** (cf. *supra* sous 2.5.4). Mais la métaphore est également un **acte de langage indirect** : le locuteur qui utilise une métaphore manifeste son intention de façon indirecte, puisqu'il dit une chose alors qu'il veut en dire une autre. La métaphore est donc un acte de langage indirect correspondant à un **acte primaire d'assertion littérale** doublé d'un **acte secondaire d'assertion métaphorique**. Selon que la métaphore est plus ou moins figée, l'acte de langage indirect est **conventionnel** ou **non conventionnel**.

→ on dit qqc mais on dit un autre chose.

EXEMPLES

Acte de langage indirect conventionnel :
Mon collaborateur est un jeune loup.
est une métaphore figée qui ne permet qu'une seule interprétation : mon jeune collaborateur a beaucoup d'ambition et peu de scrupules.

Acte de langage indirect non conventionnel :
La femme est l'avenir de l'homme. (Aragon)
est une métaphore créative qui permet des interprétations diverses (qui auront bien entendu pour commun dénominateur les notions de « femme » et de « futur envisagé positivement ») : c'est la femme qui donne la vie, la femme est d'une intelligence supérieure à l'homme, contrairement à l'homme la femme est capable d'assumer simultanément des tâches diverses, la femme fait preuve d'une plus grande faculté d'adaptation que l'homme, l'espérance de vie de la femme est supérieure à celle de l'homme, etc.

La métaphore est une figure qui consiste à fournir à un terme un nouveau sens en l'appliquant à un nouvel objet ou à une nouvelle idée : **la métaphore est la figure de la ressemblance**.

EXEMPLES

Ton frère est un clown.
Cet homme est une bête.
Richard est un cochon.
Cette femme est un vrai glaçon.
Tu as sept ans, tu es un homme, maintenant !
Ce bouquin est vraiment indigeste.
Les navires labourent les flots.

Pour Searle, la métaphore s'interprète comme les autres actes de langage indirects : l'interlocuteur applique les règles sémantiques de décodage des actes de langage (règles de convention) ; il constate que, dans la situation de communication, la phrase du locuteur (i. e. l'acte illocutionnaire secondaire d'assertion métaphorique) n'a pas grande pertinence (cela est particulièrement frappant dans l'exemple *Cet homme est une bête*, qui a pour interprétation littérale « Cet être humain est un être non humain ») ; il en conclut que cette assertion littérale n'est pas l'acte illocutionnaire intentionné et qu'il faut chercher ailleurs l'intention du locuteur.

Arrivé à ce stade, l'interlocuteur doit comprendre qu'il est confronté à une phrase métaphorique ; il lui reste alors à chercher les caractéristiques qu'évoque cette phrase métaphorique (p. ex., les *navires* tracent des *sillons* dans l'eau, propriété qu'ils partagent avec la charrue qui *laboure* la terre des *champs*) : ces caractéristiques permettent d'établir une relation de ressemblance avec une autre phrase, littérale celle-là (qui correspond à l'acte illocutionnaire primaire), et dont le sens révèle le sens caché par la non-littéralité de la première phrase (*Le passage des navires laisse dans l'eau des traces semblables aux sillons d'un champ labouré*).

EXEMPLES

Ton frère est un clown.
→ *Ton frère adopte un comportement qui vise à faire rire tout le monde.*

Cet homme est une bête.
→ *Cet homme est une créature brutale, agressive et fruste.*

Richard est un cochon.
→ *Richard est dégoûtant/se conduit de manière dégoûtante.*

Cette femme est un vrai glaçon.
→ *Cette femme est froide/frigide.*

Tu as sept ans, tu es un homme, maintenant !
→ *Tu as sept ans, tu es maintenant un être responsable, sage et pondéré.*

Ce bouquin est vraiment indigeste.
→ *Ce bouquin est vraiment désagréable à lire.*

À noter qu'**il n'est pas indispensable que la caractéristique attribuée à l'objet sur lequel se fonde la ressemblance le soit à bon escient** (les clowns peuvent être tristes, beaucoup de bêtes ne manifestent ni brutalité ni agressivité, un homme n'est malheureusement pas toujours responsable, sage et pondéré, etc.) ; **il faut seulement que cette analogie soit admise** (métaphore figée) **ou admissible** (métaphore créative) par le sens commun.

Searle tente donc d'expliquer comment fonctionne la phrase métaphorique, mais rien dans sa théorie ne permet de comprendre **pourquoi le locuteur choisit d'utiliser une phrase non littérale**, alors que la phrase littérale est disponible et parfaitement compréhensible (*L'homme est une créature brutale, agressive et fruste*, *Richard est dégoûtant*, *Cette femme est froide/frigide*, etc.) – ou, en d'autres termes, pourquoi le locuteur recourt à un acte de langage indirect correspondant à un acte primaire (assertion littérale) et un acte secondaire (assertion métaphorique) de même but illocutionnaire.

REMARQUE

L'analyse que fait Searle de la métaphore, figure de la ressemblance, est bien entendu susceptible de s'appliquer aux autres figures : ainsi, la litote est la figure de la réduction (*Ce n'est pas le meilleur roman que j'ai lu* → *C'est un mauvais roman*) ; l'hyperbole est la figure de l'exagération (*Rome est la plus belle ville du monde* → *Rome est une très belle ville*), etc.

2.6 *Conclusion sur la théorie de Searle*

Le modèle searlien constitue incontestablement une avancée dans la théorie des actes de langage. Il présente cependant des points faibles, qui tiennent essentiellement à une vision fondamentalement codique et conventionnelle du langage.

Ainsi, l'interprétation de la phrase devrait pour Searle se limiter à l'identification de la force illocutionnaire et du contenu propositionnel. Or, il est très souvent (c'est le cas pour tous les actes de langage indirects) fait appel dans l'analyse à des éléments non codiques et non langagiers (la situation de communication, le contexte, les connaissances d'arrière-plan, la bonne volonté des interlocuteurs) qui ne sont pas pris en compte par le modèle théorique.

D'autre part, la manière dont Searle rend compte de l'emploi du discours de fiction et des actes de langage indirects explique *comment* fonctionnent ces modes d'expression, mais non *pourquoi* le locuteur choisit d'y recourir : pourquoi le locuteur contredit-il le principe d'exprimabilité en décidant de produire un discours de fiction, ou en optant pour l'indirection et non pour l'acte direct ?

Enfin, les difficultés que rencontre la théorie de Searle (cf. *supra* sous 2.5) concernent des faits de langage très importants en fréquence, et donc non négligeables : la non-application du principe d'exprimabilité (2.5.2), la faillibilité des croyances humaines (2.5.3), le discours de fiction (2.5.4.1), le mensonge (2.5.4.2), les actes de langage indirects (2.5.5.1 et 2.5.5.2) et le discours figuratif (2.5.5.3).

3 Herbert Paul Grice

Le philosophe britannique H. Paul Grice (1913-1988) illustre en 1967 – comme Austin en 1955 – le cycle des William James Lectures de Harvard ; la teneur de ces conférences est résumée dans un article de 1975 intitulé « Logic and Conversation » (traduction française « Logique et conversation », 1979). Grice publie ensuite l'ouvrage *Studies in the Way of Words* (1989). Comme Austin, il fait partie des philosophes de l'École d'Oxford.

La démarche de Grice oriente nettement l'étude du langage vers les sciences cognitives. En effet, il intègre dans le processus d'interprétation des phrases deux notions essentielles : l'état mental, c'est-à-dire les intentions des interlocuteurs au moment de la communication, et l'inférence, c'est-à-dire le raisonnement déductif que les interlocuteurs sont capables d'élaborer. Grice va en outre rendre compte de l'importance du contexte et de la situation de communication – autant d'éléments négligés par les modèles d'Austin et de Searle.

3.1 *La distinction entre phrase et énoncé*

Grice apporte à l'analyse du langage un autre élément essentiel en distinguant **phrase** et **énoncé**.

La **phrase** est une suite de mots, qui **ne varie pas en fonction des circonstances** dans lesquelles elle est prononcée. La phrase est caractérisée par sa structure syntaxique et par sa valeur sémantique (i. e. ce qui est **dit**), qui est le produit des significations des mots qui la composent. L'étude de la phrase est l'objet de la **linguistique**.

L'**énoncé** est le résultat de l'énonciation d'une phrase (i. e. du fait de la proférer), qui **varie en fonction des circonstances** dans lesquelles celle-ci est prononcée. L'énoncé véhicule ce que le locuteur veut **communiquer** (i. e. souvent plus que ce qui est dit). L'étude l'énoncé est l'objet de la **pragmatique**.

EXEMPLES

Mon amie est italienne.
Cette phrase peut être prononcée par des locuteurs différents et à des moments différents : la phrase reste la même, mais elle correspond à des énoncés différents (les *amies* sont des personnes différentes, etc. – cf. *supra* , *Introduction*, sous 4.1).

Le surveillant d'un examen écrit qui se déroule de dix heures à midi consulte sa montre et signale aux étudiants : *Il est midi.*
Ce que dit la phrase est « Il est midi » (annonce de l'heure) ; ce que communique l'énoncé est « Il est temps de rendre vos copies ». Bien entendu, dans d'autres circonstances, la phrase pourrait donner lieu à des énoncés différents : « Il est temps de finir votre cours » (suggèrent les étudiants au professeur), « Tu es en retard » (si le rendez-vous était fixé à onze heures et demie), « J'ai faim », etc.

Cette vision que Grice a du langage inaugure véritablement une des options fondamentales des développements ultérieurs de la **pragmatique**, à savoir la pragmatique cognitive de Sperber et Wilson : les principes de la pragmatique ne concernent pas la compétence linguistique (i. e. la connaissance du locuteur quant au le fonctionnement de sa langue), mais un **ensemble de connaissances et de capacités à utiliser la langue en situation**[11].

3.2 *La notion d'implicitation*

Lorsqu'un locuteur s'exprime, il peut bien entendu dire tout bonnement ce qu'il veut communiquer.

EXEMPLES

Le locuteur qui veut communiquer que « Les Français sont chauvins » peut dire : *Les Français sont chauvins*, et la signification de l'énoncé (ce qui est communiqué) sera ici équivalente à celle de la phrase (ce qui est dit).

– *Quelle heure est-il ?*
– *Il est midi.*
Dans le cas où il est effectivement midi, la réponse dit (par la phrase) et communique (par l'énoncé) la même chose : l'annonce de l'heure.

Mais il est également possible de communiquer, par l'énoncé, au delà de ce qui est dit par la phrase, au delà de la signification linguistique conventionnelle de la phrase : il y a alors **implicitation** (anglais *implicature*).

EXEMPLE

Il est midi.
Dans le cas où le locuteur est un surveillant qui désire reprendre les copies, la phrase dit « Il est midi » mais communique « Il est temps de rendre vos copies ».

11. Inversement, la tradition pragmaticienne française ou pragmatique intégrée (Ducrot) considère que la pragmatique relève bel et bien de la compétence : les aspects pragmatiques sont encodés dans la langue, laquelle contient des instructions sur ses usages possibles (cf. *infra*, *La pragmatique intégrée*).

Donc, **ce qui est communiqué** par un énoncé, c'est ce qui est **dit** plus ce qui est **implicité**. L'interprétation correcte d'un énoncé exige évidemment que **l'interlocuteur récupère le contenu implicité** (appelé aussi *implicat* ou *implicatum*).

Grice distingue différents types d'implicitations : les **implicitations conventionnelles** et les **implicitations non conventionnelles**, ces dernières pouvant être **conversationnelles** ou **non conversationnelles**.

3.2.1 L'implicitation conventionnelle (ou implicitation lexicale)

Il est possible de communiquer au delà de ce qui est dit par un **moyen conventionnel** : dans ce cas, l'implicitation découle de conventions, à savoir que **le sens conventionnel des mots utilisés** et **la forme de la phrase** suffisent à déterminer et ce qui est dit et ce qui est communiqué (c'est pourquoi les implicitations de ce type sont aussi appelées implicitations lexicales). Le contexte et la situation de communication ne jouent aucun rôle dans l'interprétation de ce type d'énoncés.

EXEMPLES

Pierre est français, il est donc chauvin.
La convention utilisée est une conclusion (signalée par *donc*), et l'implicitation conventionnelle est « Les Français sont chauvins ».

Cher collègue et néanmoins ami...
La convention utilisée est une restriction (signalée par *néanmoins*)[12], et l'implicitation conventionnelle est « Il ne va pas de soi qu'un collègue soit un ami ».

Valentine divorce, mais Serge en est ravi.
La convention est une restriction (signalée par *mais*), et l'implicitation conventionnelle est « Il n'allait pas de soi que ce divorce provoque la joie ».

Martin est parvenu à te convaincre.
La convention est une présupposition[13] (signalée par *est parvenu*), et l'implicitation conventionnelle est « Martin a essayé de te convaincre ».

12. Grice considère que les mots comme *donc, néanmoins*... (appelés *connecteurs* par Ducrot) ont en langue naturelle une valeur identique à leur signification logique : cette valeur conventionnelle (et donc figée) est le produit d'une implicitation. Pour Ducrot au contraire, la langue est fondamentalement a-logique (cf. *infra* Ducrot, sous 6.3 et 7).
13. Voir la définition de la présupposition en pragmatique intégrée (cf. *infra* Ducrot, sous 3.3.4, remarque 2).

3.2.2 L'implicitation non conventionnelle ou implicitation conversationnelle (ou implicitation discursive)

Il est également possible de communiquer au delà de ce qui est dit en recourant à un **moyen non conventionnel**, ou **moyen conversationnel ou discursif** : c'est ce qui se produit pour les **actes de langage indirects** (cf. *supra* Searle, sous 2.5.5). L'implicitation nécessite alors **un raisonnement de la part de l'interlocuteur** et est dite **implicitation conversationnelle** ou **implicitation discursive**. Il existe selon Grice deux types d'implicitation conversationnelle : **généralisée** ou **particulière** (ou non généralisée).

3.2.2.1 L'implicitation conversationnelle généralisée

L'implicitation conversationnelle généralisée est l'implicitation qui est **entrée dans l'usage** ; elle est **automatiquement déclenchée par l'utilisation de certaines formes linguistiques** dans l'énoncé et est donc, comme l'implicitation conventionnelle, **indépendante du contexte**. L'implicitation conversationnelle généralisée correspond au mode de communication défini par Searle comme les **actes de langage indirects conventionnels** (cf. *supra* Searle, sous 2.5.5.1).

EXEMPLES

Peux-tu/Veux-tu fermer la fenêtre ?
Dans le cas où il s'agit d'une requête formulée de façon détournée, l'implicitation conversationnelle généralisée est « Ferme la fenêtre ».

(1) Jean est parti pour Tokyo et a appris le japonais.
(2) Jean a appris le japonais et est parti pour Tokyo.
L'ordre des événements dans la narration livre une information à l'interlocuteur, qui établit une relation de chronologie éventuellement doublée d'une relation de causalité. L'implicitation conversationnelle généralisée est : (1) « Jean est parti pour Tokyo et a ensuite appris le japonais »/(2) « Jean a appris le japonais et est ensuite parti pour Tokyo », ou (1) « Jean est parti pour Tokyo, c'est pourquoi il a appris le japonais »/(2) « Jean a appris le japonais, c'est pourquoi il est parti pour Tokyo ».

Ce soir, Henri rencontre une femme.
Ici, l'information est fournie par non-dit, et l'implicitation conversationnelle généralisée est « Henri rencontre une femme qui n'est ni sa femme, ni sa mère, ni sa sœur, ni une amie platonique ».

REMARQUE

La notion d'implicitation conversationnelle généralisée permet de justifier la thèse d'Austin et de Searle, selon laquelle *J'affirme que la baleine est un poisson* est le performatif explicite correspondant au performatif implicite *La baleine est un poisson*. En effet, *La baleine est un poisson* a pour implicitation conversationnelle généralisée « J'affirme que la baleine est un poisson ». En d'autres mots, *J'affirme que la baleine est un poisson* (le locuteur affirme que X) et *La baleine est un poisson* (X) **ne disent pas la même chose, mais communiquent la même chose**, à savoir X = « La baleine est un poisson ». La preuve en est que *J'affirme que la baleine est un poisson* peut, tout comme *La baleine est un poisson*, recevoir de l'interlocuteur la réponse *C'est faux*, portant dans les deux cas sur « La baleine est un poisson » (i. e. sur ce qui est communiqué), et non sur « J'affirme »[14].

3.2.2.2 L'implicitation conversationnelle particulière

L'implicitation conversationnelle particulière en revanche ne se déclenche pas automatiquement ; elle est mise en œuvre par la relation établie entre l'énoncé et certains éléments liés au **contexte** et aux **circonstances particulières de la situation de communication**. L'implicitation conversationnelle particulière correspond dans le modèle searlien aux **actes de langage indirects non conventionnels** (cf. *supra* Searle, sous 2.5.5.2).

EXEMPLES

Il fait froid ici.
Si le locuteur souhaite que l'interlocuteur ferme la fenêtre, l'implicitation conversationnelle particulière est « Ferme la fenêtre ».

Pierre est français... il est chauvin.
Le cas particulier de Pierre renvoie à une vérité générale, et l'implicitation conversationnelle particulière est « Les Français sont chauvins ».

– *Ne te gare pas devant l'entrée des voisins.*
– *On est lundi.*

Il y a ellipse d'une étape du raisonnement, et l'implicitation conversationnelle particulière est « Le lundi on peut se garer devant l'entrée des voisins ».

Il est midi.
Dans le cas où le locuteur est un surveillant qui désire reprendre les copies, l'implicitation conversationnelle particulière est « Il est temps de rendre vos copies ».

Le schéma 1.2 met en parallèle le modèle searlien des actes de langage directs et indirects, et le modèle gricéen des implicitations, afin de mettre en évidence leurs points communs.

REMARQUES

1 Tout comme Searle (cf. *supra* Searle, sous 2.3) admet l'existence, à côté des règles constitutives de l'acte illocutionnaire, de règles normatives d'ordre social portant sur des comportements ou des actions qui existent indépendamment d'elles, Grice évoque une **implicitation non conventionnelle et non conversationnelle**, qui dépendrait d'une série de **règles esthétiques**, **sociales**, **morales**... (p. ex. la règle

14. Ducrot rend compte de cette différence en recourant aux deux sens du verbe *dire* : « asserter » et « montrer » (cf. *infra* Ducrot, sous 6.1.2.1).

Schéma 1.2

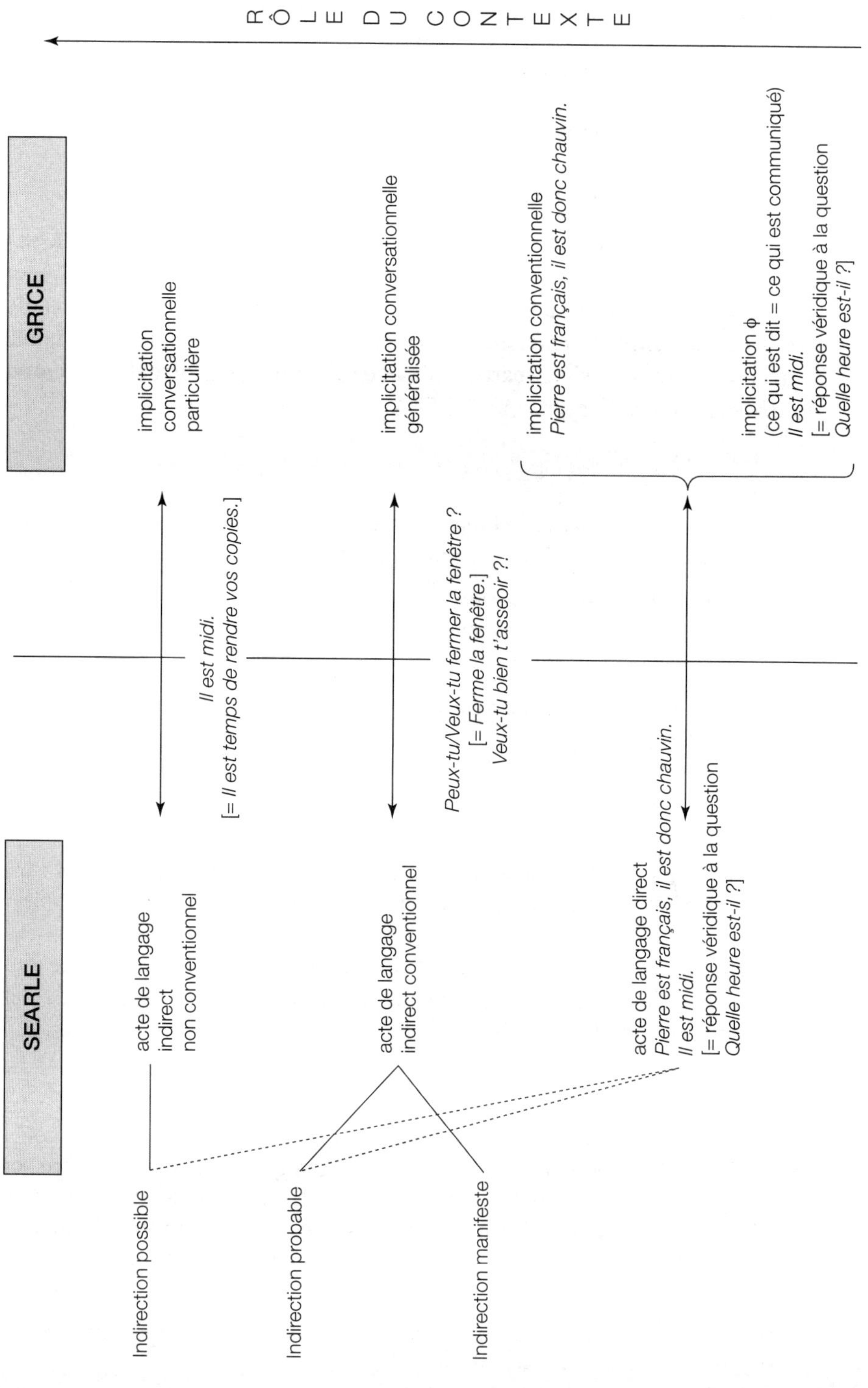
SEARLE
GRICE
RÔLE DU CONTEXTE
Indirection possible
Indirection probable
Indirection manifeste
acte de langage indirect non conventionnel
acte de langage indirect conventionnel
acte de langage direct
Pierre est français, il est donc chauvin.
Il est midi.
[= réponse véridique à la question Quelle heure est-il ?]
Il est midi.
[= Il est temps de rendre vos copies.]
Peux-tu/Veux-tu fermer la fenêtre ?
[= Ferme la fenêtre.]
Veux-tu bien t'asseoir ?!
implicitation conversationnelle particulière
implicitation conversationnelle généralisée
implicitation conventionnelle
Pierre est français, il est donc chauvin.
implicitation φ
(ce qui est dit = ce qui est communiqué)
Il est midi.
[= réponse véridique à la question Quelle heure est-il ?]

de politesse: « il faut être poli ») et dont le locuteur pourrait se servir pour exercer une influence sur l'interlocuteur.

2 Dans certains cas (p. ex. *Pierre est français... il est chauvin*), il peut sembler difficile de déterminer si l'on a affaire à une implicitation conversationnelle particulière ou à une implicitation conversationnelle généralisée. Tout dépend en effet du degré d'évidence que revêt pour l'interlocuteur l'implicitation mise en jeu. Dans le contexte cité, il est évident que *Peux-tu/Veux-tu fermer la fenêtre?* est une requête et non une interrogation; en revanche, *Il est midi* (au sens de « Il est temps de rendre vos copies ») nécessite un raisonnement qui de prime abord n'a rien d'évident – sauf pour le surveillant et les étudiants, pour qui la formule est au contraire banale.

Cela revient à considérer qu'**implicitations conversationnelles généralisées et implicitations conversationnelles particulières** ne relèvent pas de deux catégories bien distinctes, mais s'échelonnent plutôt selon **un continuum** allant du plus conventionnel (*Peux-tu/Veux-tu fermer la fenêtre?*) au moins conventionnel (*Il est midi* = « Il est temps de rendre vos copies »). Dès lors, nombreux sont les énoncés (*Pierre est français... il est chauvin.*) qui se situent dans la partie médiane de ce continuum et sont donc susceptibles (en fonction notamment du contexte, de l'identité des intervenants, etc.) de répondre à l'une ou à l'autre analyse (généralisation *vs* particularisation). Bien entendu, plus l'implicitation est généralisée, moins il est besoin du contexte pour l'interpréter; plus l'implicitation est particulière, plus le recours au contexte est nécessaire (voire indispensable) à une interprétation satisfaisante. C'est pourquoi cette notion de continuum pourrait être élargie aux implicitations conventionnelles[15]; en effet, on notera que dans l'interprétation de *Valentine divorce, mais Serge en est ravi*, le contexte n'est pas complètement sans importance: il permet de déterminer si le sens de l'énoncé est « Le locuteur ne s'attendait pas à ce que Serge en soit ravi », ou « Valentine, elle, n'en est pas ravie », ou encore « Le locuteur, lui, n'en est pas ravi ».

3.2.3 Annulabilité, détachabilité et détermination des implicitations[16]

3.2.3.1 Il est impossible d'annuler une implicitation conventionnelle sans rendre l'énoncé de départ contradictoire: **l'implicitation conventionnelle est non annulable**. En revanche, l'implicitation conversationnelle (généralisée ou particulière) peut être annulée sans rendre l'énoncé de départ contradictoire: **l'implicitation conversationnelle est annulable**.

15. Le problème de la catégorisation des implicitations est résolu, en pragmatique cognitive, par l'échelonnement des énoncés sur un continuum allant du plus littéral au moins littéral (cf. *infra* Sperber et Wilson, sous 5).
16. Les caractéristiques attribuées par Grice à l'implicitation conventionnelle correspondent à celles attribuées par Ducrot au présupposé; les caractéristiques de l'implicitation conversationnelle chez Grice rejoignent la description que donne Ducrot du sous-entendu (cf. *infra* Ducrot, sous 3.3.4, remarque 2).

EXEMPLES

Implicitations conventionnelles non annulables :

* *Pierre est français, il est donc chauvin, mais tous les Français ne sont pas chauvins.*

* *Cher collègue et néanmoins ami, mais il va de soi qu'un collègue est un ami.*

* *Valentine divorce, mais Serge en est ravi, mais il allait de soi que ce divorce provoque la joie.*

* *Martin est parvenu à te convaincre, mais Martin n'a pas essayé de te convaincre.*

Implicitations conversationnelles annulables :

Peux/Veux-tu fermer la fenêtre ? mais si la fenêtre est trop haut, tant pis.

Jean est parti pour Tokyo et a appris le japonais, mais pas forcément dans l'ordre où je le raconte.

Ce soir, Henri rencontre une femme, mais c'est juste une amie platonique.

Il fait froid ici, mais ne ferme pas la fenêtre.

Pierre est français... il est chauvin, mais tous les Français ne sont pas chauvins.

– *Ne te gare pas devant l'entrée des voisins./– On est lundi, mais en effet ce n'est pas une raison pour se garer devant l'entrée des voisins.*

Il est midi, mais vous pouvez conserver vos copies un quart d'heure de plus.

3.2.3.2 Il est impossible de substituer à l'expression qui véhicule une implicitation conventionnelle une expression synonyme (i. e. qui ne modifie pas les conditions de vérité de l'énoncé) sans supprimer *ipso facto* cette implicitation : **l'implicitation conventionnelle** est dite **détachable**. Par contre, l'implicitation conversationnelle (généralisée ou particulière) subsiste même si on remplace l'expression qui la déclenche par une expression synonyme : **l'implicitation conversationnelle** est dite **non détachable**.

EXEMPLES

Implicitation conventionnelle détachable :

Martin est parvenu à te convaincre.

→ *Martin a obtenu ton accord.*

L'implicitation « Martin a essayé de te convaincre » disparaît[17].

Implicitations conversationnelles non détachables :

Peux/Veux-tu fermer la fenêtre ?

→ *Peux/Veux-tu repousser le battant de la fenêtre ?*

L'implicitation générale « Ferme la fenêtre » se maintient.

---

17. Que les implicitations conventionnelles liées aux autres exemples semblent cependant non détachables (les reformulations *Pierre est français, il est par conséquent chauvin/Cher collègue mais cependant ami.../Valentine divorce, toutefois Serge en est très content* ne suppriment pas les implicitations conventionnelles liées aux énoncés de départ) paraît être un argument de plus en faveur d'un continuum englobant l'ensemble des implicitations (cf. *supra* sous 3.2.2.2, remarque 2).

Jean est parti pour Tokyo et a appris le japonais.
→ *Jean est parti pour la capitale du Japon et en a appris la langue.*
L'implicitation générale « Jean est parti pour Tokyo et a ensuite appris le japonais »/« Jean est parti pour Tokyo, c'est pourquoi il a appris le japonais » se maintient.

Ce soir, Henri a rendez-vous avec une femme.
→ *Ce soir, Henri a rendez-vous avec quelqu'un du beau sexe.*
L'implicitation générale « Cette femme n'est ni sa femme, ni sa mère, ni sa sœur, ni une amie platonique » se maintient.

Il fait froid ici.
→ *On gèle ici.*
L'implicitation particulière « Ferme la fenêtre » se maintient.

– *Ne te gare pas devant l'entrée des voisins.*
– *On est lundi.* → – *On est le premier jour de la semaine.*
L'implicitation particulière « Le lundi on peut se garer devant l'entrée des voisins » se maintient.

Il est midi.
→ *Il est douze heures.*
L'implicitation particulière « Il est temps de rendre vos copies » se maintient.

3.2.3.3 L'implicitation conventionnelle ou implicitation lexicale est stable en ce sens qu'elle est déterminée conventionnellement par la signification des mots et la forme de la phrase : elle ne connaît donc qu'une seule interprétation. **L'implicitation conventionnelle est déterminée**. L'implicitation conversationnelle ou implicitation discursive en revanche revêt une certaine instabilité. En effet, si l'implicitation conversationnelle généralisée est véhiculée par une forme linguistique courante et reconnaissable (i. e. dont les interlocuteurs connaissent le rôle discursif), et dont l'interprétation est donc peu susceptible de grandes variations, l'implicitation conversationnelle particulière peut, elle, être véhiculée par n'importe quelle forme linguistique, puisqu'elle est déclenchée par la relation entre l'énoncé et certains éléments d'ordre contextuel. L'interprétation qui peut en être donnée n'est donc pas fixée une fois pour toutes : **l'implicitation conversationnelle est indéterminée**. Naturellement, plus la forme linguistique est usitée, plus grand est le degré de détermination de l'implicitation conversationnelle ; moins la forme linguistique est usitée, plus grand est le degré d'indétermination de l'implicitation conversationnelle.

EXEMPLES

Implicitation conventionnelle déterminée :
Pierre est français, il est donc chauvin.
« Tous les Français sont chauvins » : indétermination nulle.

Implicitations conversationnelles indéterminées :
Peux/Veux-tu fermer la fenêtre ? (implicitation généralisée)
« Ferme la fenêtre/J'aimerais que tu fermes la fenêtre/etc. » : indétermination faible.

Il fait froid ici. (implicitation particulière)
« Ferme la fenêtre/Allume le radiateur/Donne-moi une couverture supplémentaire/Prête-moi ta veste/Prépare-moi un thé chaud/Allons-nous-en/Viens t'asseoir près de moi/etc. » : indétermination forte.

3.2.4 Conclusion sur les implicitations

Le tableau 1.3 résume les caractéristiques des implicitations.

Implicitation conventionnelle ou lexicale	**Implicitation conversationnelle ou discursive (généralisée ou particulière)**
conventionnelle	non conventionnelle
non annulable	annulable
détachable	non détachable
déterminée	indéterminée

Selon Grice, les implicitations (exception faite de l'implicitation non conventionnelle et non conversationnelle – cf. *supra* sous 3.2, remarque 1) mettent en œuvre le **principe de coopération** ainsi que quatre maximes, qu'il appelle **maximes conversationnelles**.

3.3 *Le principe de coopération et les maximes conversationnelles*

Le postulat de Grice est que, dans une conversation, tous les intervenants tendent vers un but commun, lequel peut être fixé dès le départ (p. ex. l'ordre du jour préalablement fixé pour une réunion) ou apparaître au cours de l'échange.

Ce postulat donne lieu à l'énonciation du **principe de coopération** : chacun des interlocuteurs s'efforce de contribuer à la conversation de façon rationnelle et coopérative afin de faciliter l'interprétation des énoncés[18].

18. Searle, qui invoque pour l'interprétation des actes de langage indirects le recours à l'indispensable « bonne volonté » des intervenants (cf. *supra* Searle, sous 2.5.5), emprunte en fait à Grice le principe de coopération.

EXEMPLE

L'employé d'un institut de sondage aborde les piétons dans la rue pour leur poser des questions sur leurs opinions politiques, leurs lectures, leur régime alimentaire, etc. Les passants qui s'arrêtent et acceptent de lui répondre doivent, pour un moment, accepter de s'intéresser aux questions qu'il leur pose.

L'interlocuteur a naturellement la possibilité de refuser de se montrer coopératif, p. ex. s'il estime que le sujet qui lui est proposé ne rencontre pas ses intérêts.

EXEMPLES

– *Vous voulez signer une pétition contre la drogue ?*
– *Non (merci).*

Je ne discute pas avec toi.

Les **maximes conversationnelles** de Grice, au nombre de quatre, régissent les rapports entre les interlocuteurs qui participent à une conversation commune[19].

1) **La maxime de quantité**

Chaque intervenant doit donner **autant d'information que nécessaire et pas plus** : un manque d'information est préjudiciable à la communication, mais une pléthore d'information peut faire dévier la conversation vers des points de détail, ou amener l'interlocuteur à conclure à tort que cet excès est dû à une raison particulière.

2) **La maxime de qualité**

Toute contribution doit répondre aux conditions de **véridicité** et de **bien-fondé** : chaque intervenant doit être sincère (donc ne pas mentir), et parler à bon escient, c'est-à-dire avoir de bonnes raisons (des preuves) pour soutenir ce qu'il affirme. Un énoncé véridique et fondé est donc plus convaincant qu'un énoncé qui serait seulement l'un ou l'autre.

EXEMPLE

On ne plante pas un cerisier en juin.
Si l'interlocuteur considère que le locuteur parle véridiquement et à bon escient, il comprend « le locuteur dit qu'on ne plante pas un cerisier en juin + le locuteur pense qu'on ne plante pas un cerisier en juin + on ne plante pas un cerisier en juin ».
Si l'interlocuteur considère que le locuteur est sincère mais que sa compétence en horticulture est douteuse, il comprend « le locuteur dit qu'on ne plante pas un cerisier en juin + le locuteur pense qu'on ne plante pas un cerisier en juin ».

19. Certaines des lois de discours définies par Ducrot rappellent les maximes conversationnelles de Grice (cf. *infra* Ducrot, sous 5.2.2) : p. ex., la loi d'exhaustivité (cf. *infra* Ducrot, sous 5.2.2.2) correspond à la maxime de quantité.

Si enfin l'interlocuteur considère que la véridicité du propos et la compétence en la matière du locuteur sont douteuses, il comprend « le locuteur dit qu'on ne plante pas un cerisier en juin ».

3) **La maxime de relation ou de pertinence**

Chaque intervenant doit être pertinent, **parler à propos**, c'est-à-dire émettre des énoncés en relation avec ses propres énoncés précédents et avec ceux des autres intervenants.

4) **La maxime de manière ou de modalité**

Cette dernière maxime ne concerne plus ce qui est dit, mais la manière dont les choses sont dites : chaque intervenant doit **s'exprimer clairement, sans obscurité ni ambiguïté, avec concision et en respectant l'ordre propice à la compréhension** des informations fournies (p. ex., l'ordre chronologique pour rapporter une succession d'événements).

D'emblée, il semble évident qu'**il est plus important de respecter certaines maximes que d'autres**.

EXEMPLE

Un locuteur qui, sans raison, s'est montré volubile et long (non-respect de la maxime de quantité) est généralement moins critiqué qu'un locuteur qui a menti délibérément (non-respect de la maxime de qualité).

Plusieurs commentaires s'imposent en outre à propos du principe de coopération et des maximes conversationnelles.

3.3.1 Les transactions coopératives non linguistiques

Il faut observer que le **principe de coopération** et les **maximes conversationnelles** se retrouvent dans des **transactions autres que l'échange linguistique**.

Ainsi, le principe de coopération s'applique dans de nombreuses transactions coopératives non linguistiques où il est entendu que les participants ont un but commun[20], que les contributions fournies dépendent les unes des autres, et que l'échange doit se poursuivre jusqu'à ce que les différents intervenants s'accordent pour y mettre fin.

20. Le but commun des intervenants se définit dans l'immédiateté, car il est possible que leurs intentions diffèrent ultérieurement : si deux amies réalisent ensemble une recette de cuisine, il se peut qu'ensuite l'une désire servir le plat confectionné au dîner, mais que l'autre souhaite le manger tout de suite, ou le partager et emporter sa part chez elle, etc.

EXEMPLES

Une famille se mobilise pour aider l'un de ses membres à déménager.
Des étudiants en architecture travaillent en équipe à la réalisation d'une maquette.
Un chorégraphe et sa troupe répètent leur prochain ballet.
Des sourds-muets conversent en langue des signes.

Comme dans le cas des transactions linguistiques, il est toujours possible de refuser d'appliquer le principe de coopération à une transaction non linguistique.

EXEMPLES

Si, dans le métro, comme j'aperçois un importun qui s'approche, je me lève et vais m'installer ailleurs, je communique par mon attitude que je n'ai nullement l'intention d'engager la conversation.

– *Vous voulez signer une pétition contre la drogue ?*
[L'interlocuteur ne dit rien et passe son chemin, avec un éventuel geste de dénégation.]

Les maximes conversationnelles elles aussi s'appliquent au domaine des transactions coopératives non linguistiques.

EXEMPLES

Charles aide Ernest à construire un meuble prêt-à-monter.
Maxime de quantité : si, à un moment donné, il faut six vis à Ernest, il attend de Charles que celui-ci lui passe six vis, et non quatre ou huit.
Maxime de qualité : si Ernest a besoin de vis, il souhaite que Charles lui passe des vis et non des clous.
Maxime de relation ou de pertinence : s'il se sert de vis, Ernest peut espérer que Charles lui passe un tournevis, et non une cuillère ou un marteau (même si le marteau peut constituer ultérieurement une contribution opportune).
Maxime de manière ou de modalité : Ernest attend que Charles choisisse chaque outil nécessaire et non qu'il lui en propose simultanément toute une panoplie (i. e. que Charles pose des actes clairs et non ambigus), que Charles se place près de lui pour lui passer le matériel et non qu'il se poste avec la boîte à outils à l'autre bout de la pièce (i. e. que Charles se montre concis), et que Charles suive l'ordre propice à l'exécution du plan de montage.

L'idée que les procédés d'analyse du langage peuvent aussi s'appliquer à d'autres activités humaines qui mettent en jeu la communication fait de Grice un précurseur de la **pragmatique cognitive**, indépendante de la linguistique (cf. *infra* Sperber et Wilson).

3.3.2 Le rôle des maximes conversationnelles dans la communication langagière

Contrairement aux règles établies par Austin (les conditions de succès d'un performatif – cf. *supra* sous 1.1.2) et par Searle (les règles constitutives de l'acte illocutionnaire – cf. *supra* sous 2.3), les maximes conversationnelles ne sont pas des règles à caractère normatif, mais des **principes d'interprétation des énoncés**. Cela signifie que les interlocuteurs peuvent les **respecter**, mais aussi les **transgresser**. C'est à propos de ces transgressions que Grice fait un constat intéressant : le non-respect d'une maxime conversationnelle n'entraîne pas obligatoirement l'échec de la communication. Grice définit la situation où une maxime est ainsi transgressée tout en permettant aux intervenants de se comprendre comme l'**exploitation** de cette maxime par le locuteur.

Selon que les maximes conversationnelles sont respectées, violées (i. e. réellement transgressées) ou exploitées (i. e. faussement transgressées), différents cas de figure sont donc possibles. Le tableau 1.4 en propose la récapitulation.

Tableau 1.4

		RESPECT DU PRINCIPE DE COOPÉRATION	RESPECT DES MAXIMES CONVERSATIONNELLES
RESPECT DES MAXIMES	Implicitation ϕ Implicitation conventionnelle	OUI	OUI
VIOLATION D'UNE MAXIME	Contradiction entre deux maximes	OUI	OUI et NON
	Violation involontaire d'une maxime (erreur)	OUI mais *échec* de la communication	NON
	Violation délibérée d'une maxime (mensonge)	NON	NON
EXPLOITATION DES MAXIMES	Implicitation conversationnelle	OUI	NON mais *réussite* de la communication

3.3.2.1 Respect des maximes conversationnelles

Les maximes conversationnelles sont respectées, c'est-à-dire qu'aucune d'entre elles n'est violée, lorsqu'il y a **équivalence entre ce qui est dit** (par la phrase) **et ce qui est communiqué** (par l'énoncé), c'est-à-dire quand il n'y a **pas d'implicitation**.

↳ce que vous dites et ce que tu communiqué sont la même chose.

EXEMPLES

Patrick a trois chats.
Si Patrick a effectivement trois chats (et non deux ou cinq), la maxime de quantité (donner une information suffisante et non excessive) est respectée.

– *Quelle heure est-il ?*
– *Il est midi.*
S'il est effectivement midi, la maxime de qualité (dire la vérité et parler en connaissance de cause) est respectée.

Il y a également respect des maximes conversationnelles lorsqu'il y a **implicitation conventionnelle** (cf. *supra* sous 3.2.1).

EXEMPLES

Pierre est français, il est donc chauvin.
Cher collègue et néanmoins ami...
Valentine divorce, mais Serge en est ravi.
Martin est parvenu à te convaincre.
La maxime de manière ou de modalité est appliquée au travers de moyens langagiers conventionnels : *donc*, *néanmoins*, *mais*, *est parvenu*.

Bien entendu, lorsque les maximes conversationnelles sont respectées, le principe de coopération l'est également.

3.3.2.2 Violation d'une maxime conversationnelle

La violation d'une maxime conversationnelle peut se réaliser de plusieurs manières, et sans forcément que le principe de coopération soit abandonné.

3.3.2.2.1 *Contradiction entre deux maximes*

Il se peut que **deux maximes entrent en contradiction** et qu'il faille, pour respecter l'une, violer l'autre. Le locuteur confronté à ce choix est de bonne volonté, et **le principe de coopération est** donc **respecté**.

EXEMPLES

– *Où y a-t-il un bureau de poste ?*
– *Quelque part par là.*
Si le second locuteur ne sait pas exactement où se trouve le bureau de poste, il viole la maxime de quantité dans le souci de respecter la maxime de qualité et de

ne pas affirmer ce qu'il ne sait pas ou ce dont il n'est pas sûr : il fournit donc une information quantitativement insuffisante pour éviter de fournir une information fausse qui serait nuisible au premier locuteur.

Le texte dit à peu près ceci : « Il ne sert à rien d'aller vite, il vaut mieux partir en temps voulu ».

La citation approximative restitue ouvertement l'esprit du texte original (*Rien ne sert de courir ; il faut partir à point*), mais non la lettre : la maxime de manière ou de modalité (formulation adéquate) y est sacrifiée à la maxime de qualité (véridicité).

3.3.2.2.2 *Violation involontaire d'une maxime*

Le locuteur peut **violer involontairement l'une des maximes** conversationnelles, ce qui donne lieu à une mauvaise compréhension, à un malentendu ou à un doute. Ici aussi, le locuteur étant de bonne foi, **le principe de coopération est respecté**.

EXEMPLES

– *Quelle heure est-il ?*
– *Il est midi.*

Si le second locuteur fournit cette réponse alors que sa montre est arrêtée (il est en fait treize heures trente), il souhaite apporter à la communication une contribution efficace (application du principe de coopération), et est sincère (désir de respecter la maxime de qualité) ; cependant, il livre – involontairement – une information fausse (et le premier locuteur arrivera en retard à son rendez-vous ou ratera son train).

– *Raphaël est vraiment parti ce matin ?*
– *Oui oui, il est parti ce matin, avant sept heures, même plus tôt, il faisait encore noir, il s'est levé à l'aube, oui oui, il l'avait dit, il est parti, il portait son costume marron, il voulait prendre le train de huit heures deux...*

Le second locuteur en dit évidemment beaucoup trop de sorte que sa réponse prend le sens de « Je tiens absolument à te convaincre que Raphaël est parti » : il transgresse donc la maxime de quantité. Si cette volubilité n'est pas intentionnelle, le premier locuteur peut avoir un doute sur la fiabilité du second (i. e. sur le bien-fondé de l'assertion) : celui-ci a-t-il de bonnes raisons de croire que Raphaël est parti ?

3.3.2.2.3 *Violation délibérée d'une maxime*

Le locuteur peut **décider de violer une maxime** : il manifeste alors sa **volonté de ne pas coopérer**, ou d'**induire l'interlocuteur en erreur**, ou même de **mentir**. Cette fois, **le principe de coopération n'est naturellement plus respecté**.

Il est en effet possible de **refuser explicitement de jouer le jeu de la communication** (cf. *supra* sous 3.3 et 3.3.1). Ce choix se double généralement de la violation de la maxime de quantité (l'information fournie est nulle ou insuffisante), et parfois de celle d'une autre maxime.

EXEMPLES

Je ne peux rien vous dire : j'ai promis de garder le secret.
– *Quelle heure est-il ?*
– *Tu as le bonjour d'Alfred !*
Il y a ici violation de la maxime de relation ou de pertinence (vraisemblablement par provocation de la part du second locuteur).

Mais il se peut aussi que le locuteur fasse preuve de **mauvaise foi** pour induire l'interlocuteur en erreur, voire lui décide de **mentir**.

EXEMPLES

Patrick a trois chats.
Si Patrick possède en fait cinq chats, il y a violation délibérée de la maxime de quantité (l'interlocuteur comprend que « Patrick a trois chats », et non que « Patrick a *au moins* trois chats »).

– *Où y a-t-il un bureau de poste ?*
– *Quelque part par là.*
Si le second locuteur connaît l'adresse du bureau de poste mais ne la livre pas, il est de mauvaise volonté : c'est à dessein qu'il ne fournit pas suffisamment d'information et viole la maxime de quantité.

– *Raphaël est vraiment parti ce matin ?*
– *Oui oui, il est parti ce matin, avant sept heures, même plus tôt, il faisait encore noir, il s'est levé à l'aube, oui oui, il l'avait dit, il est parti, il portait son costume marron, il voulait prendre le train de huit heures deux...*
Si la volubilité du second locuteur (qui en dit beaucoup trop : violation délibérée de la maxime de quantité) est intentionnelle, elle peut être le signe d'un manque de sincérité (« Je tiens absolument à te faire croire que Raphaël est parti ») : c'est alors la véridicité de l'assertion qui peut être mise en question.
L'information pléthorique qui fait dévier la discussion, qui cherche à égarer l'interlocuteur, ou qui dissimule le désir de ne pas aborder certains sujets est souvent caractéristique du discours politique (certains tracts électoraux p. ex. livrent une foule d'informations inutiles à propos du candidat qu'ils présentent).

– *Ma voiture ne démarre pas.*
– *Il y a une station de taxis au bout de la rue.*
Si le second locuteur sait qu'il n'y a aucune station de taxis au bout de la rue, ou que cette station ne fonctionne pas, ou qu'aucun taxi ne s'y trouve, il y a violation de la maxime de qualité (et/ou de pertinence), et donc volonté d'induire l'autre en erreur.

– *Quelle heure est-il ?*
Il est midi.
Si le second locuteur sait pertinemment qu'il est en fait treize heures trente, il y a violation délibérée de la maxime de qualité, et donc mensonge.
Substituer *J'ai parlé à Olivier et il avait l'air content* à *Olivier avait l'air content et je lui ai parlé* n'est pas anodin. Dans le premier cas, le locuteur présente son

intervention comme la cause du contentement de Olivier : si telle n'est pas la vérité, il y a violation de la maxime de manière ou de modalité par inversion de l'ordre chronologique et de la relation causale.

3.3.2.3 Exploitation des maximes conversationnelles

Il arrive que **le locuteur transgresse délibérément et ouvertement une maxime conversationnelle**. Dans ce schéma, le locuteur **respecte le principe de coopération**, il ne se trouve pas confronté à deux maximes qui se contredisent, et il ne cherche pas non plus à tromper l'interlocuteur. Ce dernier doit comprendre que l'information qui lui est fournie explicitement n'est pas satisfaisante dans le cadre de la conversation, et donc chercher à récupérer, par déduction, le contenu implicité qui fait défaut.

Selon Grice, il s'agit là d'une **fausse violation** de la maxime concernée : le locuteur choisit en réalité d'**exploiter cette maxime**, et ce choix déclenche une **implicitation conversationnelle** (i. e. un acte de langage indirect – cf. *supra* sous 3.2.2).

Les quatre maximes conversationnelles peuvent faire l'objet de ce mécanisme d'exploitation.

3.3.2.3.1 *Exploitation de la maxime de quantité*

L'exploitation de la maxime de quantité consiste à fournir délibérément et ouvertement une information insuffisante ou pléthorique. Dans le premier cas, le locuteur procède par **non-dit**.

EXEMPLES

Ce soir, Henri rencontre une femme.
L'implicitation conversationnelle généralisée est : « Henri rencontre une femme qui n'est ni sa femme, ni sa mère, ni sa sœur, ni une amie platonique ». L'utilisation de l'article indéfini *une* indique que la femme en question n'a pas de lien étroit avec Henri (ce n'est ni *sa* femme, ni sa mère, ni sa sœur, etc.) : il y a transgression de la maxime de quantité parce que le locuteur n'a pas donné de précisions là où l'interlocuteur s'attendait à en recevoir.

n'est porte aucune info explicite, seulement implicite.

Les **phrases tautologiques** constituent d'excellents exemples d'exploitation de la maxime de quantité ; en effet, elles ne sont porteuses d'**aucune information explicite**, mais elles véhiculent une **information implicite** que l'interlocuteur doit identifier par l'élucidation de l'implicitation conversationnelle généralisée qu'elles déclenchent[21] :

21. On peut rapprocher de ces tautologies le slogan publicitaire utilisé par Chrysler pour promouvoir le modèle « Cruiser » (*Le Point*, 29 septembre 2000) : *Si vous l'aimez, vous l'aimerez vraiment* (« Si vous êtes parmi les gens de goût qui apprécient déjà notre nouveau modèle, vous l'apprécierez plus encore après en être devenu propriétaire »).

Les femmes sont les femmes.
« Les femmes sont versatiles, imprévisibles... »

Un franc est un franc.
« Il ne faut pas gaspiller son argent. »

À la guerre comme à la guerre.
« Il faut se débrouiller avec les moyens disponibles, même si ce ne sont pas les meilleurs. »

Jean viendra ou il ne viendra pas.
« On ne peut rien faire pour exercer une influence sur la venue de Jean. »

Je pars, sinon je ne pars pas.
« Si je ne pars pas immédiatement, je ne trouverai plus le courage de m'en aller. »

Quand on voit ce qu'on voit et qu'on entend ce qu'on entend, on comprend pourquoi la BBL vous assure comme elle vous assure (publicité diffusée par la radio bruxelloise, novembre 2000).
« Vu les situations incroyables dont on est quotidiennement témoin, on comprend pourquoi la [banque] BBL vous propose une assurance qui couvre les risques les plus imprévus. »

Invité, dans le cadre d'une émission sur la littérature contemporaine, à donner son avis sur un livre, un critique de renom dit : *Le roman de Pierre X... est un ouvrage à la couverture fort réussie, imprimé sur un papier de bonne qualité, et dans lequel je n'ai relevé aucune coquille.*
L'implicitation conversationnelle particulière est évidemment : « Les qualités littéraires du roman de Pierre X... sont si médiocres qu'elles ne méritent pas d'être évoquées ».
Le critique joue le jeu de la communication, puisqu'il répond à la question qui lui est posée alors que rien ne l'y oblige, mais il donne sciemment **trop peu d'information** par rapport à ce qui lui est demandé, alors qu'il pourrait fort bien être plus prolixe. Il faut en déduire qu'il veut transmettre une information qu'il répugne à formuler explicitement : Pierre X... est un piètre romancier. À noter que cette exploitation de la maxime de quantité se double d'une exploitation de la maxime de relation ou de pertinence.

Il est demandé au locuteur s'il est content des services de sa secrétaire, et il répond : *Ma secrétaire ? Elle a les yeux bleus et un sourire charmant.*
Le locuteur enfreint donc la maxime de quantité (et la maxime de pertinence). Dans ce cas-ci cependant, son intention peut être double. Il peut bien entendu vouloir dire à son interlocuteur que sa secrétaire n'est pas très compétente (l'implicitation conversationnelle particulière est : « Les qualités professionnelles de ma secrétaire sont inexistantes, il est donc inutile d'en parler »). Mais il peut aussi désirer informer son interlocuteur qu'outre ses qualités professionnelles, la secrétaire jouit d'un physique avantageux (cela peut être le cas p. ex. s'il s'adresse à un ami qui partage ses goûts en matière de plastique féminine). Dans un cas de ce genre,

contexte, mimique, intonation, etc. (i. e. les éléments extralinguistiques) prennent naturellement toute leur importance.

Dans le second cas, le locuteur livre une **information surabondante** : la maxime de quantité est alors exploitée par le biais du processus inverse (et la maxime de pertinence est elle aussi exploitée).

EXEMPLE

– *Tu as vu ton patron ? Il t'a parlé de ton augmentation ?*
– *Oh ! Il m'a parlé de sa femme, de ses enfants, de ses vacances, de sa voiture, de ses ennuis de santé... de tout, il m'a parlé de tout !*

L'implicitation conversationnelle particulière est : « Mon patron m'a parlé de tout sauf du sujet que je voulais aborder avec lui, à savoir mon augmentation ».

3.3.2.3.2 *Exploitation de la maxime de qualité*

L'exploitation de la maxime de qualité consiste à fournir délibérément et ouvertement une information présentant un défaut de bien-fondé ou de véridicité. L'interlocuteur doit comprendre que ce que dit la phrase ne constitue pas une information satisfaisante, et déduire que **l'information que le locuteur veut communiquer est véhiculée par un énoncé voisin de celui qu'il a produit, mais qui ne présente pas le même défaut de bien-fondé ou de véridicité**.

Le locuteur peut ainsi **affirmer sans preuves** (défaut de bien-fondé).

EXEMPLE

Je suis sûr que Marc a oublié notre rendez-vous.

Si le locuteur produit cette assertion alors qu'il n'a aucune preuve de ce qu'il avance, l'implicitation conversationnelle généralisée est : « J'ai de bonnes raisons de croire que Marc a oublié notre rendez-vous ». Le locuteur se réfère ici à une assertion voisine pour laquelle il dispose de preuves suffisantes, p. ex. « Il est déjà arrivé à Marc d'oublier un rendez-vous », ou « Marc est parfaitement capable d'oublier un rendez-vous », etc.

→faire des figure de style.

Le locuteur peut également livrer une **information non véridique**. Selon Grice, c'est l'**exploitation de la maxime de qualité** qui explique le mécanisme des **figures de rhétorique** : le locuteur qui utilise un énoncé figuratif choisit de livrer une information manifestement non véridique, afin d'amener l'interlocuteur à déduire qu'il veut lui communiquer une information étroitement liée à celle qu'il a fournie, mais véridique.

EXEMPLES

L'ironie :

– *J'ai oublié mes clefs.*
– *C'est malin !*

Le premier locuteur comprend aisément que le second cherche, en usant de l'antiphrase ironique, à communiquer le contraire de ce qu'il dit, et que l'implicitation conversationnelle particulière est : « C'est stupide ».

La métaphore:
Ma mère est une sainte.
Jean-Marie est un cornichon.
L'implicitation conversationnelle généralisée est: «Ma mère est un être admirable»/«Jean-Marie manque de sérieux».
Il y a ici association de catégories radicalement inadéquates (*mère/sainte*; *Jean-Marie/cornichon)*: la déduction la plus vraisemblable est que le locuteur, dans son énoncé, attribue au délocuté (la «mère» ou «Jean-Marie») des qualités qui le rapprochent de la créature ou de l'objet mentionnés, cette association se faisant à l'avantage ou au désavantage du délocuté.
Selon le degré de figement de la métaphore, l'implicitation conversationnelle qui permet de l'interpréter est généralisée (métaphore figée: *Ma mère est une sainte*) ou particulière (métaphore créative, non figée: *La femme est l'avenir de l'homme*).

La litote:
Albert avait un peu bu.
Si Albert vient de saccager un bar, une telle atténuation empêche les propos du locuteur d'être véridiques; l'interlocuteur doit donc procéder à une amplification, et récupérer l'implicitation conversationnelle généralisée: «Albert était complètement ivre».

L'hyperbole:
Rome est la plus belle ville du monde.
Tu es le plus gentil des frères.
Cette fois, c'est l'exagération qui empêche les propos du locuteur d'être véridiques; l'interlocuteur doit donc procéder à une atténuation: l'implicitation conversationnelle généralisée est «Rome est une très belle ville», «Tu es un frère très gentil».

REMARQUE

Il n'est pas rare que deux ou plusieurs figures se combinent.

L'ironie se superpose souvent aux autres figures (à l'antiphrase p. ex.: *C'est malin!*); selon le contexte, cela peut être le cas dans la plupart des exemples qui précèdent: *Ma mère est une sainte, Albert avait un peu bu, Tu es le plus gentil des frères*, etc. Associée à la métaphore, elle peut confronter l'interlocuteur à une double interprétation: *Tu es le piment de mon existence* (l'implicitation conversationnelle généralisée peut être «Tu es ma fierté et mon bonheur», mais aussi «Tu me gâches la vie»).

L'hyperbole (*toujours*) peut se doubler d'une métaphore:

Il y a toujours une Cassandre pour prédire des drames.

La litote peut se combiner avec une métaphore, éventuellement ironique:

Viens, microbe!

3.3.2.3.3 *Exploitation de la maxime de relation ou de pertinence*

L'exploitation de la maxime de relation consiste à fournir délibérément et ouvertement une information qui **manque de pertinence** dans le cadre de l'échange communicatif.

EXEMPLES

– *Ne te gare pas devant l'entrée des voisins.*
– *On est lundi.*

La réponse du second locuteur, fondée sur l'ellipse d'une étape du raisonnement, n'est pas en relation avec l'injonction du premier locuteur ; elle doit cependant permettre à celui-ci de déduire que le second locuteur conteste cette injonction (implicitation conversationnelle particulière : « Le lundi on peut se garer devant l'entrée des voisins »).

– *Ma voiture ne démarre pas.*
– *Il y a une station de taxis au bout de la rue.*

La réponse du second locuteur est elle aussi elliptique ; l'implicitation conversationnelle particulière est « Prenez un taxi ».

– *Le directeur est un crétin.*
– *Il fait vraiment beau cet été, n'est-ce pas ?*

Si cet échange se tient sur le lieu de travail des interlocuteurs, et que le directeur ou l'un de ses proches collaborateurs passent à proximité, la réponse du second locuteur, qui manque manifestement de pertinence, a pour l'implicitation conversationnelle particulière : « Cette remarque n'a pas à être prise en considération »/« Tu ferais mieux de te taire »/« Tu as commis une gaffe »/etc.

– *Quelle heure est-il ?*
– *Tu as le bonjour d'Alfred !*

Si le premier locuteur (p. ex. un enfant) attend impatiemment l'arrivée d'un événement lié à une certaine heure et questionne sans arrêt le second pour savoir si le moment tant espéré approche, l'implicitation conversationnelle particulière est : « Tu m'insupportes à force de me demander incessamment l'heure qu'il est ».

– *Je vais à la poste.*
– *Il est cinq heures vingt.*

Le premier locuteur est supposé déduire de la réponse du second qu'il est trop tard pour se rendre à la poste ; l'implicitation conversationnelle particulière est « La poste ferme avant cinq heures vingt ».

3.3.2.3.4 *Exploitation de la maxime de manière ou de modalité*

L'exploitation de la maxime de manière consiste à fournir délibérément et ouvertement une information **ambiguë**, **peu claire**, **obscure** ou qui **manque de concision**.

EXEMPLES

Peux/Veux-tu fermer la fenêtre ?

Dans la requête formulée de façon détournée, il y a ambiguïté : le locuteur dissimule une injonction par une question. L'implicitation conversationnelle généralisée est « Ferme la fenêtre ».

Pierre est français... il est chauvin.
Ce constat manque de clarté en ceci qu'il livre une observation particulière (un trait propre à Pierre) pour communiquer une généralité (une caractéristique de l'ensemble des Français. L'implicitation conversationnelle particulière est : « Les Français sont chauvins ».

J'ai pu savoir. Je te dirai. Elle doit encore décider.
Passe-moi le C-H-O-C-O-L-A-T.
Si le locuteur s'adresse à quelqu'un en présence d'un tiers de qui il ne désire pas être compris, il peut choisir de tenir des propos obscurs (en ne mentionnant pas le sujet traité, ni les référents des pronoms ; en épelant un mot pour en éviter le décodage phonétique immédiat, etc.) ; l'implicitation conversationnelle particulière est : « Je ne veux pas que X... soit informé du sujet qui nous occupe »/« Je ne veux pas que les enfants réclament du chocolat ».

Jules nous a récité « Le corbeau et le renard ». neutre.
Jules a prononcé une série de sons correspondant aux mots de la fable « Le corbeau et le renard ». plus informations.
Visiblement, la seconde version manque de concision. Elle communique cependant une information différente à l'interlocuteur, qui doit déduire que la prestation Jules a été exécrable ; l'implicitation conversationnelle particulière est : « Il y a une différence frappante entre la prestation de Jules et ce que l'on entend par *réciter* ».

REMARQUES

1 Un procédé d'humour classique consiste à transgresser délibérément une maxime conversationnelle en provoquant au moment de la chute un retournement de situation : la fin de l'énoncé ou du dialogue vient contredire la conclusion logiquement admissible sur laquelle table l'auditeur (ou le lecteur), ce qui produit un effet de « coup de théâtre ».

EXEMPLES

Le Chat, personnage de bande dessinée créé par Philippe Geluck, s'exprime en deux phylactères successifs (dans *Victor*, supplément hebdomadaire au quotidien *Le Soir*, Bruxelles, 26-27 février 2000) :

(1) *Je pense sincèrement que la pollution de la planète, ce n'est pas aussi grave qu'on le dit...*

(2) *c'est beaucoup plus grave qu'on le dit.*

La conclusion attendue après (1) est « La pollution de la planète est moins grave qu'on le dit » (*ne pas aussi... que...* appelle une atténuation) : (2), qui procède au contraire par amplification, viole donc la maxime de quantité ainsi que la maxime de manière ou de modalité.

Même procédé dans la bande dessinée en trois images d'Addison, *L'arche de l'humour*, où le capitaine Noé discute avec l'Éléphant (dans *Le Soir*, Bruxelles, 13-14 mai 2000) :

(1) Noé : – *Tu penses faire un bon président si tu es élu ?*
L'Éléphant : – *De la même façon que vous êtes un bon capitaine !*

(2) Noé (avec un sourire ravi) : – *Je suis un bon capitaine ?*
L'Éléphant : – *Non !*

(3) L'Éléphant : – *Je serais un mauvais président !*

La conclusion attendue après (1) est « Je serais un bon président tout comme vous êtes un bon capitaine » : la structure comparative utilisée dans (1) (*bon/de la même façon que*) annonce en principe une suite positive. Or (2) et (3) introduisent une négation : il y a donc violation de la maxime de manière ou de modalité.

2 Les exemples ci-dessus (sous 3.3.2.2. et 3.3.2.3.) montrent qu'il est rare que le mécanisme de la transgression ne concerne qu'une seule maxime conversationnelle (une information quantitativement insuffisante est aussi exprimée d'une manière inadéquate, une information trop abondante manque en outre de concision et de pertinence, des propos obscurs sont également peu de pertinents, etc.), et, plus particulièrement, que le non-respect des maximes de quantité, de qualité ou de manière entraîne généralement celui de la maxime de pertinence. Ce dernier constat annonce la théorie de la pertinence élaborée par Sperber et Wilson et présentée dans le chapitre suivant (cf. *infra, La pragmatique cognitive*).

3.4 *La distinction entre signification naturelle et signification non naturelle*

Grice distingue deux types de signification, qu'il illustre par les deux sens que peut avoir le verbe anglais *to mean* : « indiquer » *vs* « vouloir dire ».

3.4.1 La signification naturelle

Il y a **signification naturelle** ou **indication** (*to mean* = « indiquer ») lorsqu'un phénomène est mis en rapport avec un signe qui le manifeste, sans qu'aucune interprétation par inférence (déduction) soit requise. Cela revient à dire que signe et phénomène ont une existence indépendante.

EXEMPLES

La fumée est le signe naturel du feu : la fumée indique la présence d'un feu, et le feu existe indépendamment de l'interprétation qui est faite de la fumée.

Les coups de brigadier au théâtre sont le signe de l'imminence du lever du rideau : les coups de brigadier indiquent le début du spectacle, et le spectacle commence indépendamment de l'interprétation qui est faite des coups de brigadier.

Des taches rouges sur la peau sont le signe d'une allergie : les taches indiquent une allergie, et cette allergie existe indépendamment de l'interprétation qui est faite des taches.

3.4.2 La signification non naturelle

Mais le **langage humain** fait appel à d'autres ressorts que l'indication : il relève de la **signification non naturelle** (*to mean* = « vouloir dire »). En effet, selon Grice, tout locuteur a une **double intention** : **transmettre un contenu**, et **réaliser cette première intention grâce à la reconnaissance de celle-ci par l'interlocuteur** (i. e. amener l'interlocuteur à reconnaître et le contenu communiqué et l'acte illocutionnaire posé – cf. *supra* Searle sous 2.2.3). Pour ce faire – c'est-à-dire pour que la communication réussisse – l'interlocuteur est obligé de construire une **inférence ou raisonnement déductif**. Ce processus rend **la réalisation de l'intention du locuteur dépendante de l'interprétation de l'interlocuteur** : sans la déduction de l'interlocuteur, le « vouloir dire » du locuteur n'existe pas.

EXEMPLES

Quelle heure est-il ? veut dire « Je te demande quelle heure il est ».

Sortez d'ici ! veut dire « Je vous ordonne de sortir d'ici ».

Le cerisier est en fleurs veut dire « J'affirme que le cerisier est en fleurs ».

La voiture de Serge est une poubelle veut dire « La voiture de Serge est sale et délabrée » (métaphore).

Selon qu'elle fait ou non appel à des moyens d'expression conventionnels (i. e. selon que les maximes conversationnelles sont respectées ou exploitées), la **signification non naturelle** est dite **conventionnelle** (*Quelle heure est-il ?/ Sortez d'ici !/Le cerisier est en fleurs* – cf. *supra* sous 3.2.1 et 3.3.2.1) ou **non conventionnelle** (*La voiture de Serge est une poubelle* – cf. *supra* sous 3.2.2 et 3.3.2.3).

Le schéma 1.5 donne une vision globale du modèle gricéen de la communication langagière. La grande différence entre celui-ci et le modèle de Searle est l'introduction de la notion de **signification non conventionnelle**, et l'importance que Grice y accorde : la signification non conventionnelle (i. e. l'exploitation des maximes conversationnelles) est selon lui **le mode de communication le plus fréquemment utilisé** (pour Searle en revanche, le mode d'expression standard est la signification conventionnelle, et les énoncés qui y échappent ne sont que des phénomènes marginaux ne méritant pas d'analyse particulière : en vertu du principe d'exprimabilité, le locuteur « aurait pu » s'exprimer conformément aux conventions – cf. *supra* Searle sous 2.5.2).

Schéma 1.5

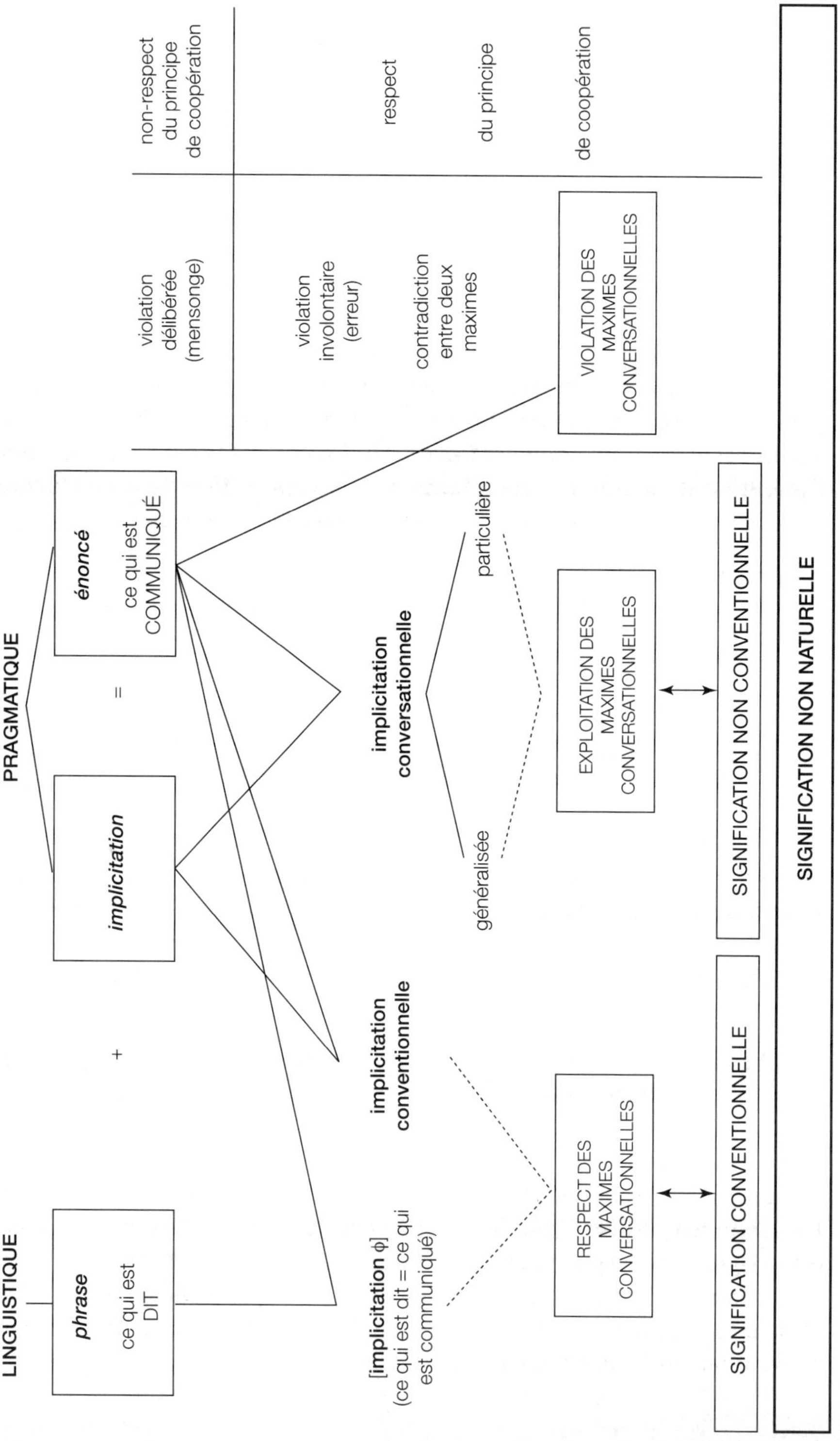
LINGUISTIQUE
PRAGMATIQUE
phrase
ce qui est DIT
+
implicitation
=
énoncé
ce qui est COMMUNIQUÉ
[implicitation φ]
(ce qui est dit = ce qui est communiqué)
implicitation conventionnelle
implicitation conversationnelle
généralisée
particulière
RESPECT DES MAXIMES CONVERSATIONNELLES
EXPLOITATION DES MAXIMES CONVERSATIONNELLES
VIOLATION DES MAXIMES CONVERSATIONNELLES
violation involontaire (erreur)
contradiction entre deux maximes
violation délibérée (mensonge)
respect du principe de coopération
non-respect du principe de coopération
SIGNIFICATION CONVENTIONNELLE
SIGNIFICATION NON CONVENTIONNELLE
SIGNIFICATION NON NATURELLE

3.5 *Le processus d'inférence*

En **logique**, l'inférence est le **processus qui, à partir d'un certain nombre d'informations connues appelées prémisses, permet d'en dériver de nouvelles** (la (ou les) conclusion(s)). Lorsqu'elle passe du général au particulier, l'inférence est un processus de **déduction**. Depuis Aristote, la **logique** s'efforce de dégager et de formuler des **schémas d'inférence démonstrative**, à savoir des schémas dans lesquels la vérité des prémisses garantit celle de la conclusion. Cela signifie p. ex. que si la structure formelle d'un syllogisme est valide et si les prémisses sont vraies, la conclusion est forcément vraie elle aussi.

EXEMPLES forme de resulment qui confirme la verité.

Tous les félins sont des mammifères.
Tous les chats sont des félins.
Donc tous les chats sont des mammifères.

Tous les chats sont des félins.
Tous les félins sont des mammifères.
Donc tous les chats sont des mammifères.

Tous les félins ont des moustaches.
Aucun perroquet n'a de moustache.
Donc aucun perroquet n'est un félin.

Tous les félins sont des mammifères.
Tous les félins ont des moustaches.
Donc certains mammifères ont des moustaches.

En revanche, lorsque la structure du syllogisme n'est pas valide, certains schémas d'inférence sont capables de produire du vrai à partir du faux, ou du faux à partir du vrai.

EXEMPLES →les premises sont fausses.

Tous les mammifères ont quatre pattes. (faux)
Le cheval a quatre pattes. (vrai)/*La baleine a quatre pattes.* (faux)
Donc le cheval est un mammifère. (vrai)/*Donc la baleine est un mammifère.* (vrai)

Tous les chats sont des félins. (vrai)
Le lion est un félin. (vrai)
Donc le lion est un chat. (faux)

Si Pablo Picasso avait obtenu le Prix Nobel, il était célèbre. (vrai)
Pablo Picasso n'a pas obtenu le Prix Nobel. (vrai)
Donc Pablo Picasso n'est pas célèbre. (faux)

De ce point de vue, le schéma d'inférence gricéen (comme d'ailleurs celui des cognitivistes – cf. *infra* Sperber et Wilson, sous 4.4.2) diffère de celui de la logique classique. En effet, **Grice dérive** bien **les implicitations conversationnelles par inférence** : l'interlocuteur fournit un raisonnement déductif pour interpréter les énoncés qui lui sont soumis. Seulement, le système d'inférence de Grice garantit **la dépendance entre la vérité ou la fausseté des prémisses et la vérité ou la fausseté de la conclusion** : le degré de vérité de la conclusion ne peut être inférieur à celui des prémisses, et des prémisses fausses ne peuvent aboutir à une conclusion vraie.

Évidemment, ce que ne garantit pas le schéma gricéen, c'est la vérité des prémisses. C'est pourquoi les implicitations gricéennes rendent compte du succès de la communication, mais aussi des erreurs et des malentendus qui y interviennent. Ces **erreurs** et **malentendus** peuvent bien sûr, comme en logique, provenir de **la fausseté d'une prémisse**, mais ils peuvent également provenir d'**un désaccord entre le locuteur et l'interlocuteur quant à une prémisse**. Dans ce dernier cas, cette prémisse ne peut être dite fausse ; elle est simplement **inadéquate**.

EXEMPLES

– *Tu as réussi ton examen de linguistique ?*
– *Je n'ai pas passé d'examen de linguistique.*

Si l'on admet que le second locuteur dit la vérité, la prémisse « Tu as passé un examen de linguistique », sur laquelle table le premier locuteur, est fausse.

– *La télévision m'endort.*
– *Donc je l'éteins./– Donc je l'allume.*

Si le premier locuteur souhaite veiller (/dormir) mais que le second pense qu'il désire dormir (/veiller), le second n'aura pas la réaction attendue par le premier (éteindre/allumer la télévision) : le second locuteur a mal évalué l'intention du premier, et se fonde donc sur une prémisse inadéquate (i. e. qui n'est pas celle implicitée par le premier, sans pour autant être fausse).

Les implicitations de Grice ne se fondent donc pas sur des schémas d'inférence démonstrative : les implicitations ne sont pas des mécanismes de démonstration, ce sont des **mécanismes d'interprétation**. Autrement dit, les implicitations gricéennes sont **un processus de formation d'hypothèses, lesquelles se voient ensuite confirmées ou infirmées**. Lorsque la communication langagière échoue (à la suite d'une erreur ou d'un malentendu), l'implicitation conversationnelle à laquelle a abouti le processus d'inférence est annulée (cf. *supra* sous 3.2.3.1).

3.6 *Conclusion sur la théorie de Grice*

Diverses critiques peuvent naturellement être adressées à la théorie de Grice.

Ainsi, Grice lui-même observe que **rien n'explique pourquoi**, dans les échanges verbaux (ou dans les transactions non linguistiques), **les locuteurs** (ou les acteurs) **appliquent spontanément le principe de coopération**. Grice constate que « de fait », les gens se conduisent de la sorte, et voit dans ce comportement une « habitude » contractée dès l'enfance : il serait plus facile de sacrifier à une habitude que de s'efforcer de la perdre (p. ex., il serait plus facile de dire la vérité que de mentir).

De même, dans le processus de l'**implicitation** – et surtout de l'implicitation conversationnelle –, **rien n'explique pourquoi le locuteur recourt à un mode de communication qui n'est pas explicite**, alors que la formulation explicite existe, lui est accessible et serait parfaitement compréhensible pour l'interlocuteur (cf. *supra* Searle sous 2.5.2).

Par ailleurs, la distinction n'est pas toujours aisée à établir entre implicitation conversationnelle généralisée et implicitation conversationnelle particulière, voire entre implicitation conversationnelle et implicitation conventionnelle (cf. *supra* sous 3.2, remarque 2). Ce constat semble indiquer qu'**il serait plus opportun de situer les implicitations sur un continuum allant du plus conventionnel au moins conventionnel**, plutôt que de chercher à les ranger dans des catégories distinctes et étanches (cf. *infra* Sperber et Wilson).

Enfin, le mécanisme de l'inférence est évoqué, mais pas clairement défini (cf. *supra* sous 3.5). En effet, pour raisonner (inférer, déduire), les interlocuteurs se fondent sur certaines prémisses. Or, **ni l'origine de ces prémisses, ni les critères de sélection qui permettent de choisir celles qui conviennent à la situation de communication ne sont connus**. De surcroît, **on ne connaît pas non plus le critère qui permet d'arrêter le processus d'inférence** et de considérer qu'on est parvenu à une interprétation satisfaisante de l'énoncé (même si, *intuitivement*, chacun sait bien pourquoi suivre un cours d'italien mobilise des connaissances et des aptitudes qui relèvent de la linguistique et non de l'horticulture, et que « Ferme la fenêtre » doit être une interprétation satisfaisante de *Il fait froid ici* si l'on se trouve face à quelqu'un qui grelotte dans une pièce glaciale dont la fenêtre est grande ouverte).

Il n'en reste pas moins que l'**apport de Grice** est considérable : contrairement à Searle, **son modèle ne repose plus sur une vision entièrement codique du langage**. Grice met en exergue la notion d'**implicitation**, il recourt à des **processus inférentiels** dans la dérivation des implicitations, il prête aux intervenants de la communication des **états mentaux** susceptibles d'influencer l'interprétation des énoncés, et enfin il reconnaît – de façon certes plus expérimentale que théorique – l'importance dans l'interprétation des énoncés de la prise en compte d'**éléments extralinguistiques** (prémisses, contexte...). Il accorde en outre **une place prépondérante à la signification non conventionnelle**, qui constitue de son point de vue la part la plus intéressante des échanges langagiers.

Ces apports originaux et décisifs amènent Grice à **intégrer le langage dans l'ensemble des processus de la communication** : transactions coopératives linguistiques et non linguistiques sont soumises à la même analyse (respect ou non du principe de coopération et des maximes conversationnelles – cf. *supra* sous 3.3.1). Il ouvre ainsi la voie à une perspective plus large qui va permettre à la pragmatique contemporaine (essentiellement au courant anglo-saxon : cf. *infra* Sperber et Wilson) de se développer et de trouver sa place parmi les sciences cognitives.

4 Conclusion sur les philosophes du langage

Que signifie *comprendre* un message linguistique ? Qu'est-ce que le *sens* d'un mot ou d'une phrase ? Telles sont les questions auxquelles s'efforce de répondre la philosophie du langage.

De ce point de vue, les apports des philosophes du langage dans l'analyse du message langagier sont fondamentaux.

Tout d'abord, ils ont centré l'intérêt de la philosophie analytique sur le **langage ordinaire**, et non plus sur les langages artificiels qui, jusque dans les années 1950, servaient de base aux modèles de la logique formelle. Ce faisant, ils ont rompu et avec la vision chomskienne du primat de la syntaxe, et avec la tradition saussurienne du primat de la langue. Les philosophes de l'École d'Oxford ont réhabilité la parole et la notion de communication : ce sont les réalisations humaines qui méritent d'être analysées.

Deuxièmement, les philosophes du langage ont montré que le langage ne sert pas seulement à décrire le monde qui nous entoure (dénonciation de l' « illusion descriptive » par Austin – cf. *supra* Austin sous 1.1.1), mais qu'il peut aussi permettre d'agir sur le réel, de le modifier, d'influencer les comportements et les réactions d'autrui : c'est la **théorie des actes de langage**.

Troisièmement, ils ont prouvé qu'il est souvent impossible de se satisfaire de ce qu'une phrase *dit* explicitement, et ainsi défini la notion d'implicite. Grice a en outre présenté l'**implicitation** comme un mode de communication essentiel (la signification non conventionnelle – cf. *supra* Grice sous 3.4.2).

Quatrièmement, ils ont par le biais du concept d'implicitation mis l'accent sur la notion d'**état mental** : les intervenants de l'activité communicative ont des pensées, des intentions, et jouissent de la faculté d'élaborer des raisonnements par **inférence** (i. e. des déductions – cf. *supra* Grice sous 3.5).

Enfin, les philosophes du langage ont vu l'importance que peuvent revêtir dans les échanges langagiers des **éléments extralinguistiques** comme le contexte, la situation physique de communication, les connaissances préalables des interlocuteurs (connaissances d'arrière-plan), etc.

Toutefois, l'approche qu'ont de ces phénomènes les philosophes du langage est avant tout intuitive, expérimentale et empirique : elle n'a pas encore trouvé ses fondements formels et théoriques. C'est le modèle cognitiviste qui va les lui donner (cf. *infra* Sperber et Wilson).

✓ Applications pratiques

A. Sur quel principe tiré du modèle gricéen repose le procédé humoristique mis en place dans l'échange ci-dessous, emprunté au premier acte de la pièce *Rhinocéros* d'Ionesco (1959) ?

Par un beau dimanche d'été, vers midi, les quatre personnages sont installés à la terrasse du café d'une petite ville de province française ; Jean et Bérenger occupent une table, le Logicien et le Vieux Monsieur une autre.

> Bérenger, *à Jean* : – Comment se mettre à la page ?
> Le Logicien, *au Vieux Monsieur* : – J'enlève deux pattes à ces [deux] chats. Combien leur en restera-t-il à chacun ?
> Le Vieux Monsieur : – C'est compliqué.
> Bérenger, *à Jean* : – C'est compliqué.
> Le Logicien, *au Vieux Monsieur* : – C'est simple au contraire.
> Le Vieux Monsieur, *au Logicien* : – C'est facile pour vous, peut-être, pas pour moi.
> Bérenger, *à Jean* : – C'est facile pour vous, peut-être, pas pour moi.
> Le Logicien, *au Vieux Monsieur* : – Faites un effort de pensée, voyons. Appliquez-vous.
> Jean, *à Bérenger* : – Faites un effort de pensée, voyons. Appliquez-vous.
> Le Vieux Monsieur, *au Logicien* : – Je ne vois pas.
> Bérenger, *à Jean* : – Je ne vois vraiment pas.
> Le Logicien, *au Vieux Monsieur* : – On doit tout vous dire.
> Jean, *à Bérenger* : – On doit tout vous dire.

Éléments de réponse

C'est la distinction entre phrase et énoncé qui est ici convoquée. En effet, Ionesco s'amuse – comme l'indiquent les didascalies – à croiser les dialogues entre le Vieux Monsieur et le Logicien d'une part, et Jean et Bérenger d'autre part. Or, les personnages se servent à plusieurs reprises de phrases identiques, mais celles-ci donnent lieu à des énoncés différents, vu la teneur des deux conversations : la première concerne la logique et les syllogismes, la seconde évoque l'attitude que Bérenger devrait adopter pour se présenter sous un jour favorable et séduire sa jeune collègue Daisy. Ainsi par exemple *C'est compliqué* signifie « Résoudre un problème de logique est compliqué » dans la bouche du Vieux Monsieur, mais « Se mettre en valeur grâce à sa culture et à son intelligence est compliqué » dans celle de Bérenger.

B. En quoi l'exemple ci-dessous illustre-t-il l'exploitation d'une maxime conversationnelle de Grice ?

De l'esclavage des nègres

Si j'avais à soutenir le droit que nous avons eu de rendre les nègres esclaves, voici ce que je dirais :

Les peuples d'Europe ayant exterminé ceux de l'Amérique, ils ont dû mettre en esclavage ceux de l'Afrique, pour s'en servir à défricher tant de terres.

Le sucre serait trop cher, si l'on ne faisait travailler la plante qui le produit par des esclaves.

Ceux dont il s'agit sont noirs depuis les pieds jusqu'à la tête ; et ils ont le nez si écrasé qu'il est presque impossible de les plaindre.

On ne peut se mettre dans l'idée que Dieu, qui est un être très sage, ait mis une âme, surtout une âme bonne, dans un corps tout noir.

Il est si naturel de penser que c'est la couleur qui constitue l'essence de l'humanité, que les peuples d'Asie, qui font des eunuques, privent toujours les noirs du rapport qu'ils ont avec nous d'une façon plus marquée.

On peut juger de la couleur de la peau par celle des cheveux, qui, chez les Égyptiens, les meilleurs philosophes du monde, étaient d'une si grande conséquence, qu'ils faisaient mourir tous les hommes roux qui leur tombaient entre les mains.

Une preuve que les nègres n'ont pas le sens commun, c'est qu'ils font plus de cas d'un collier de verre que de l'or, qui, chez les nations policées, est d'une si grande conséquence.

Il est impossible que nous supposions que ces gens-là soient des hommes ; parce que, si nous les supposions des hommes, on commencerait à croire que nous ne sommes pas nous-mêmes chrétiens.

De petits esprits exagèrent trop l'injustice que l'on fait aux Africains. Car, si elle était telle qu'ils le disent, ne serait-il pas venu dans la tête des princes d'Europe, qui font entre eux tant de conventions inutiles, d'en faire une générale en faveur de la miséricorde et de la pitié ?

Montesquieu, *L'esprit des lois* [1748-1750], XV, 5.

Éléments de réponse

Cet extrait célèbre de *L'esprit des lois* illustre une exploitation de la maxime conversationnelle de qualité par le biais du recours aux figures de rhétorique. L'auteur choisit en effet de livrer au lecteur une information manifestement non véridique ; à charge pour ce dernier de déduire que l'information – véridique celle-là – que Montesquieu désire lui communiquer y est étroitement liée : en l'occurrence, il s'agit d'une démonstration par l'absurde fondée principalement sur l'hyperbole (*exterminé*, *les meilleurs [...] du monde*, *exagèrent trop...*) et l'antiphrase ironique (*les nègres n'ont pas le sens commun* car *ils font plus de cas d'un collier de verre que de l'or, qui, chez les nations policées, est d'une si grande conséquence* ; *Il est impossible que nous supposions que ces gens-là soient des hommes*...). En feignant de justifier l'esclavage par les raisons dont se servent les esclavagistes, Montesquieu dénonce avec sarcasme l'absurdité ou l'immoralité de ces arguments (implicitation conversationnelle particulière : « L'esclavage est indéfendable »).

C. En période électorale, les politiques envoient aux futurs électeurs de nombreux tracts et lettres. Ces documents relèvent généralement de cinq grandes catégories, selon qu'il s'agit : (1) d'un tract comportant la photo et le nom du candidat, le numéro de la liste électorale sur laquelle il est inscrit, la couleur associée au parti ou à la famille politique qu'il représente, et éventuellement un bref slogan ; (2) d'un tract comportant, ajoutées à ces éléments, certaines précisions quant au programme électoral ou à la personne privée du candidat ; (3) d'un tract livrant une quantité d'information bien supérieure et souvent surabondante (il s'agit parfois de brochures de plusieurs dizaines de pages) ; (4) d'une lettre signée par le candidat et adressée de façon plus ou moins personnalisée à l'électeur potentiel pour lui demander son vote ; (5) d'une lettre signée par le candidat et livrant une information sans aucun rapport avec l'élection prochaine. Analysez ces différents types de messages électoraux en fonction des maximes conversationnelles de Grice.

Éléments de réponse

Le message électoral (sous la forme qu'il revêt dans le corpus évoqué ici) a la double caractéristique d'être à la fois un message « parasite » (il s'impose à un destinataire qui n'est pas forcément désireux de le recevoir, ni même disposé à le recevoir) et un message séducteur (il s'efforce de convaincre l'électeur potentiel de donner sa voix à un candidat). Il requiert donc la coopération du destinataire (cf. le principe de coopération).

Les tracts et lettres adressés aux futurs électeurs sont des messages complexes résultant de l'association d'éléments textuels et d'éléments iconographiques. Les cinq catégories définies ci-dessus peuvent se décrire en fonction des critères fournis par les maximes conversationnelles de Grice.

Catégorie 1 – Ces tracts livrent au destinataire du message l'information la plus basique qui soit : photo et nom du candidat, numéro de la liste électorale sur laquelle il est inscrit, couleur associée au parti ou à la famille politique qu'il représente, éventuellement un bref slogan. Ils respectent les maximes conversationnelles au sens le plus strict du terme, puisqu'ils délivrent une quantité tout juste suffisante d'information, que cette information est véridique et fournie en connaissance de cause, qu'elle est pertinente (en relation avec la situation de communication, à savoir la campagne électorale), et transmise de manière adéquate (clairement, sans obscurité ni ambiguïté et avec concision ; la perception simultanée des différents éléments constitutifs du message – ou leur perception dans une succession rapide et un ordre aléatoire – ne constitue pas un obstacle à l'interprétation).

Catégorie 2 – Ces tracts livrent au destinataire du message une information limitée mais adéquate : outre les éléments relevés dans la catégorie 1, le candidat fournit certaines précisions quant à son programme électoral ou à sa personne privée. Ils respectent eux aussi les maximes conversationnelles, puisqu'ils délivrent une quantité suffisante (mais non surabondante) d'information, que cette information est véridique, pertinente et transmise de manière satisfaisante.

Catégorie 3 – Ces tracts livrent une quantité d'information bien supérieure à ceux des catégories 1 et 2. Il est peu vraisemblable que l'électeur potentiel les lira intégralement et en détail ; ils violent donc la maxime conversationnelle de quantité en fournissant une information surabondante, voire pléthorique, et la maxime de manière par le non-respect de la consigne de concision.

Catégorie 4 – Ces lettres, qui sont adressées de façon plus ou moins personnalisée à l'électeur potentiel et lui demandent de voter pour le candidat, livrent une information comparable à celle des tracts de la catégorie 2, mais procèdent de façon détournée : au lieu de se présenter sous la forme de tracts électoraux, elles adoptent la forme et le support traditionnellement réservés au courrier. La maxime de manière se trouve ainsi violée.

Catégorie 5 – Ces lettres livrent, paradoxalement, une information sans aucun rapport avec la situation de communication : en effet, aucune allusion n'est faite au scrutin tout proche. Si ces lettres ne parvenaient pas à leur destinataire durant une campagne électorale, elles ne seraient pas perçues comme des messages électoraux. Il y a donc violation de la maxime de pertinence (et, *ipso facto*, des autres maximes conversationnelles).

Mais seuls les candidats qui optent pour une information basique ou limitée (catégories 1 et 2) réalisent-ils une campagne performante, les candidats qui choisissent les modèles des catégories 3, 4 et 5 se fourvoyant dans l'élaboration de leur communication avec l'électorat potentiel ? Cela est peu vraisemblable (et intuitivement peu admissible) – d'autant que ces candidats sont, précisément, entourés de spécialistes de la « communication » (c'est à coup sûr le cas dans une élection à l'enjeu élevé, comme par exemple une élection présidentielle française). C'est pourquoi il est préférable d'étudier ces messages en considérant non pas qu'ils transgressent les maximes conversationnelles, mais qu'ils les exploitent ; il faut dès lors prendre en compte non seulement leur contenu explicite, mais aussi – et peut-être surtout – leur contenu implicite. Les catégories 3, 4 et 5 se révèlent bien plus riches dans cette nouvelle perspective.

Catégorie 3 – Au travers de l'information surabondante que livrent ces tracts s'exprime l'intention du candidat, son message implicite : l'exploitation de la maxime de quantité vise à souligner le nombre et l'importance des projets que le candidat s'engage à mettre en chantier ou, mieux encore, l'abondance de ses réalisations passées (implicitation conversationnelle particulière : « Appréciez le nombre, l'étendue, la diversité de mes travaux et de mes réalisations au service de la collectivité à laquelle vous appartenez, et votez pour moi »). On peut de surcroît supposer qu'un aussi large éventail d'informations vise à permettre à tous les électeurs potentiels de trouver, en fonction de leurs sensibilités respectives, au moins un thème qui les concerne ou les intéresse. Ainsi, le candidat se présente comme un politique solide, responsable et dynamique, à qui l'électeur peut donner sa voix en confiance.

Catégorie 4 – Le support de la lettre confère à la relation établie entre le candidat et l'électeur potentiel un ton plus personnalisé, plus intime : on écrit généralement à ses proches, pas à des inconnus. De plus, le choix de ce support permet au candidat de signaler implicitement à l'électeur qu'il a pour lui une trop haute considération pour imaginer qu'un support aussi basique et commun qu'un tract suffirait à emporter son adhésion – et aussi de se présenter lui-même comme quelqu'un de trop exigeant sur les plans intellectuel et éthique pour se satisfaire d'un procédé aussi trivial (implicitation conversationnelle particulière : « J'ai trop de respect pour vous pour croire qu'un slogan imprimé sur un tract pourrait vous convaincre de voter pour moi ; je sais bien que les gens comme vous (et moi) ont besoin pour accorder leur confiance d'une sollicitation personnalisée et circonstanciée »). Ainsi, le candidat se présente comme un politique fiable à qui l'électeur peut donner sa voix en confiance.

Catégorie 5 – Dans ces dernières lettres, le procédé appliqué dans les messages de la catégorie 4 est poussé à l'extrême : en évitant délibérément toute allusion au scrutin, le candidat, implicitement, se place, avec l'électeur, parmi les personnes qui, attachées aux vraies valeurs de la politique, ne songeraient pas à aborder un sujet aussi trivial qu'une élection (implicitation conversationnelle particulière : « Je n'aborderais jamais avec vous un sujet aussi trivial qu'un scrutin – et je sais que votre choix ne saurait être conditionné par de telles considérations politiciennes »). Ainsi, le candidat se présente comme un politique digne d'une profonde estime intellectuelle et morale (et de surcroît actif au service de la collectivité, comme le signale l'information contenue dans la lettre), à qui l'électeur peut donner sa voix en confiance.

L'analyse selon laquelle les candidats à une élection exploitent les maximes conversationnelles (et non les violent) est confortée par le constat suivant : bien souvent, le même candidat utilise, au cours de la même campagne, des messages relevant des différentes catégories distinguées ci-dessus, dans le but manifeste de toucher aussi efficacement que possible, en fonction des personnes, des moments, des circonstances de réception du message, etc., un public aussi large que possible.

Enfin, on voit que le contenu implicite véhiculé par les messages des catégories 3, 4 et 5 peut se résumer à « Votez pour moi » (implicitation conversationnelle particulière). De ce point de vue, les messages des catégories 1 et 2, qui ne formulent pas non plus explicitement cette injonction – pourtant incontournable –, pourraient également être considérés comme porteurs de ce contenu implicite, et relever donc de l'exploitation de la maxime de qualité (le contenu de l'information explicite n'étant pas véridique).

Remarque

Si l'on choisit pour critère d'examen non plus les maximes conversationnelles de Grice mais la théorie de l'indirection de Searle, les messages électoraux étudiés ici relèvent de l'acte de langage indirect (un acte primaire d'injonction est accompli par l'intermédiaire d'un acte secondaire d'exhortation – le slogan –, d'assertion …).

Voir aussi l'analyse des messages électoraux de ce type en termes de pragmatique cognitive dans les « Applications pratiques » de la fin du chapitre « La pragmatique cognitive » (sous B).

Chapitre 2
LA PRAGMATIQUE COGNITIVE

Dan Sperber et Deirdre Wilson

La théorie de Dan Sperber, anthropologue français, et Deirdre Wilson, linguiste britannique, connaît un grand succès aux États-Unis dès le début des années 1980. Ils la publient en 1986 dans un ouvrage intitulé *Relevance. Communication and cognition*, traduit en français sous le titre de *La pertinence. Communication et cognition* (1989).

Sperber et Wilson s'inscrivent dans la tradition gricéenne. En effet, ils insistent sur la faculté humaine d'avoir des **états mentaux** et d'en attribuer à autrui, de se les représenter et d'en tirer des conséquences, c'est-à-dire sur la faculté d'**inférer**. Ils considèrent également que l'interprétation des énoncés doit rendre compte de **tous les contenus communiqués** par le locuteur, **dont bon nombre ne le sont pas explicitement** ; le principe fondateur de cette interprétation est le **principe de pertinence**, tiré de la maxime conversationnelle de pertinence ou de relation de Grice. Enfin, Sperber et Wilson estiment que **les échanges communicatifs langagiers et non langagiers mettent en jeu les mêmes processus, et doivent par conséquent faire l'objet d'une analyse semblable**. La théorie de Sperber et Wilson s'inscrit donc dans une **étude générale des processus cognitifs** : leurs recherches placent **la pragmatique** parmi les **sciences cognitives** (i. e. l'ensemble des sciences qui concernent la connaissance et ses processus – cf. *supra*, *Introduction*, sous 5.3.1).

1 La pragmatique cognitive ou pragmatique non linguistique

Sperber et Wilson ont une **vision cognitive du langage**. Pour eux, le but de tout système cognitif (non seulement chez les humains, mais aussi chez les animaux) est de **se construire une représentation du monde** et de **l'améliorer**. Pour que l'activité cognitive ait de l'intérêt, il faut de surcroît que, dans la mesure du possible (i. e. dans la limite des capacités perceptuelles et intellectuelles humaines), cette représentation du monde soit **vraie**, à savoir qu'elle reflète de façon appropriée un événement ou une situation qui existe ou a existé effectivement dans le monde. Contrairement à celles de Searle et de Grice, la théorie de Sperber et Wilson est donc une **théorie vériconditionnelle** : l'analyse du langage prend en compte non seulement l'accomplissement des actes de langage et l'interprétation des énoncés, mais aussi la vérité des informations communiquées. La **fonction première du langage** est dès lors de **représenter de l'information** et de **permettre aux individus d'augmenter leur stock de connaissances** par la communication.

Sperber et Wilson inscrivent ainsi leurs recherches dans une perspective radicalement novatrice : celle d'une **pragmatique cognitive**, indépendante de la linguistique, qu'elle vient compléter pour certains aspects de l'interprétation des énoncés.

2 L'intention informative, l'intention communicative et la communication ostensive-inférentielle

Comme Searle et Grice (cf. *supra* Searle sous 2.2.3 et Grice sous 3.4.2), Sperber et Wilson attribuent au locuteur deux intentions, à savoir une **intention informative** : le locuteur veut amener l'interlocuteur à la connaissance d'une information donnée ; et une **intention communicative** : le locuteur a l'intention de faire connaître à l'interlocuteur son intention informative.

Ils y ajoutent la notion de **communication ostensive-inférentielle** : il y a communication ostensive-inférentielle lorsqu'**un individu fait connaître à un autre individu par un acte quelconque l'intention qu'il a de lui faire connaître une information quelconque**. Cette notion ne s'applique donc pas uniquement au langage, mais à **la communication en général**.

EXEMPLES

Un automobiliste roule tranquillement. Soudain, le véhicule qui suivait le sien le double, et son conducteur klaxonne, regarde le premier automobiliste avec insistance et fait des gestes répétés de la main vers l'arrière de la voiture de celui-ci.

Cet exemple permet de distinguer clairement la composante ostensive, c'est-à-dire les regards et gestes répétés du second automobiliste vers l'arrière de la voiture du premier, et la composante inférentielle : le premier automobiliste va chercher à comprendre ce que le second veut lui communiquer. Pour ce faire, il va procéder à une déduction fondée sur des prémisses qui sont d'une part ce que le second automobiliste lui montre (l'arrière de son véhicule), et d'autre part ses propres connaissances : à l'arrière d'une voiture il y a un coffre (qui peut s'être ouvert), des roues munies de pneus (l'un d'eux peut être plat), un pot d'échappement (qui peut se décrocher), etc. La conclusion de ce raisonnement par inférence est que le second automobiliste veut faire comprendre au premier que ce dernier est menacé par l'un de ces désagréments et qu'il ferait bien de s'arrêter pour examiner son véhicule.

À table, un convive avance sans mot dire son assiette vide vers le plat, auquel il lance par ailleurs un regard plein d'intérêt (composante ostensive). À partir de ces informations d'ordre gestuel et de ses propres connaissances (les habitudes en vigueur au cours d'un repas), la maîtresse de maison doit conclure par inférence que ce convive désire être servi ou resservi (composante inférentielle).

Catherine est une vraie garce !
Si cet énoncé est prononcé dans une réception qui rassemble de nombreux invités, et si, au lieu de répondre verbalement, l'interlocuteur roule de grands yeux et décoche dans une direction précise des regards qui se veulent à la fois éloquents et discrets (composante ostensive), le locuteur doit comprendre que ces regards se dirigent vers quelqu'un qui se tient à quelques pas de lui ; jusque-là, il n'avait pas remarqué cet invité, et d'ailleurs il ne l'identifie toujours pas. Le locuteur s'interroge donc (composante inférentielle) sur la signification que cet invité peut bien avoir, et reconnaît alors en lui un proche parent de Catherine (qu'il risque de froisser par ses commentaires désobligeants, d'où la réponse, muette mais ostensive, qui lui a été adressée).

Il faut donc noter l'**importance des unités non verbales** (gestes, mimiques, regards...) dans la communication[1]. En effet, si certains actes ne peuvent se réaliser que par des moyens verbaux (p. ex. les présentations : *Je vous présente Hervé Leroi*), d'autres admettent les deux types de réalisations, verbale et non verbale (p. ex. les salutations : *Bonjour !*/geste de la main), voire privilégient la réalisation non verbale (en réaction à un ordre, l'accomplissement de l'acte visé). En outre, les unités non verbales accompagnent souvent les unités verbales dans la réalisation d'un acte (*Bonjour !* doublé d'un geste de la main ; – *Sortez !*/– *Je sors, je sors*, dit le second locuteur en sortant), contribuant donc à la détermination de la valeur pragmatique globale de l'énoncé : le rôle du non-verbal est ainsi **particulièrement** important **dans les actes de langage indirects** (p. ex. la requête exprimée sous la forme d'une question se double régulièrement d'un

1. Pour mémoire, voir aussi à ce sujet l'observation de P. Attal (1995) citée plus haut dans le chapitre consacré à Austin, sous 1.1.1, remarque.

mouvement de la tête et/ou d'un geste d'ostentation (dirigé vers la fenêtre dans le cas qui suit) : *Peux/Veux-tu fermer la fenêtre ?* ; la requête exprimée sous la forme d'une assertion ou d'une exclamation s'accompagne souvent d'une mimique et d'un regard porté alternativement sur l'interlocuteur et sur l'objet de la requête (la fenêtre) : *Il fait froid ici* (= « Ferme la fenêtre »)).

L'exemple des **enfants en âge prélinguistique** qui s'expriment par gestes et onomatopées et se font parfaitement comprendre atteste également de l'importance du non-verbal dans la communication ostensive-inférentielle.

Enfin, cette vieille plaisanterie illustre les dangers d'une interprétation incorrecte des signaux ostensifs-inférentiels non verbaux – et les difficultés posées par la rencontre de deux cultures différentes... :

> *Un Européen en voyage en Chine entre dans un restaurant, tenant son chien en laisse. Il s'installe à une table et, pour qu'on leur amène à manger à tous deux, désigne du doigt son chien, puis se désigne lui-même, et enfin fait le geste de porter la main à la bouche. Là-dessus le serveur emmène le chien... et le ramène une demi-heure plus tard sous la forme d'un plat cuisiné...*

La définition de la communication ostensive-inférentielle l'indique : tous les actes de communication ostensive-inférentielle ne sont pas des énoncés ; en revanche, **tous les énoncés relèvent de la communication ostensive-inférentielle**, puisque produire un énoncé est un acte (de langage) par lequel un locuteur fait savoir à un interlocuteur l'intention qu'il a de lui communiquer une information.

3 La théorie de la pertinence

3.1 Sperber et Wilson tirent de la notion de communication ostensive-inférentielle le **principe de pertinence** (anglais *relevance*) : tout acte de communication ostensive-inférentielle **suscite chez son destinataire l'attente de la pertinence de cet acte**.

EXEMPLES

Pour le premier automobiliste, avant que le second attire son attention sur l'arrière de sa voiture, celui-ci n'a pas de signification (il n'est pas pertinent). Pour le second conducteur en revanche, il en a une (il est pertinent). Une fois que le second automobiliste a attiré son attention sur l'arrière du véhicule, celui-ci devient pour le premier porteur de signification (il devient pertinent, de par le caractère ostensif de l'intervention de l'autre) : même si le premier automobiliste n'est pas capable d'attribuer d'emblée une signification à l'objet visé, il va chercher à lui en trouver une, et donc mettre inconsciemment en œuvre un processus inférentiel d'interprétation (qui, dans ce cas, aboutira à la conclusion : le second conducteur veut lui faire comprendre qu'une anomalie est visible à l'arrière de sa voiture et qu'il ferait mieux de s'en occuper) : le principe de pertinence a joué.

Avant que le convive approche son assiette vide du plat encore garni, l'attention de la maîtresse de maison n'est pas sollicitée par cette assiette (elle n'est pas pertinente). Une fois le geste (accompagné du regard) posé, l'assiette devient au contraire porteuse de signification (elle devient pertinente) : la maîtresse de maison cherche à comprendre ce que veut lui communiquer le convive, et en vient à la conclusion qu'il souhaite être (res)servi : le principe de pertinence a joué.

Avant l'intervention muette mais ostensive de l'interlocuteur, l'invité qui se tient auprès de lui ne représente rien pour le locuteur de *Catherine est une vraie garce !* (il n'est pas pertinent). Pour l'interlocuteur, par contre, il est manifestement représentatif (il est pertinent, en vertu des connaissances de l'interlocuteur). Dès que l'interlocuteur a attiré l'attention du locuteur sur l'invité en question, le locuteur cherche à comprendre ce que représente ce dernier (l'invité devient pertinent pour lui, grâce au caractère ostensif de l'intervention de l'interlocuteur). Le locuteur met alors inconsciemment en œuvre un processus inférentiel d'interprétation et aboutit à la conclusion que l'interlocuteur veut lui faire comprendre que cet invité est un proche de Catherine et qu'il est donc malvenu de critiquer celle-ci devant lui : le principe de pertinence a joué.

Tout énoncé étant un acte de communication ostensive-inférentielle, **tout énoncé suscite chez l'interlocuteur l'attente de la pertinence de cet énoncé**.

EXEMPLE

Céleste est spécialiste des pendules.
Étant donné que les pendules peuvent être « de petites horloges » (A) ou bien « des instruments de radiesthésiste » (B) et que Céleste peut désigner un homme (C) ou une femme (D), la combinaison de ces données peut amener à quatre interprétations différentes. Mais si l'énoncé s'intègre dans l'échange suivant :
– *J'ai hérité de la pendule de mon grand-père, mais elle ne fonctionne plus. Tu crois que ton frère pourrait la réparer ?*
– *Céleste est spécialiste des pendules.*
la seule interprétation possible est « Céleste (C) est spécialiste des pendules (A) » : la désambiguïsation s'est faite au profit de l'interprétation la plus conforme au principe de pertinence.

Le principe de pertinence est un **principe général** (il ne concerne pas seulement le langage, mais tous les actes de communication ostensive-inférentielle), **et non normatif** (le locuteur n'est nullement tenu de prononcer uniquement des énoncés pertinents) : **c'est un principe d'interprétation qui sert de base au processus inférentiel d'interprétation des énoncés et que l'interlocuteur utilise inconsciemment**.

En énonçant le principe de pertinence, Sperber et Wilson reformulent en fait la théorie de Grice : ils observent que la maxime de relation ou de pertinence définie par Grice recouvre les contraintes imposées par les autres maximes conversationnelles, qui deviennent *ipso facto* inutiles : en effet, être pertinent, c'est certes parler à propos, mais c'est aussi donner la quantité d'information requise sans noyer l'interlocuteur dans les détails superflus (maxime de quantité), dire la vérité et parler en connaissance de cause (maxime de qualité), et s'exprimer avec clarté, concision et en respectant l'ordre propice à la compréhension du message (maxime de manière)[2]. De surcroît, être pertinent, c'est aussi s'efforcer d'apporter à l'échange communicatif une contribution aussi efficace que possible : c'est donc respecter le principe gricéen de coopération.

3.2 Le principe de pertinence s'assortit d'un premier corollaire : **le locuteur choisit pour son énoncé la forme qui sert le mieux le principe de pertinence**. Ce constat peut sembler contredire la maxime conversationnelle de manière (ou de modalité) de Grice, laquelle prescrit la concision : il arrive en effet qu'entre deux énoncés contenant la même information mais de longueur inégale, le locuteur opte pour le plus long[3]. Le locuteur choisit cependant la manière la plus pertinente de s'exprimer, en fonction de la situation de communication : ce n'est pas forcément l'énoncé le plus bref qui est le plus approprié.

EXEMPLES

Christian est marié avec Hélène.
C'est Christian qui est marié avec Hélène. (= « c'est Christian et non Jacques »)

Robert Dupont s'est noyé.
Robert Dupont a succombé par noyade.
Dans un procès-verbal ou devant le juge p. ex., l'énoncé le plus long est aussi le plus pertinent.

À l'aide, je me noie !
À l'aide, je succombe par noyade !
L'inadéquation du second exemple provient du non-respect du principe de pertinence dans le choix de la forme de l'énoncé, et non de la longueur de l'énoncé, laquelle n'en est qu'un aspect contingent.

3.3 Le principe de pertinence a un second corollaire : **les notions d'effort et d'effet**. L'interlocuteur confronté à l'interprétation d'un acte de communication ostensive-inférentielle, et donc à l'interprétation d'un énoncé, doit fournir un raisonnement. Cela lui demande un effort, qui est fonction de la longueur de l'énoncé, de sa structure syntaxique, de son éventuelle ambiguïté, du degré de difficulté que revêt la sélection des prémisses et des informations extra-linguistiques nécessaires, etc. Ce processus inférentiel d'interprétation aboutit à un résultat, appelé effet cognitif.

2. Il a du reste été observé dans l'exposé de la théorie de Grice qu'en général, la transgression de l'une des trois autres maximes conversationnelles (quantité, qualité, manière) entraîne également celle de la maxime de pertinence (cf. *supra* Grice, sous 3.3.2.3, remarque 2).
3. Grice rend compte de ce type de choix par l'exploitation de la maxime de manière (cf. *supra* Grice, sous 3.3.2.3.4).

La conclusion du raisonnement inférentiel (conclusion appelée « implication contextuelle » par Sperber et Wilson – cf. *infra* sous 4.5.) peut produire trois types d'effets cognitifs : l'**acquisition d'une nouvelle information** ; le **changement de la force de conviction** (renforcement ou atténuation) avec laquelle une croyance est entretenue ; et l'**éradication d'une croyance**, c'est-à-dire la suppression d'une information ancienne contredite par une information nouvelle plus convaincante.

Pour qu'un énoncé (ou tout acte de communication ostensive-inférentielle) soit pertinent, il faut qu'un ou plusieurs de ces effets cognitifs soi(en)t atteint(s), mais aussi que les effets obtenus équilibrent les efforts consentis. La notion de **pertinence** est donc indissociable de celle de **rendement** : **moins un énoncé demande d'efforts** pour être interprété, plus cet énoncé est pertinent ; **plus un énoncé fournit d'effets**, plus il est pertinent. Autrement dit, **effort(s) et effet(s) doivent être inversement proportionnels avec un effet maximal** pour que l'énoncé soit pertinent.

REMARQUES

1 Dans l'énoncé des devinettes, charades, rébus, etc., le rapport entre effort et effet est inversé : le jeu consiste précisément à s'exprimer sans respecter le principe de pertinence, c'est-à-dire à exiger de l'interlocuteur un effort important pour obtenir un effet moindre (i. e. parvenir à une conclusion à laquelle il serait arrivé sans difficulté si l'énoncé avait été formulé selon le principe de pertinence).

2 Le non-respect du principe de pertinence explique le fonctionnement de certains énoncés à caractère humoristique, dont le ressort repose sur une chute introduisant un retournement de situation, un « coup de théâtre » (cf. *supra* Grice, sous 3.3.2.3.4., remarque 1).

3.4 Bien entendu, **l'évaluation de la pertinence d'un énoncé est susceptible de varier** : deux individus différents, ne disposant pas d'éléments identiques pour la construction du raisonnement inférentiel, n'attribueront pas la même pertinence à un énoncé ; il faut de surcroît considérer qu'un même individu n'aura pas en toutes circonstances les mêmes éléments présents à l'esprit.

EXEMPLES

Un néophyte qui assiste à un colloque de physique nucléaire ne dispose pas des connaissances nécessaires à l'évaluation de la pertinence des énoncés prononcés par les orateurs.

Après un voyage culturel dans le Péloponnèse, il est courant d'être bien informé sur l'histoire et l'art de la Grèce antique ; en revanche, quelques mois ou quelques années plus tard, ces connaissances peuvent fort bien s'être estompées.

3.5 Sperber et Wilson ont donc élaboré la théorie de la pertinence. Celle-ci permet de dépasser le modèle gricéen et de répondre à des questions qu'il laissait en suspens (cf. *supra* Grice, sous 3.6.).

Ainsi, le principe de pertinence explique **pourquoi l'interlocuteur accepte de traiter l'acte de communication ostensive-inférentielle qui lui est adressé** (application du principe de coopération de Grice, ou de la notion de « bonne volonté » de Searle) : si l'interlocuteur juge l'information digne d'attention, c'est qu'elle est présumée pertinente ; il accepte donc de fournir l'effort voulu pour mettre en œuvre le processus inférentiel d'interprétation. De fait, on n'écoute pas quelqu'un qui délire, radote, est saoul, etc. – i. e. quelqu'un dont le discours n'est, par définition, pas pertinent.

Le principe de pertinence permet aussi de régler le problème du **choix des prémisses** sur lesquelles se fonde le processus inférentiel d'interprétation. C'est en effet **la recherche de la pertinence** qui permet à un individu d'**opérer une sélection judicieuse parmi le nombre immense de connaissances et d'informations dont il dispose**.

Enfin, le principe de pertinence résout la question du critère permettant de **considérer qu'on est parvenu à une interprétation satisfaisante** et que le processus inférentiel d'interprétation (potentiellement infini) peut donc être arrêté : ce processus s'arrête de lui-même lorsque sont atteints des effets suffisants pour contrebalancer les efforts fournis, c'est-à-dire **lorsque le rendement est satisfaisant et que l'acte de communication ostensive-inférentielle est jugé pertinent**.

4 L'interprétation des énoncés

4.1 *Les processus d'interprétation des énoncés*

Pour Sperber et Wilson, l'interprétation des énoncés met en œuvre deux types de processus distincts : interviennent d'abord les **processus codiques**, pris en charge par l'analyse **linguistique**, puis entrent en jeu les **processus inférentiels** ou **déductifs**, pris en charge par l'analyse **pragmatique**. Ces **processus inférentiels** sont des processus **généraux, universels et non spécifiques à l'interprétation du langage**, des processus qui s'appliquent au traitement de tous les actes de communication ostensive-inférentielle.

EXEMPLES

Un geste de la main le long du visage, pouce dressé vers l'oreille et auriculaire tendu vers les lèvres, signifie « On se téléphone » : le destinataire se réfère à un « code de gestuelle » qui veut que, dans nos cultures, ce geste (généralement accompagné d'une mimique) revête la signification mentionnée. Un geste de la main adressé à une personne connue qui marche sur le trottoir d'en face signifie « Bonjour », mais le même geste adressé à un taxi qui passe signifie « Arrêtez-vous, j'ai besoin de vos services » : cette fois, le simple décodage ne suffit plus ; il faut en outre recourir à un raisonnement par inférence qui exige la prise en compte d'éléments non linguistiques (le contexte, la situation de communication, l'identité des intervenants, etc.). Dans les trois cas cités, le geste à interpréter a subi une analyse (codique et inférentielle) similaire à celle qu'aurait subie un énoncé.

La vision qu'ont Sperber et Wilson des processus mis en œuvre pour l'interprétation des échanges langagiers s'explique par la représentation hiérarchisée qu'ils se font du **fonctionnement de l'esprit humain quant au traitement de l'information**, et donc quant à la compréhension du langage. Le modèle de Sperber et Wilson est fondé sur la théorie (publiée en 1983) du philosophe et psychologue cognitiviste américain Jerry Fodor, le **modularisme**. Fodor considère que, puisque les représentations mentales peuvent servir de signification aux mots, elles doivent partager avec eux certaines propriétés. Il tire alors (en cela héritier du nominaliste Guillaume d'Ockham au XIVe siècle) de la similarité qui semble exister entre la structure des pensées et celle des phrases l'hypothèse du **langage de la pensée**, ou *lingua mentis* ou encore **mentalais** (anglais *mentalese*). Ainsi, les représentations mentales possèdent une structure linguistique et notre esprit pense à l'aide d'une logique mentale : le mentalais est à notre cerveau ce que le langage-machine est à l'ordinateur.

Dans le modèle de Sperber et Wilson, l'information, pour être appréhendée par l'esprit humain, passe d'abord par des « systèmes périphériques » (analyse linguistique) avant d'atteindre le « système central » (analyse pragmatique) : les processus d'analyse périphériques sont des processus de décodage spécialisés, tandis que les processus d'analyse centraux sont des processus inférentiels spécialisés – et ces inférences sont spontanées, instantanées et inconscientes. Une telle approche établit clairement la comparaison entre le fonctionnement de l'esprit humain et celui de l'ordinateur. Cette **métaphore de l'esprit-ordinateur** est précisément le **commun dénominateur entre les sciences cognitives**, et aussi le garant de leur unité : ces disciplines (psychologie cognitive, linguistique, neurosciences, informatique, intelligence artificielle...) voient la pensée comme un système de transformation de l'information. La pragmatique cognitive entretient à ce titre des rapports privilégiés avec d'autres sciences cognitives – dont bien entendu la linguistique.

Selon Sperber et Wilson, l'interprétation de l'énoncé se fait selon l'enchaînement illustré par le schéma 2.1. Celui-ci montre que le domaine de l'analyse linguistique est extrêmement réduit, puisqu'il se limite à l'établissement de la forme logique de l'énoncé (cf. *infra* sous 4.2). En revanche, le champ d'action de la pragmatique est, lui, fort vaste (les explicitations (cf. *infra* sous 4.3), les implicitations (cf. *infra* sous 4.4.) et les implications contextuelles (cf. *infra* sous 4.5) y ressortissent), et intervient très tôt dans l'interprétation de l'énoncé.

Schéma 2.1

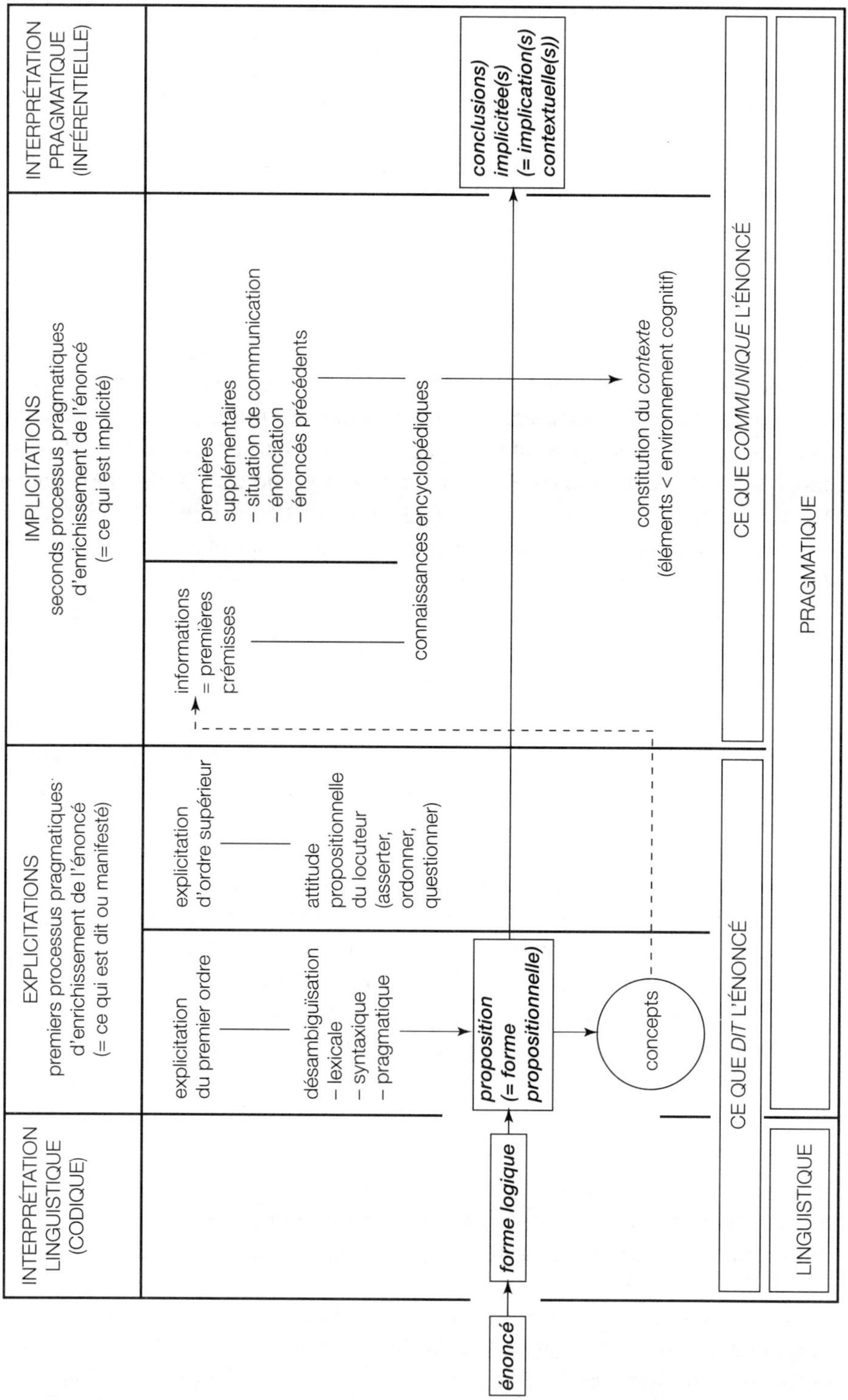

INTERPRÉTATION LINGUISTIQUE (CODIQUE)
EXPLICITATIONS
premiers processus pragmatiques d'enrichissement de l'énoncé (= ce qui est dit ou manifesté)
IMPLICITATIONS
seconds processus pragmatiques d'enrichissement de l'énoncé (= ce qui est implicité)
INTERPRÉTATION PRAGMATIQUE (INFÉRENTIELLE)
énoncé
forme logique
explicitation du premier ordre
désambiguïsation
– lexicale
– syntaxique
– pragmatique
proposition (= forme propositionnelle)
concepts
explicitation d'ordre supérieur
attitude propositionnelle du locuteur (asserter, ordonner, questionner)
informations = premières prémisses
premières supplémentaires
– situation de communication
– énonciation
– énoncés précédents
connaissances encyclopédiques
constitution du contexte
(éléments < environnement cognitif)
conclusions) implicitée(s) (= implication(s) contextuelle(s))
CE QUE DIT L'ÉNONCÉ
CE QUE COMMUNIQUE L'ÉNONCÉ
LINGUISTIQUE
PRAGMATIQUE

4.2 *La forme logique de l'énoncé*

L'énoncé subit une **première interprétation, linguistique et codique**, qui en livre la **forme logique**, c'est-à-dire une suite ordonnée de **concepts** correspondant aux composants linguistiques de la phrase, à l'**énumération de ce que dit l'énoncé**.

EXEMPLE

Je ne resterai pas longtemps.
[1re personne du singulier, négation, « rester », futur, « longtemps »]
Forme logique : « Le locuteur ne restera pas longtemps. »

Sperber et Wilson estiment que la notion de vérité joue un rôle important dans l'interprétation des énoncés. En effet, la **représentation du monde** que se construisent les individus doit, autant que possible, refléter correctement des faits qui se produisent dans le monde : cette représentation du monde – et, *ipso facto*, les énoncés qui la traduisent – doit donc être **évaluable en termes de vérité ou de fausseté**. Or, la **forme logique** de l'énoncé, obtenue au terme de la première interprétation, **linguistique** et codique, n'est généralement pas susceptible d'être évaluée en termes de vérité ou de fausseté.

EXEMPLE

Ce nouveau café a beaucoup de succès.
Pour juger de la vérité ou de la fausseté de cet énoncé, il faut savoir si ce nouveau café connaît oui ou non beaucoup de succès. Mais quel café ? S'agit-il de café moulu, de la boisson chaude appelée café, d'un débit de boissons ?

Pour pouvoir poser une évaluation en termes de vérité ou de fausseté, il faut appliquer à la forme logique **une première série de processus pragmatiques d'enrichissement de l'énoncé** : les **explicitations**.

4.3 *Les explicitations de l'énoncé*

Les **explicitations**, comme l'**interprétation linguistique**, ont trait à **ce qui est dit ou manifesté dans l'énoncé**.

4.3.1 L'explicitation du premier ordre

L'**explicitation du premier ordre** se réalise par l'enrichissement de la forme logique de l'énoncé grâce à des processus pragmatiques de **désambiguïsation lexicale, syntaxique et pragmatique (ou référentielle)** : l'énoncé est rendu plus explicite par l'exploitation d'éléments qui y apparaissent de façon manifeste. L'explicitation du premier ordre permet ainsi d'accéder à la **proposition** (le terme est emprunté à la philosophie analytique) ou **forme propositionnelle**, à savoir à l'**interprétation de ce que dit l'énoncé** : la proposition exprimée par l'énoncé **représente la pensée dont le locuteur veut faire état** (cf. *infra* sous 4.3.2.2). Lorsque l'énoncé est assertif, la proposition est susceptible d'être évaluée en termes de vérité ou de fausseté : elle est **vériconditionnelle**.

EXEMPLE

Je ne resterai pas longtemps.
Forme logique : « Le locuteur ne restera pas longtemps. »
Forme propositionnelle : « Olivier ne restera pas longtemps » (attribution par désambiguïsation pragmatique – cf. *infra* sous 4.3.1.3 – d'un référent à *je*).

4.3.1.1 La désambiguïsation lexicale

La désambiguïsation lexicale consiste à attribuer à certains **termes polysémiques** le sens choisi par le locuteur dans la situation de communication.

EXEMPLES

*Voilà l'homme à **la fraise** !*
[fruit/appareil de dentiste/collerette/angiome/nez]

*Jérôme a posé **la paille** sur la table.*
[fourrage/chalumeau]

***Le loup** est gris.*
[animal/masque]

*Je traduis un ouvrage consacré à **la restauration/Restauration**.*
[restauration d'objets d'art/gastronomie/période historique]

*Je **suis** quelqu'un d'expérimenté.*
[être/suivre]

*Kinder Bueno. C'est **bon** pour eux* [= les enfants]. *Et pour eux, c'est drôlement **bon**.* (publicité télévisée pour une barre chocolatée, novembre 2000)
[bon pour la santé/agréable de goût]

*Un savant compromis a été **arrêté** à la frontière.*
[mis en état d'arrestation/décidé]

4.3.1.2 La désambiguïsation syntaxique

Il arrive que la seule morphologie d'un terme ne permette pas de décider s'il s'agit d'un substantif ou d'un adjectif, d'un substantif ou d'un verbe, etc. L'explicitation du premier ordre permet de lever ces ambiguïtés syntaxiques.

EXEMPLES

*La **petite brise la glace**.*
[*petite* = substantif, *brise* = verbe, *glace* = substantif/*petite* = adjectif, *brise* = substantif, *glace* = verbe]

Le ***pilote ferme la porte****./Le* ***vieux singe*** *le* ***masque****./Le* ***vieux garde*** *le* ***livre****./La* ***vieille ferme*** *le* ***voile****./…*

Un savant compromis *a été arrêté à la frontière.*
[*savant* = substantif, *compromis* = adjectif/*savant* = adjectif, *compromis* = substantif]

4.3.1.3 La désambiguïsation pragmatique ou référentielle

La désambiguïsation pragmatique (ou référentielle) de l'énoncé consiste à **attribuer** aux termes qui le requièrent **les référents adéquats**[4].

EXEMPLE

Guêpe dans le Cola : ***elle*** *meurt asphyxiée !* (une du quotidien *La dernière heure*, Bruxelles, 10 août 2001)
[*elle* représente la buveuse de limonade, et non la guêpe]

Il est fréquent que **la désambiguïsation pragmatique de certains énoncés exige le recours à des informations liées à la situation d'énonciation**, i. e. à des savoirs non linguistiques.

EXEMPLES

*Le professeur a rencontré l'étudiant parce qu'**il** était en retard.*
[*il* peut représenter le professeur ou l'étudiant]

*Le professeur a sermonné l'étudiant parce qu'**il** était en retard.*
[*il* représente vraisemblablement l'étudiant]

*Le professeur a sermonné l'étudiant parce qu'**il** était de mauvaise humeur.*
[*il* représente vraisemblablement le professeur]
On voit qu'il arrive que des phrases de structure syntaxique similaire donnent lieu à des énoncés qui, du point de vue de la détermination des référents, s'interprètent différemment.

*Le professeur a renvoyé l'étudiant parce qu'**il** affiche son anticonformisme.*
Selon la vision stéréotypée, c'est l'étudiant qui est anticonformiste. Mais il se peut fort bien que l'anticonformiste soit au contraire le professeur : il apparaît donc que les savoirs non linguistiques indispensables à la désambiguïsation de l'énoncé ne sont pas stables.

L'interprétation de certains termes appelés **déictiques** (les pronoms de première et deuxième personnes, certaines expressions de temps et de lieu) exige que soit connue la situation d'énonciation, qui seule permet d'utiliser les indications linguistiques donnant accès aux référents.

---

4. Dans la théorie de Ducrot, l'attribution des valeurs référentielles est prise en charge par le premier sous-composant rhétorique (cf. *infra* Ducrot, sous 5.2.1).

EXEMPLE

Je te téléphonerai demain.
Il faut pour désambiguïser cet énoncé connaître l'identité des interlocuteurs et le repère temporel d'actualité.

Dans l'interprétation des **expressions anaphoriques**, la détermination des référents se fait également grâce au recours à la situation d'énonciation, et notamment grâce aux énoncés précédents.

EXEMPLE

J'ai lu Splendeurs et misères des courtisanes. *C'est superbe !*
Sans le premier énoncé (*J'ai lu* Splendeurs et misères des courtisanes), il est impossible d'interpréter l'expression référentielle *ce* (*C'*), sauf si le locuteur montre à l'interlocuteur son exemplaire de *Splendeurs et misères des courtisanes*, c'est-à-dire s'il accompagne son énoncé (*C'est superbe !*) d'un **geste de démonstration** – ce qui souligne que le domaine d'application de la pragmatique ne se limite pas au seul langage verbal.

Une expression référentielle peut certes renvoyer à un référent unique : elle est alors employée en **usage référentiel**. Mais une expression référentielle peut aussi renvoyer à une série de référents : dans ce cas, elle est employée en **usage attributif**. La distinction entre les usages référentiel et attributif est une distinction pragmatique : elle ne peut en effet s'opérer sans le recours à la situation d'énonciation.

EXEMPLES

L'auteur de cet article est un homme de bon sens.
L'expression *l'auteur de cet article* peut, en usage référentiel, désigner le journaliste X…, mais elle peut aussi, en usage attributif, s'utiliser afin de désigner l'individu quel qu'il soit (et éventuellement inconnu), qui correspond à la description donnée (i. e. qui a écrit l'article en question).

Je cherche des chaussures noires à talons plats.
L'expression *des chaussures noires à talons plats* sera en usage attributif si le locuteur cherche à se procurer des chaussures correspondant à la description donnée (p. ex. s'il s'adresse à une vendeuse dans un magasin de chaussures), mais en usage référentiel s'il essaie de retrouver ses propres chaussures dans le vestiaire d'une salle de sport.

Enfin, certaines expressions jouissent d'une **autonomie référentielle**, c'est-à-dire qu'elles se suffisent à elles-mêmes pour être interprétées.

EXEMPLE

L'auteur du Discours de la méthode *est un grand philosophe.*
L'expression « l'auteur du *Discours de la méthode* » se suffit à elle-même pour être comprise comme l'équivalent de « René Descartes » (en tout cas pour les Occidentaux du XXIe siècle).

REMARQUES

1 Le mécanisme d'attribution des référents n'est évidemment pas infaillible : il se peut que l'un des intervenants se trompe. Ainsi, si le locuteur (ou l'interlocuteur) interprète l'expression « l'auteur du *Discours de la méthode* » en lui donnant la signification « Victor Hugo », il s'installe un **malentendu** qui devrait, en bonne logique, être rectifié dans la suite de la conversation. Cette possibilité d'erreur n'est pas propre à l'attribution des référents ; elle se retrouve aussi dans les autres mécanismes de désambiguïsation (lexicale et syntaxique) et est, du reste, susceptible d'affecter tout acte de communication.

2 C'est bien entendu le **principe de pertinence** qui régit les mécanismes de désambiguïsation, en imposant le choix de la solution la plus adéquate, compte tenu des informations d'ordre linguistique et extra-linguistique disponibles (cf. *supra* sous 3.1. l'analyse de l'énoncé *Céleste est spécialiste des pendules*).

4.3.2 L'explicitation d'ordre supérieur

L'**explicitation d'ordre supérieur** se réalise par la prise en compte de l'**attitude propositionnelle du locuteur**, c'est-à-dire de ses **états mentaux** et de ses **intentions** au moment où il parle, et du **but illocutionnaire** de l'énoncé : le locuteur peut asserter, ordonner, ou questionner.

EXEMPLE

Je ne resterai pas longtemps.
Forme logique : « Le locuteur ne restera pas longtemps. »
Forme propositionnelle : « Olivier ne restera pas longtemps. »
Explicitation d'ordre supérieur : assertion (négative).

4.3.2.1 La tripartition des actes de langage

Sperber et Wilson mettent en cause le statut privilégié des actes de langage et les classifications des actes de langage établies par leurs prédécesseurs (Gardiner, Austin, Searle). En effet, pour Sperber et Wilson, ces classifications montrent seulement que les actes de langage se répartissent en deux catégories. D'une part, **les actes de langage qui doivent être identifiés** et reconnus à la fois par le locuteur et par l'interlocuteur pour être accomplis : ce sont les **actes institutionnels** (le baptême, le mariage, la prestation de serment, la déclaration de guerre... – i. e. les performatifs d'Austin), et en tant que tels ils relèvent de l'étude des institutions ou de la sociologie, non de l'étude du langage. D'autre part, les **actes non institutionnels** (l'assertion, la suggestion, l'avertissement, la dénégation, la promesse, le pari, etc.) ou **actes de langage qui peuvent être accomplis sans que leur identification soit nécessaire**. C'est des actes de langage non institutionnels que doit rendre compte l'étude du langage.

EXEMPLE

Le cerisier sera en fleurs la semaine prochaine.
Selon la théorie classique des actes de langage, cet énoncé représente une prédiction, et il est donc indispensable que l'interlocuteur l'identifie comme tel (« Je prédis que le cerisier sera en fleurs la semaine prochaine ») pour le comprendre. Pour Sperber et Wilson, en revanche, il n'est absolument pas indispensable que l'interlocuteur identifie la prédiction : il suffit qu'il comprenne que l'énoncé du locuteur communique quelque chose à propos d'un événement futur.

Puisque la détermination du but illocutionnaire des actes de langage (non institutionnels) n'est pas indispensable, Sperber et Wilson estiment inutile d'en proposer des classifications complexes. C'est pourquoi la théorie de la pertinence se limite à une **tripartition des actes de langage** : l'**assertion** (« dire que »), l'**injonction** (« dire de »), et l'**interrogation** (« demander si »). Ces trois actes intéressent tout particulièrement la pragmatique car ils sont **universels** – alors que les actes institutionnels changent suivant les cultures et les langues et que, même, certains de ces actes n'existent pas dans certaines cultures (cf. *supra* Searle, sous 2.5.1).

EXEMPLES

Tu as allumé la télévision.	[assertion]
Allume la télévision !	[injonction]
As-tu allumé la télévision ?	[interrogation]

La tripartition de Sperber et Wilson peut rappeler les classifications des philosophes du langage ; cependant, contrairement à eux, **Sperber et Wilson refusent la correspondance entre la forme syntaxique de la phrase et l'acte accompli**.

EXEMPLES

Le train part à seize heures trente-deux.
Tu pars ce soir.
Contrairement au premier énoncé, le second tient davantage de l'injonction que de l'assertion.

Quel film veux-tu voir ?
Quel inconscient prendrait le volant par ce temps ?
Contrairement au premier énoncé, le second est une question rhétorique et non une véritable interrogation.

Vas-y, dépasse-le !
Vas-y, marche-moi sur les pieds !
Contrairement au premier énoncé, le second, de par son caractère ironique, peut difficilement être considéré comme une injonction.

4.3.2.2 Actes de langage et véríconditionnalité

Dans la théorie de la pertinence, le langage, en tant que système cognitif, vise à permettre aux individus de collecter et d'échanger des informations en vue de se construire **la représentation du monde la plus vraie possible**. C'est pourquoi l'analyse des actes de langage ne saurait faire l'économie de la composante véríconditionnelle.

Selon Sperber et Wilson, **tout énoncé correspond à l'expression d'une pensée du locuteur**. **Asserter** revient à communiquer que la **pensée** exprimée est conçue par le locuteur comme la **description d'un état de choses réel** (*Tu as allumé la télévision*). **Ordonner** revient à communiquer que la **pensée** exprimée est conçue par le locuteur comme la **description d'un état de choses désiré** (*Allume la télévision !*). **Questionner** en réclamant une réponse en *oui/non* revient à communiquer que le locuteur estime que **la pensée exprimée serait pertinente si elle était vraie** (*As-tu allumé la télévision ?*) ; questionner en réclamant une réponse ouverte revient à communiquer que le locuteur estime qu'**il existe une certaine façon de compléter la pensée exprimée qui la rendrait pertinente si elle était vraie** (*Pourquoi as-tu allumé la télévision ?*).

De ces trois actes de langage, **seule l'assertion** est susceptible d'être **évaluée en termes de vérité ou de fausseté**. Pour Sperber et Wilson, le locuteur qui asserte s'engage donc sur le plan de la véríconditionnalité (on retrouve ici la règle de sincérité de Searle et la maxime de qualité de Grice – cf. *supra* Searle, sous 2.3, et Grice, sous 3.3). Toutefois, **cet engagement ne porte pas sur la vérité de la proposition** exprimée : **il porte sur la vérité de la *pensée* que représente cette proposition. Le locuteur qui asserte communique que la pensée représentée par la proposition exprimée par l'énoncé correspond selon lui à la description d'un état de choses réel**. Asserter, c'est donc pour le locuteur présenter une croyance qu'il entretient comme vraie (« Je crois que tu as allumé la télévision »). Cette description permet de rendre compte de la faillibilité des croyances humaines : il arrive en effet que le locuteur se trompe de bonne foi, et s'engage donc à tort sur la vérité d'une croyance (en énonçant p. ex. *La baleine est un poisson*).

REMARQUE

Sperber et Wilson considèrent que le locuteur ne s'engage pas non plus sur la vérité de l'explicitation d'ordre supérieur, c'est-à-dire sur la vérité de son attitude propositionnelle. Ce postulat, et la distinction entre explicitation du premier ordre et explicitation d'ordre supérieur, permettent d'analyser certains énoncés qui paraissent bizarres, comme p. ex. *Le cerisier est en fleurs et je ne crois pas que le cerisier est en fleurs*. L'hypothèse de Sperber et Wilson est qu'il faut analyser les deux parties de l'énoncé en fonction des explicitations qui les caractérisent. La première partie, *Le cerisier est en fleurs*, a pour explicitation du premier ordre (forme propositionnelle) « Le cerisier est en fleurs » ; la seconde partie, *je ne crois pas que le cerisier est en fleurs,* a pour explicitation du premier ordre « X... ne croit pas que le cerisier est en fleurs ». Ces deux formes propositionnelles ne sont pas contradictoires (il peut en effet très bien se faire que le cerisier soit en fleurs *et* que le locuteur X... ne croie pas que le cerisier est en fleurs). Mais la première partie de l'énoncé, *Le cerisier est en fleurs,* a aussi pour explicitation d'ordre supérieur (c'est-à-dire pour attitude propositionnelle du locuteur) « X... asserte que le cerisier est en fleurs », i. e. « X... croit que le cerisier est en fleurs ». Le locuteur ne s'engageant pas sur la vérité de son attitude propositionnelle, l'énoncé *Le cerisier est en fleurs et je ne crois pas que le cerisier est en fleurs* n'est pas contradictoire ; cependant, il est perçu comme bizarre de par la divergence entre l'explicitation du premier ordre de la seconde partie et l'explicitation d'ordre supérieur de la première partie.

Après les explicitations entre en jeu **une seconde série de processus pragmatiques d'enrichissement de l'énoncé : les implicitations**.

4.4 *Les prémisses implicitées ou implicitations de l'énoncé*

4.4.1 Les **prémisses implicitées ou implicitations** de l'énoncé appartiennent, comme les explicitations, au domaine de la **pragmatique**. Mais à l'inverse des explicitations, les implicitations ne relèvent plus de ce qui est dit ou manifesté par l'énoncé, mais de **ce qui est communiqué par l'énoncé** : les prémisses correspondent en effet à **l'ensemble des hypothèses qu'il est nécessaire de poser pour obtenir de l'énoncé une interprétation cohérente et pertinente**.

Dans un premier temps, les concepts livrés par la forme logique et la forme propositionnelle de l'énoncé donnent accès à des **informations**, lesquelles forment certaines des prémisses qui vont ensuite servir de base aux processus inférentiels d'interprétation de l'énoncé : ces **premières prémisses** renvoient aux **connaissances encyclopédiques**, c'est-à-dire à l'ensemble des connaissances dont un individu dispose sur le monde. Lorsqu'une connaissance est commune à un grand nombre d'individus, elle est appelée **savoir partagé général** ; si en revanche elle n'est commune qu'à quelques individus, elle est appelée **savoir partagé particulier**.

EXEMPLES

– *Tu veux un whisky ?*
– *L'alcool est mauvais pour la santé.*

La réponse du deuxième locuteur livre comme information le concept « alcool », qui donne accès à la prémisse implicitée « Le whisky est un alcool » (savoir partagé général).

Daniel : – *Tu veux boire une tisane ?*
Françoise : – *Non, je n'aime pas la camomille.*

On peut imaginer une situation où Françoise sait que Daniel n'a chez lui que de la tisane à la camomille ; dans ce cas, la réponse de Françoise a pour prémisse implicitée : « Daniel me propose une tisane à la camomille » (savoir partagé particulier).

À ces premières prémisses viennent s'ajouter des **prémisses supplémentaires**, constituées par des données tirées de la **situation de communication**, de l'interprétation des **énoncés précédents**, ou encore constituées par l'**énonciation** elle-même (i. e. par le fait que le locuteur ait choisi de produire tel énoncé dans telles circonstances). Bien entendu, les **connaissances encyclopédiques** peuvent elles aussi servir de prémisses supplémentaires.

EXEMPLES

Daniel : – Tu veux un whisky ?
Françoise : – Attention, Jacques pourrait t'entendre !
La réponse du deuxième locuteur a pour prémisse implicitée « Il faut éviter que Jacques sache que Daniel et/ou Françoise pourrai(en)t boire du whisky », ou « Il faut éviter que Jacques entende parler de whisky (et soit tenté d'en boire) », etc., et cette prémisse n'est disponible que vu la situation de communication (i. e. la présence de Jacques à proximité de Daniel et de Françoise, et la possibilité qu'ont ces derniers d'avoir connaissance de cette présence).

La retransmission du match de rugby va commencer. Gary, on sort se promener ?
S'il a été dit précédemment que l'interlocuteur (Gary) déteste le rugby et n'en regarde jamais un match, cet énoncé a pour prémisse implicitée « Gary n'a pas l'intention de regarder le match de rugby », et cette prémisse est tirée d'un énoncé antérieur.

– *Je vais à la poste.*
– *Il est cinq heures vingt.*
Dans ce cas, la situation de communication, les connaissances encyclopédiques et l'interprétation des énoncés précédents ne sont d'aucune aide au premier locuteur : il n'y a apparemment pas de lien entre « aller à la poste » et « il est cinq heures vingt ».
Puisque les seules informations dont il dispose lui viennent de l'énoncé, le premier locuteur est alors obligé d'utiliser l'énonciation du deuxième locuteur comme prémisse supplémentaire : « Mon interlocuteur a choisi de produire l'énoncé *Il est cinq heures vingt* en réaction à mon assertion ». Puis, le premier locuteur doit recourir à ses connaissances encyclopédiques pour accéder à la prémisse « Certains bureaux de poste ferment avant cinq heures vingt » (savoir partagé général). Ces deux prémisses supplémentaires lui permettent alors d'en impliciter une troisième, celle qui lui manquait pour construire son raisonnement : « Mon bureau de poste ferme avant cinq heures vingt ».

Ces **prémisses supplémentaires** composent ce que Sperber et Wilson appellent le **contexte** de l'énoncé. Chaque individu a son propre **environnement cognitif**, constitué par l'ensemble des faits qui lui sont manifestes (i. e. l'ensemble de ce qu'il sait et de ce qu'il peut savoir, l'ensemble des informations auxquelles il a accès et de celles auxquelles il peut avoir accès). **Le contexte d'un énoncé est composé d'une partie de cet environnement cognitif**, saisi à un moment donné (celui de l'énonciation). L'interlocuteur confronté à l'interprétation de l'énoncé doit, parmi la foule d'informations dont il dispose lui-même (i. e. dans son propre environnement cognitif), sélectionner celles dont il besoin.

Cette définition du contexte a un premier corollaire : le contexte est **une variable** et non une constante, puisqu'il est **construit pour chaque nouvel énoncé et ne contient que les informations nécessaires à une interprétation cohérente de cet énoncé**. C'est bien entendu le **principe de pertinence** qui sert à **borner le contexte** : ne sont retenues que les informations qui ont le plus de chance de produire un **effet suffisant** pour un effort raisonnable, qui sont susceptibles de produire un **effet important**, ou qui sont **les plus accessibles**.

Un second corollaire est que la communication se fait bien entendu d'autant plus facilement que les interlocuteurs partagent le même environnement cognitif : ils peuvent alors, pour la construction du contexte, recourir à des éléments identiques. Cet **environnement cognitif mutuel** déclenche le **principe de manifesteté mutuelle**, c'est-à-dire le recours à ce qui, dans la situation de communication, est manifeste aux deux intervenants.

EXEMPLES

C'est parce qu'elle permet l'exploitation d'un environnement cognitif mutuel que la communication *in praesentia* est souvent la plus aisée. Ainsi, il est possible de parler au téléphone pendant plusieurs minutes avec « Patrick » sans avoir identifié cet interlocuteur (Patrick X… ? Patrick Y… ?), ou en le confondant avec un autre : la conversation téléphonique crée en effet une situation de communication où il n'est pas possible de recourir à un environnement cognitif commun. Par contre, rencontrer Patrick dans la rue permet en général de le reconnaître immédiatement – ou, en tout cas, moins difficilement et plus vite.

On sait aussi qu'il est parfois difficile de communiquer, même *in praesentia* et en parlant la même langue, avec un interlocuteur qui appartient à une autre culture et ne dispose donc pas forcément des mêmes références et connaissances encyclopédiques. Ainsi, le fonctionnement des **énoncés à caractère humoristique** exige souvent le recours à des connaissances encyclopédiques partagées :

– *Qui est la compagne d'un canard aveugle ?*

– *Une cane blanche.*

Dans cet échange, il y a jeu sur la désambiguïsation lexicale (*cane/canne*) et appel à un environnement cognitif mutuel : association (du moins dans les cultures occidentales), de la non-voyance avec la canne blanche.

La **désambiguïsation** (cf. *supra* sous 4.3.1.1, 4.3.1.2 et 4.3.1.3) montre également l'importance des informations qui relèvent de l'environnement cognitif mutuel, et la théorie de Sperber et Wilson présente de ce point de vue l'intérêt de traiter de façon équivalente, dans la construction du contexte, **les informations linguistiques et les informations extra-linguistiques** constituant l'environnement cognitif mutuel.

4.4.2 Comme celui de Grice (cf. *supra* Grice, sous 3.5), le **système d'inférence** proposé par Sperber et Wilson est **non démonstratif** : il garantit la dépendance entre la vérité ou la fausseté des prémisses et la vérité ou la fausseté de la conclusion[5], à savoir que **la conclusion n'aura pas un degré de vérité inférieur à celui des prémisses**, mais il ne garantit pas la vérité des prémisses – ni donc celle de la conclusion. En effet, l'interlocuteur qui cherche à interpréter un énoncé doit former des hypothèses quant à l'intention informative du locuteur (cf. *supra* sous 4.4.1) : de telles hypothèses sont par définition incertaines ; elles peuvent se voir confirmées, mais pas démontrées.

De plus, les prémisses (i. e. les hypothèses formées par l'interlocuteur) relèvent en général du domaine de la **croyance** et non de celui de la **connaissance** ; or, si le contenu d'une connaissance est obligatoirement vrai, la croyance humaine est faillible et son contenu peut donc être faux.

EXEMPLE

Alain a horreur des romans de cape et d'épée.
Si l'interlocuteur interprète cet énoncé en prenant pour prémisse « Balzac est un auteur de romans de cape et d'épée », il conclura – erronément – qu'Alain n'apprécie pas Balzac, et renoncera sans doute à lui offrir *Splendeurs et misères des courtisanes*, qui lui aurait peut-être fort plu[6].

Par ailleurs, il peut arriver qu'une **prémisse**, sans être fausse, soit **inadéquate**, et la communication débouche alors sur **l'incompréhension ou le malentendu** :

EXEMPLE

– *La télévision m'endort.*
– *Alors je l'éteins.*
Dans ce cas, le malentendu peut venir de ce que le second locuteur (qui, p. ex., prive de télévision l'autre qui désire s'endormir) implicite une prémisse

5. Pour Ducrot, les présupposés correspondent à certaines des prémisses implicitées nécessaires à l'interprétation de l'énoncé. Cependant, il est pour lui impossible d'attribuer une valeur de vérité à un énoncé dont le présupposé est faux : un tel énoncé ne peut être dit ni vrai ni faux (cf. *infra* Ducrot, sous 3.1 et sous 3.3.4, remarque 2).

6. La fausseté de la prémisse n'empêche évidemment pas Alain de ne pas aimer les romans de Balzac plus que les romans de cape et d'épée, mais c'est alors par pur hasard, et non à la suite d'un raisonnement inférentiel réussi, qu'un cadeau mal choisi lui aura été épargné.

(« X… ne veut pas dormir ») autre que celle à laquelle le premier locuteur a recouru (« Je désire dormir »).

REMARQUES

1 Le contenu d'une croyance peut évidemment être vrai (cette croyance vraie est alors une connaissance), et cette véridicité ne dépend aucunement du degré de conviction avec lequel le locuteur entretient cette croyance. La véridicité d'une information ne dépend donc pas du degré de conviction avec lequel le locuteur entretient la croyance qui y est liée :

France est chez elle : la lumière est allumée dans le salon.

Il se peut que le locuteur sache que France n'allume le lampadaire du salon que lorsqu'elle est chez elle, et qu'en conséquence il entretienne la croyance que France est chez elle avec une conviction certaine ; mais il se peut aussi que le locuteur n'ait aucune idée de la probabilité qui lie effectivement la présence de lumière dans le salon et la présence de France chez elle, auquel cas il entretient la croyance que France est chez elle avec une conviction mitigée ; enfin, il est possible que le locuteur sache qu'il arrive souvent à France de sortir en laissant allumé le lampadaire du salon, et donc qu'il n'entretienne la croyance que France est chez elle qu'avec une conviction faible voire nulle.

Mais la présence ou l'absence de France au moment de l'énonciation (i. e. la véridicité ou la fausseté de l'information) ne sont en rien déterminées par le degré de conviction du locuteur.

2 La véridicité d'une information ne dépend pas non plus du fait que d'autres individus partagent ou non la croyance du locuteur, ni du fait que le locuteur sache ou non (ou apprenne un jour ou non) que sa croyance est vraie ou non, ni du fait même que cette information corresponde à une croyance du locuteur.

France est chez elle : la lumière est allumée dans le salon.

Le locuteur peut être seul ou non à croire que France est chez elle, il peut savoir ou apprendre ultérieurement que France était chez elle ou non : rien de cela ne conditionne la véridicité de l'information (i. e. la présence de France chez elle au moment de l'énonciation).

Et si France est effectivement chez elle au moment de l'énonciation, que le locuteur entretienne ou non cette croyance ne change rien non plus à la véridicité de la situation.

4.5 *Les conclusions implicitées ou implications contextuelles de l'énoncé*

Une fois l'énoncé enrichi par les explicitations, et une fois posées les prémisses implicitées liées au processus inférentiel d'interprétation, il est possible d'**inférer**, c'est-à-dire de **passer des prémisses à la conclusion**. Après l'interprétation linguistique (cf. *supra* sous 4.2), l'énoncé subit une **seconde interprétation, pragmatique et inférentielle** : ce raisonnement déductif amène à la **conclusion implicitée** ou **implication contextuelle**. La conclusion implicitée consiste en l'acquisition d'une nouvelle information tirée de l'interprétation de l'énoncé face au contexte, et ne pourrait donc être tirée ni du seul énoncé, ni du seul contexte.

L'interprétation pragmatique d'un énoncé peut naturellement déboucher sur **plusieurs conclusions implicitées** ou implications contextuelles : la conclusion implicitée n'est pas complètement déterminée.

EXEMPLE

– *Tu veux une mousse au chocolat ?*
– *Non, je ne veux pas de dessert.*

La réponse du deuxième locuteur a pour première explicitation « Le locuteur ne veut pas de dessert », pour explicitation d'ordre supérieur « Le locuteur croit qu'il ne veut pas de dessert », pour prémisse implicitée « Une mousse au chocolat est un dessert », et pour conclusion implicitée « Le locuteur ne veut pas de mousse au chocolat ».

Mais le deuxième locuteur aurait pu répondre tout simplement :

– *Je ne veux pas de mousse au chocolat.*

S'il a choisi sa première réponse, c'est parce qu'il voulait **communiquer plus** que *Je ne veux pas de mousse au chocolat*. En effet, *Je ne veux pas de dessert* a certes pour prémisse implicitée « Une mousse au chocolat est un dessert », mais aussi « Une tarte aux pommes est un dessert », « Une crème brûlée est un dessert », etc. Ce sont en fait ces prémisses secondes qui justifient la réponse du deuxième locuteur, même s'il les communique avec moins de force que la première (celle relative à la mousse au chocolat) : le deuxième locuteur a voulu élargir la portée de sa réponse, et a pour ce faire choisi l'énoncé le plus pertinent.

La théorie de Sperber et Wilson est une théorie vériconditionnelle. Le locuteur, en formulant l'énoncé, communique que la pensée représentée par la proposition exprimée par cet énoncé est entretenue par lui comme la description d'un état de choses réel (cf. *supra* sous 4.3.2.2). Cela signifie *ipso facto* que **le locuteur s'engage sur la vérité des conclusions implicitées** inférées de la proposition : ce sont ces conclusions qui fournissent à l'interlocuteur les nouvelles informations dont il a besoin pour compléter et améliorer sa représentation du monde[7].

7. En pragmatique intégrée, c'est le sous-entendu qui correspond à la conclusion implicitée. Son interprétation relève toutefois de la responsabilité de l'interlocuteur (cf. *infra* Ducrot, sous 3.2 et sous 3.3.4, remarque 2).

4.6 *Conclusion*

4.6.1 L'interprétation de l'énoncé est complète lorsque les processus pragmatiques ont enrichi la forme logique de l'énoncé au niveau de ses explicitations en la désambiguïsant (lexique, syntaxe, référents) et en déterminant l'attitude propositionnelle du locuteur, puis ont permis d'interpréter la forme propositionnelle grâce à ses implicitations (construction du contexte grâce aux prémisses : connaissances encyclopédiques, situation de communication, énoncés précédents, énonciation elle-même), pour aboutir enfin à la conclusion implicitée ou implication contextuelle.

Pour Sperber et Wilson, la pragmatique est donc d'application non seulement au niveau de ce qui est communiqué (les implicitations), mais aussi au niveau de ce qui est dit ou est manifesté (les explicitations) : l'enrichissement de la forme logique de l'énoncé est la plupart du temps contextuellement dépendant. **Explicitations et implicitations relèvent donc toutes deux du processus d'interprétation pragmatique** – opinion qui contredit celle de Grice, pour qui la frontière entre processus linguistiques et processus pragmatiques correspond strictement à la frontière entre ce qui est dit et ce qui est communiqué (cf. *supra* Grice, sous 3.1).

4.6.2 Par ailleurs, le modèle de Sperber et Wilson offre l'avantage de rendre compte non seulement des cas de réussite de la communication, mais aussi des **cas d'échec de la communication**. L'échec peut être imputable à plusieurs causes.

4.6.2.1 En termes de véríconditionnalité, l'engagement du locuteur ne porte pas sur la vérité de la proposition exprimée par l'énoncé, mais bien sur la vérité de la pensée que cette proposition représente. Or il arrive que **le locuteur livre de bonne foi une information fausse** : il y a alors **erreur** ou **malentendu**.

EXEMPLES

Il est cinq heures vingt.
[si la montre du locuteur est arrêtée et qu'il est en fait sept heures dix]

Le soleil tourne autour de la terre.
[opinion communément admise au Moyen Âge]

France est chez elle : la lumière est allumée dans le salon.
[dans le cas où le locuteur croit sincèrement que France est chez elle alors qu'elle est sortie]

4.6.2.2 Inversement, il peut se faire que **l'interlocuteur fonde son raisonnement par inférence sur une prémisse fausse ou inadéquate** (cf. *supra* sous 4.4.2) : dans ce cas, il y a bien sûr également **erreur** ou **malentendu**.

EXEMPLES

Alain a horreur des romans de cape et d'épée.
[interprété en prenant pour prémisse « Balzac est un auteur de roman de cape et d'épée »]

L'auteur du Discours de la méthode *est un grand philosophe.*
[interprété en prenant pour prémisse « Victor Hugo est l'auteur du *Discours de la méthode* »]

– *La télévision m'endort.*
– *Alors je l'éteins.*
[interprété en prenant pour prémisse « X… ne veut pas dormir », alors que la prémisse adéquate serait « X… désire dormir »]

4.6.2.3 Le locuteur peut aussi **produire involontairement un énoncé ambigu** (du point de vue lexical, syntaxique ou référentiel).

EXEMPLE

– *Je traduis un ouvrage sur la restauration. (ambiguïté lexicale)*
– *Ah bon ? Pour ma part, je n'ai aucune connaisance en matière de gastronomie.*
– *Mais non, le livre traite de la restauration de tableaux anciens.*

4.6.2.4 Le locuteur peut encore **produire délibérément un énoncé ambigu** dans le but de dérouter l'interlocuteur.

EXEMPLES

– *Achète-moi deux chemises. (ambiguïté lexicale)*
– *Quelle est ta taille ?*
– *Mais non, idiot : des chemises de carton, pour classer mes papiers !*

Luc bavardait avec Serge. Il a dit qu'il te trouve idiot.
[impossibilité pour l'interlocuteur de déterminer l'identité de « il » : ambiguïté référentielle]

4.6.2.5 Enfin, **le locuteur peut également mentir**. Pour ce faire, il peut tricher au niveau de l'**évaluation en termes de vérité ou de fausseté de la forme propositionnelle** de l'énoncé, au niveau de l'**explicitation d'ordre supérieur** (puisqu'il ne s'engage pas sur la vérité de son attitude propositionnelle – cf. *supra* sous 4.3.2.2, remarque), ou au niveau des **prémisses** (p. ex. dans le choix des connaissances encyclopédiques de référence).

EXEMPLES

Cette nappe verte convient parfaitement à la table.
[la nappe est en réalité rouge]
Pour que soit évaluable la valeur de vérité de la proposition exprimée par cet énoncé, il est indispensable de se référer à la situation de communication. Si

l'interlocuteur est daltonien, **le locuteur recourt délibérément à un élément de la situation de communication dont ne dispose pas cet interlocuteur** dans le but de lui communiquer une information faussée.

Il est cinq heures vingt.
[si la montre du locuteur fonctionne parfaitement et indique sept heures dix]

Je suis malade.
[s'il s'agit d'un prétexte pour ne pas aller travailler]
Monsieur le Directeur est en réunion.
[si la secrétaire qui éconduit un visiteur indésirable sait parfaitement que son patron n'est pas en réunion]
Dans ces trois cas, **le locuteur** triche au niveau de l'explicitation d'ordre supérieur : il **présente comme une assertion** (i. e. un énoncé qui exprime une proposition représentant une pensée sur la vérité de laquelle il s'engage) **une information qu'il sait être fausse**.

France est chez elle : la lumière est allumée dans le salon.
Si **le locuteur** sait que France est sortie en laissant la lumière allumée, il **utilise comme prémisse une croyance nulle** en vue de tromper l'interlocuteur.

– *Comment dit-on « délicieux » en anglais ?*
– *« Nasty »*. [= dégoûtant]
Si le deuxième locuteur seul connaît l'anglais, **il recourt à des connaissances encyclopédiques dont ne dispose pas son interlocuteur**, *et qui lui permettent de tromper ce dernier.*

5 Le discours non littéral

Dès qu'**un énoncé présente une part d'implicite** (i. e. dès qu'il faut recourir aux implicitations pour l'interpréter de manière satisfaisante), il relève du discours **non littéral**. Cela signifie que la conception de Sperber et Wilson diffère radicalement de la tradition linguistique, héritière de la rhétorique classique, et aussi des théories de Searle et de Grice. En effet, ces derniers considèrent que le sens implicite est dérivé du sens littéral et d'autres informations (les informations d'arrière-plan chez Searle, le contexte chez Grice) associées à des règles pragmatiques (les règles constitutives de l'acte illocutionnaire chez Searle, les maximes conversationnelles chez Grice), et que le discours littéral constitue l'état normal de la communication, tandis que le discours non littéral (figures, actes de langage indirects, discours de fiction, etc.) est un usage marqué, marginalisé. Sperber et Wilson estiment au rebours que **le discours non littéral est extrêmement fréquent, voire préféré** par les locuteurs, et que **c'est plutôt le discours littéral l'usage marqué**.

Si l'on se réfère au principe de la tripartition des actes de langage, **le discours non littéral relève généralement de l'assertion**, c'est-à-dire d'un acte susceptible d'être évalué en termes de vérité ou de fausseté. Cependant, le locuteur d'une assertion ne s'engage pas sur la vérité de la proposition exprimée, mais sur la vérité de la pensée que représente cette proposition et, *ipso facto*, sur la vérité des conclusions ou implications contextuelles inférées de cette proposition (cf. *supra* sous 4.3.2.2 et 4.5).

Ce **distinguo entre vérité de la pensée représentée et vérité de la proposition exprimée par l'énoncé** est essentiel dans la théorie de la pertinence ; en effet, **dans le cas du discours littéral, pensée et proposition sont identiques** ; **dans le cas du discours non littéral, non**. Ainsi, selon Sperber et Wilson, **littéralité et non-littéralité ne se définissent pas dans l'absolu, mais relativement à la pensée que le locuteur veut communiquer**, et sont fonction du degré de **ressemblance** plus ou moins grand entre cette **pensée** et l'**énoncé** qui exprime la proposition qui la représente. Lorsqu'ils sont confrontés à un **même contexte**, pensée et énoncé font l'objet d'un processus inférentiel d'interprétation et suscitent donc une série de déductions, les **implications contextuelles**.

Si l'ensemble des implications contextuelles relatives à la pensée et l'ensemble des implications contextuelles relatives à l'énoncé sont identiques, l'énoncé est une **représentation littérale** de la pensée.

EXEMPLE

Le surveillant d'un examen écrit s'achevant à midi peut, à ce moment, exprimer sa pensée « Il est temps de rendre vos copies » en produisant un énoncé littéral :
Il est temps de rendre vos copies.
[pensée et proposition sont identiques]

Si l'ensemble des implications contextuelles relatives à la pensée et l'ensemble des implications contextuelles relatives à l'énoncé ne sont pas identiques mais présentent une intersection non nulle, l'énoncé est une **représentation non littérale** de la pensée[8].

EXEMPLES

Le même surveillant peut exprimer sa pensée « Il est temps de rendre vos copies » en produisant des énoncés non littéraux :
J'aimerais que vous rendiez vos copies.
[pensée et proposition présentent de nombreux points communs mais ne sont pas identiques]
Vous songez à rendre vos copies ?
[pensée et proposition présentent certains points communs]
Il est midi.
[pensée et proposition présentent quelques points communs]
Les meilleures choses ont une fin.
[pensée et proposition présentent de rares points communs]

8. En pragmatique intégrée, le passage au discours non littéral se fait par le biais du sous-entendu (cf. *infra* Ducrot, sous 3.2, remarque 2 et sous 5.2.2).

Si l'ensemble des implications contextuelles relatives à la pensée et l'ensemble des implications contextuelles relatives à l'énoncé ont une intersection nulle, alors l'énoncé n'est **pas une représentation** de la pensée.

EXEMPLE

Tiens, il ne pleut plus.
Cet énoncé ne représente pas la pensée « Il est temps de rendre vos copies » : pensée et proposition ne présentent aucun point commun.

Pour qu'un énoncé soit la représentation non littérale d'une pensée, il suffit donc qu'outre leurs implications contextuelles communes, on puisse trouver au moins une implication contextuelle relative à l'énoncé qui ne s'applique pas à la pensée (p. ex. *Il est midi* est, dans la situation décrite ci-dessus, la représentation non littérale de la pensée « Il est temps de rendre vos copies » ; en effet, outre les implications contextuelles communes à cet énoncé et à la pensée qu'il représente, il est possible d'en trouver qui s'appliquent à l'énoncé mais pas à la pensée : « J'ai faim », « Il est temps de partir »...). Inversement, il suffit de trouver une implication contextuelle commune à un énoncé et à une pensée pour que cet énoncé soit une représentation non littérale de ladite pensée (p. ex. « C'est l'heure de la fin de l'examen » est une implication commune à l'énoncé *Les meilleures choses ont une fin* et à la pensée « Il est temps de rendre vos copies »). **L'interlocuteur** confronté à l'interprétation d'un énoncé non littéral doit donc **récupérer au moins une implication contextuelle vraie**, afin d'enrichir sa représentation du monde d'une information véridique.

EXEMPLE

La voiture de Serge est une poubelle. (métaphore)
La proposition exprimée par cet énoncé est manifestement fausse ; cependant, l'interlocuteur peut en tirer des implications contextuelles vraies (« La voiture de Serge est sale et délabrée », « Serge ferait bien de laver et d'entretenir sa voiture », « La voiture de Serge est un véhicule délabré et dangereux », etc.) qui suffisent à rendre l'énoncé pertinent.

Dans le modèle de Sperber et Wilson, **littéralité et non-littéralité ont donc des degrés** : la non-littéralité commence dès que l'énoncé présente, face au contexte, ne serait-ce qu'une implication contextuelle que n'a pas la pensée qu'il exprime, tandis que, la littéralité commence dès que l'énoncé présente, face au contexte, ne serait-ce qu'une implication contextuelle commune avec la pensée qu'il exprime. Cela signifie qu'**il n'y a pas entre littéralité et non-littéralité de frontière stricte** : il s'agit plutôt d'un **continuum** allant de la littéralité totale (communauté de toutes les implications contextuelles de la pensée et de l'énoncé) à la non-littéralité la plus élevée (communauté d'une implication contextuelle unique)[9].

9. Un tel continuum résout le problème de la catégorisation des implicitations chez Grice (cf. *supra* Grice, sous 3.2 remarque 2 et sous 3.6).

De ce point de vue, **la littéralité ou la non-littéralité** n'est pas une propriété de la phrase (i. e. une propriété linguistique), mais **une propriété de l'énoncé**, c'est-à-dire une propriété **pragmatique**. C'est ce qui explique qu'une même phrase puisse, selon les contextes, donner lieu à un énoncé littéral ou à un énoncé non littéral.

EXEMPLE

Je vous remercie pour votre amabilité.
Si la caissière du supermarché vient de se montrer aimable et patiente avec le locuteur, l'énoncé est littéral.
Si la caissière du supermarché vient au contraire de se montrer désagréable et grossière, l'énoncé est non littéral et il s'agit d'un discours ironique (usage figuratif – cf. *infra* sous 5.3).

Envisager littéralité et non-littéralité non plus comme deux catégories distinctes mais en les situant sur un continuum a pour conséquence que **le processus d'interprétation n'est pas différent pour les énoncés littéraux et pour les énoncés non littéraux**.

Le **discours non littéral** s'incarne principalement en **quatre modèles** : les **actes de langage indirects** (cf. *infra* sous 5.1), le **discours approximatif** (cf. *infra* sous 5.2), le **discours figuratif** (les figures de rhétorique – cf. *infra* sous 5.3) et le **discours de fiction** (cf. *infra* sous 5.4). Le locuteur qui opte pour l'un de ces discours au lieu de recourir au discours littéral le fait bien entendu **en vertu du principe de pertinence**.

5.1 *Les actes de langage indirects*

Le locuteur qui exprime sa pensée de façon indirecte (cf. *supra* Searle, sous 2.5.5 et Grice, sous 3.2.2) produit **un énoncé qui exprime une proposition voisine de celle qui représente la pensée qu'il veut communiquer, mais qui offre suffisamment de ressemblance avec cette pensée pour avoir avec elle au moins une implication contextuelle commune**. Le locuteur opte pour l'indirection parce que c'est le moyen le plus adéquat pour transmettre à l'interlocuteur l'intégralité du message visé (selon les circonstances entrent en jeu la courtoisie, le souhait de convaincre l'interlocuteur, le désir de produire un énoncé « frappant », etc.). Le locuteur choisit donc la manière de s'exprimer la plus pertinente : l'effet cognitif souhaité est atteint sans demander d'effort important. Naturellement, **la paraphrase littérale est toujours possible** (la pensée aurait pu être exprimée telle quelle), mais elle est moins pertinente.

EXEMPLES

Peux/Veux-tu fermer la fenêtre ?
pensée = « Ferme la fenêtre. »

– *Ne te gare pas devant l'entrée des voisins.*
– *On est lundi.*
pensée (du deuxième locuteur) = « Le lundi on peut se garer devant l'entrée des voisins. »

Il fait froid ici.
pensée = « Ferme la fenêtre. »

– *Tu veux un whisky ?*
– *L'alcool me donne mal à la tête.*
pensée (du deuxième locuteur) = « Je ne veux pas de whisky. »

J'aimerais que tu me rendes mes clefs.
pensée = « Je te demande de me rendre mes clefs. »

J'aimerais que vous rendiez vos copies./Vous songez à rendre vos copies ?/Il est midi./Les meilleures choses ont une fin.
pensée = « Il est temps de rendre vos copies. »

5.2 *Le discours approximatif*

Sperber et Wilson estiment que de nombreux énoncés relèvent du discours approximatif : pour des raisons d'économie, **l'énoncé exprime une proposition inexacte**, mais **qui offre suffisamment d'implications contextuelles communes avec la pensée représentée** – qui, elle, est exacte – pour que son inexactitude ne pose pas de problème d'interprétation.

EXEMPLES

J'habite Paris.
pensée = « J'habite Montesson. »

Cette croisière m'a coûté deux mille cinq cents euros.
pensée = « Cette croisière m'a coûté deux mille quatre cent quatre-vingt-huit euros et soixante-deux centimes. »

Il est cinq heures vingt.
pensée = « Il est cinq heures dix-huit minutes et quarante-sept secondes. »

Je suis là ! [adressé à un interlocuteur qui attend au salon]
pensée = « Je suis dans la salle de bain mais j'arrive tout de suite. »

La théorie de Searle (cf. *supra* Searle, sous 2.5.4.2) contraint à considérer les énoncés de ce type comme mensongers (le locuteur enfreint sciemment la règle de sincérité). Sperber et Wilson estiment au contraire que, vu que le locuteur ne cherche manifestement pas à tromper l'interlocuteur mais s'efforce de lui permettre d'accéder à l'implication contextuelle visée, il ne ment pas : de fait, à l'issue du processus inférentiel d'interprétation, la représentation du monde de l'interlocuteur est enrichie d'un certain nombre d'informations vraies (et ce que l'interlocuteur sache ou non que le locuteur a recouru au discours approximatif). Un effet cognitif satisfaisant est donc atteint, pour un effort peu coûteux. Quant à la notion de vérité, il faut rappeler que le locuteur d'une assertion ne s'engage pas sur la vérité de la proposition exprimée par l'énoncé, mais sur la vérité de la pensée représentée par cette proposition, et donc sur la vérité des implications contextuelles qui peuvent en être inférées. La vérité de ces implications suffit à rendre l'énoncé approximatif pertinent.

Bien entendu, **la paraphrase littérale reste possible**, mais l'énoncé littéral est incontestablement moins pertinent (il produit un effet moindre et exige un effort d'interprétation plus grand). C'est donc parce qu'il est bien souvent le plus pertinent que le discours approximatif est extrêmement répandu.

REMARQUE

L'usage approximatif peut ne pas concerner l'énoncé dans son intégralité, mais s'appliquer à un seul mot. C'est ainsi que Sperber et Wilson rendent compte de l'emploi des termes dits « vagues ».

EXEMPLES

Paul ? C'est le grand ***chauve****.*
Il se peut fort bien que Paul ait encore quelques cheveux sur le crâne : dans ce cas, l'emploi du mot *chauve* relève de l'usage approximatif du terme, puisque *chauve* signifie littéralement « qui n'a plus un seul cheveu ».

Il m'a apporté un ***tas*** *de livres.*
Un *tas* signifie littéralement un monceau, un nombre important et impossible à préciser, mais s'emploie souvent pour évoquer un nombre aisément définissable (p. ex. « seize livres »).

Passe-moi mon chandail ***noir****.*
Il est très possible que le chandail en question ne soit pas réellement *noir*, mais « gris anthracite », ou « chiné ».

De ce point de vue, il semble que de tels concepts (*chauve, tas, noir*...) ne sont pas « vagues », mais que leur usage est souvent non littéral.

5.3 *Le discours figuratif*

5.3.1 Critique de l'analyse gricéenne des figures de rhétorique

Sperber et Wilson donnent du discours figuratif, c'est-à-dire de l'usage des figures de rhétorique, une analyse dont le point de départ est une critique de la position gricéenne à ce sujet. Ils se fondent sur un triple constat.

Premièrement, les implicitations de Grice (cf. *supra* Grice, sous 3.2) viennent, d'une manière générale, compléter la signification de l'énoncé (ce qui est communiqué = ce qui dit + ce qui est implicité), permettant ainsi d'établir que cet énoncé est susceptible de recevoir une interprétation compatible avec les maximes conversationnelles (qui sont respectées, si l'implicitation est conventionnelle, ou exploitées, si l'implicitation est conversationnelle – cf. *supra* Grice, sous 3.3.2.1 et sous 3.3.2.3). Or, dans l'analyse gricéenne des figures (cf. *supra* Grice, sous 3.3.2.3.2), l'implicitation vient au contraire se substituer à la signification de l'énoncé (comme le « sens figuré » se substitue au « sens propre » dans la rhétorique classique). Cela veut dire que Grice entend distinguer (mais il n'explique pas pourquoi) le mécanisme d'interprétation des figures du mécanisme d'interprétation des autres énoncés. De plus, si l'implicitation vient remplacer la signification de l'énoncé, cela signifie que le locuteur affirme ce qu'il sait être faux, et donc que la maxime de qualité est réellement violée – et non exploitée (i. e. faussement violée), comme le soutient Grice.

Deuxièmement, les figures exploitent certains types de relations, certes évidents (p. ex. l'ironie, la contradiction, la comparaison, l'atténuation, l'exagération, etc.), mais pas d'autres, qui pourraient pourtant sembler tout aussi évidents.

EXEMPLE

Il n'existe pas de figure fondée sur l'inversion des rôles de sujet et d'objet : même en cas de fausseté manifeste de l'information, *L'ours a mangé le trappeur* ne peut prendre par implicitation le sens de *Le trappeur a mangé l'ours*, ni *Marianne énerve Jean-Marie* celui de *Jean-Marie énerve Marianne.*

De surcroît, les liens privilégiés exploités par les figures de rhétorique ne sont pas systématiquement exploitables : il ne suffit pas de violer la maxime de qualité pour produire une figure.

EXEMPLES

Offrir à quelqu'un une douzaine de roses en lui disant :
Je t'offre ce bouquet qui n'est pas de roses.
ou Je t'offre ce bouquet de tulipes.
ou Je t'offre ces trois roses.
ou Je t'offre ces cinquante roses.
ne l'amènera pas à interpréter ces violations de la maxime de qualité comme, respectivement, une antiphrase ironique, une métaphore, une litote ou une hyperbole : il y verra au contraire une erreur, une ineptie, une plaisanterie, une énigme, etc.

Troisièmement, il n'est pas nécessaire de violer la maxime de qualité pour produire une figure. Ainsi, la litote et l'hyperbole expriment en général une proposition littéralement vraie, mais trop peu informative (*Albert avait un peu bu*) ou au contraire chargée d'une information outrancière, excessive (*Tu es le plus gentil des frères*).

En outre, l'antiphrase ironique et l'hyperbole assertives peuvent être remplacées par des questions qui conservent le même caractère de figure, mais ne violent pas la maxime de qualité (puisqu'il s'agit de questions et non plus d'assertions). Quant à la métaphore assertive, elle se prête à la même substitution, et peut également être remplacée par une assertion négative, laquelle devient *ipso facto* véridique (et respecte donc la maxime de qualité) mais reste une figure.

EXEMPLES

Je vous remercie pour votre amabilité. (antiphrase ironique)
Vous ai-je remerciée pour votre amabilité ? (question à valeur ironique)

Tu es le plus gentil des frères. (hyperbole)
Quel frère est plus gentil que toi ? (question à valeur d'hyperbole)

Ma sœur est une dinde. (métaphore)
Ma sœur est-elle une dinde ? (question à valeur de métaphore)
Ma sœur n'est pas une dinde. (métaphore)

La conclusion de Sperber et Wilson est que **le fonctionnement des figures de rhétorique ne peut se réduire à la violation de la maxime de qualité**. Les figures sont des **énoncés figuratifs**, qui par là relèvent de la **rhétorique** : il semble que **leur interprétation ne se limite pas à l'implicitation**, mais qu'entrent en jeu **d'autres facteurs, d'ordre psychologique**. Les figures exigent, pour fonctionner, non seulement le recours aux prémisses liées à l'énoncé et au contexte (comme les autres énoncés), mais **l'évocation d'un univers indéfini d'hypothèses et d'images**. Ainsi, la litote *Albert avait un peu bu* constitue-t-elle un énoncé figuratif (rhétorique) parce que son interprétation ne se limite pas à faire comprendre par implicitation une information apparentée à celle qu'il signifie littéralement (« Albert était ivre ») : cet énoncé porte de surcroît à imaginer un monde où il serait commun d'énoncer *Albert avait un peu bu* en parlant d'un homme ivre à en casser les meubles, ou un monde où il serait commun d'être beaucoup plus ivre et beaucoup plus violent que ne l'a été Albert, ou encore de donner du locuteur l'image de quelqu'un de si blasé et imperturbable que l'ivresse d'Albert et ses conséquences ne lui suggèrent pas de mots plus forts que ceux qu'il emploie, etc.

Le recours à **l'usage des figures** correspond donc une fois encore à la volonté du locuteur de **produire l'énoncé le plus pertinent possible**. Le fonctionnement de l'énoncé figuratif est analogue à celui de l'acte de langage indirect et de l'énoncé approximatif : **le locuteur choisit de produire un énoncé non littéral qui exprime une proposition voisine de celle représentant la pensée à communiquer, mais qui présente suffisamment d'implications contextuelles communes avec cette pensée** pour ne pas poser de problème d'interprétation à l'interlocuteur.

5.3.2 L'ironie

5.3.2.1 La philosophie logique oppose les notions d'emploi et de mention. L'**emploi d'une expression** consiste à **désigner ce que cette expression désigne**.

EXEMPLES

Jean-Marie est un cornichon.
C'est bien triste.

La **mention d'une expression** consiste à **désigner cette expression**, c'est-à-dire à en faire un **usage métalinguistique**.

EXEMPLES

Qui m'a appelé « cornichon » ?
Ne dis pas « c'est bien triste », réagis !
« Manu militari » est une expression latine.

La mention se manifeste selon quatre modalités.

1) **La mention explicite d'expression (ou d'énoncé)** : il s'agit de discours direct rapporté explicitement.

EXEMPLE

Luc se demandait : « Dois-je partir ou rester ? ». Le doute l'assaillait.

2) **La mention implicite d'expression (ou d'énoncé)** : il s'agit de discours direct rapporté implicitement.

EXEMPLE

« Dois-je partir ou rester ? ». Le doute assaillait Luc.

3) **La mention explicite de proposition**, qui englobe le discours indirect

EXEMPLE

Luc se demandait s'il devait partir ou rester. Le doute l'assaillait.

4) **La mention implicite de proposition**, qui englobe le style indirect libre.

EXEMPLE

Luc devait-il partir ? Devait-il rester ? Le doute l'assaillait.

Du point de vue de la structure syntaxique de la phrase, la mention de proposition est plus difficile à repérer que la mention d'expression (ou d'énoncé), et la mention implicite est plus difficile à repérer que la mention explicite : la mention explicite d'expression est donc la plus facile à reconnaître, tandis que la mention implicite de proposition est la plus difficile à distinguer.

Selon Sperber et Wilson, le mécanisme de l'**ironie** relève de la **mention de proposition**, et il s'agit **le plus souvent** d'une mention **implicite**. Les énoncés ironiques sont ainsi apparentés au **style indirect libre**.

5.3.2.2 En tant que mention, **l'ironie se déclenche comme un phénomène d'écho**, mais un écho destiné non pas à rapporter un propos, mais à manifester que celui-ci a été entendu et pris en considération : en l'occurrence, l'écho ironique signale que **le locuteur répercute une proposition antérieure en marquant qu'il la désapprouve parce qu'elle manque de pertinence** (manque de véridicité, de justesse, d'à-propos, etc.)[10].

L'énoncé ironique peut prendre la forme d'un **écho immédiat**, mais aussi d'un **écho lointain**, ou d'un **écho anticipé**, ou même de l'**écho d'un sous-entendu**.

EXEMPLES

Écho immédiat :

– X*** est une bonne marque de téléviseurs.

– X*** est une bonne marque de téléviseurs, en attendant, le poste est en panne !

Dans ce cas, la mention de proposition est explicite et rejoint même la mention d'expression.

Écho lointain (voire très lointain) :

D'accord, il est trois heures du matin et j'ai dû sonner pour rentrer parce que j'ai oublié mes clefs. Je sais, toi, tu n'oublies jamais ton trousseau [tu me le disais hier encore/tu me le répètes sans cesse].

Nous n'avons plus vu ton oncle Raymond depuis quinze ans, mais je suppose qu'il est toujours à la tête de l'entreprise la plus florissante du pays [prétendait-il à l'époque] ?

Il m'a giflé, alors je lui ai cassé la figure. J'aurais dû tendre l'autre joue [est-il écrit dans les Évangiles*], sans doute ?*

Écho anticipé :

S'il achète ce tableau, il se fait rouler. Évidemment, il ne s'en rendra même pas compte [me diras-tu] et sera heureux d'accrocher cette croûte à son mur...

Écho d'un sous-entendu :

Tu peux me donner le tiercé gagnant, puisque tu sais tout !

[écho de l'opinion de soi, exagérément bonne, qu'affiche l'interlocuteur]

Par ailleurs, il arrive que l'**écho** ne soit pas manifeste, mais **seulement évoqué**.

10. Une description comparable se retrouve en pragmatique intégrée (cf. *infra* Ducrot, sous 6.2.2).

EXEMPLE

Je vous remercie pour votre amabilité.
[dans le cas où la caissière s'est montrée désagréable]
On s'attend théoriquement à ce que la caissière d'un magasin soit aimable, et ce même si aucun énoncé exprimant cet espoir n'a été formulé précédemment.

Quel endroit charmant!
Si deux voyageurs arrivent dans un hôtel particulièrement sordide, cet énoncé ironique fait écho à un espoir déçu (quand on descend à l'hôtel, on espère en principe que le logement sera accueillant et confortable), et ce sans qu'il soit nécessaire qu'ait été produit un énoncé antérieur comme *Cet endroit sera charmant.*

L'énoncé ironique est donc l'écho plus ou moins lointain de pensées ou de propos, réels ou imaginaires, attribués ou non à des individus définis. Quant à **l'interlocuteur** qui cherche à interpréter un énoncé de ce type, il **doit reconnaître à la fois son caractère de mention-écho et l'attitude du locuteur** vis-à-vis de la proposition mentionnée.

5.3.2.3 L'analyse des énoncés ironiques comme mentions offre plusieurs avantages par rapport à la vision de la rhétorique classique. D'abord, cela explique pourquoi **l'ironie se double volontiers d'un passage à un registre pompeux** (apostrophe à la troisième personne, formules exclamatives, etc.), lequel reflète l'écho imaginaire d'une opinion de soi que le locuteur attribue à l'interlocuteur.

EXEMPLE

Ah bravo! Tu l'as salie dès le début du dîner, ta chemise! Monsieur est satisfait?

Ensuite, il est aisé de comprendre l'**asymétrie du mécanisme de l'ironie**.

EXEMPLES

Il est beaucoup plus fréquent de dire *C'est malin!* pour *C'est stupide!* ou *Quelle élégance!* pour *Quelle grossièreté!* ou *C'est une vraie réussite!* pour *C'est un lamentable échec!*, etc. que l'inverse.

En effet, des énoncés comme *C'est malin!/Quelle élégance!/C'est une vraie réussite!* font **référence à des normes générales**, partagées, souvent évoquées et donc toujours assez présentes à l'esprit de l'interlocuteur pour que leur mention prenne le caractère d'un écho: en principe, on souhaite toujours qu'une (ré)action soit intelligente ou élégante, toute entreprise comporte l'espoir de son accomplissement, etc. En revanche, un **jugement critique** (*C'est stupide!/Quelle grossièreté!/C'est un lamentable échec!*) est **particulier** et ne fait qu'occasionnellement écho à un souvenir. Il est donc toujours possible de mentionner la norme face à une réalité imparfaite, mais face à une réalité parfaite, il faut pouvoir évoquer le souvenir d'une erreur, d'une crainte, d'un doute, etc. pour que la mention d'un jugement dépréciatif ait valeur d'ironie.

EXEMPLE

Dire avec une intention ironique identifiable *C'est un lamentable échec!* pour *C'est une belle réussite!* n'est possible que si l'interlocuteur a en mémoire des doutes émis quant à la réussite de l'entreprise visée (p. ex. si un étudiant réussit brillamment ses examens après avoir répété à l'envi qu'il courait à l'échec), mais il y a alors écho réel et non référence à une norme générale.

Enfin, il est évident que **tout énoncé ironique a une cible**. Selon la conception classique, c'est la reconnaissance ou la non-reconnaissance par l'interlocuteur du sens figuré critique de l'énoncé qui permet d'identifier cette cible.

EXEMPLES

Saint-Just était la modération même.
Si le locuteur et l'interlocuteur s'accordent à reconnaître le sens figuré critique (« Saint-Just était violent et fanatique »), la cible de l'ironie est Saint-Just.
Si le sens figuré critique échappe à l'interlocuteur, qui s'arrête alors au sens littéral laudateur, c'est l'interlocuteur lui-même qui devient la cible de l'ironie – et une connivence peut bien entendu s'établir entre le locuteur et des tiers qui, eux, auraient perçu cette ironie.

Tu as raison Louis, avaler deux verres de whisky avant chaque repas est excellent pour la santé.
Il est même possible que l'interlocuteur ne repère pas le sens figuré critique d'un énoncé ironique qui le vise directement.

Dans l'analyse de l'énoncé ironique comme mention, **c'est le processus même de l'écho qui détermine la cible** : il s'agit des personnes ou des états d'esprits (réels ou imaginaires) auxquels il est fait écho. Le sens figuré critique et la reconnaissance de celui-ci par l'interlocuteur deviennent donc des facteurs contingents, tout au plus susceptibles de renforcer l'effet de l'ironie, mais certainement pas de la déclencher.

EXEMPLES

Quel endroit charmant!
[s'il n'est pas fait référence à un énoncé antérieur]
L'**écho** est **lointain et/ou vague** : l'ironie ne vise **pas de cible déterminée**.

Saint-Just était la modération même.
Tu as raison Louis, avaler deux verres de whisky avant chaque repas est excellent pour la santé.
L'**écho** est **proche et/ou précis** : la **cible** est **déterminée** (Saint-Just, éventuellement l'interlocuteur et/ou des tiers ; Louis et/ou d'éventuels tiers).

*X*** est une bonne marque de téléviseurs, en attendant, le poste est en panne!*

Mais continuez donc, Jérôme, ce que vous racontez est si intéressant!
Mais oui, je sais, la musique classique, c'est toujours la même chose!
Lorsque **le locuteur fait écho à l'interlocuteur**, il y a **sarcasme**.

Quel merveilleux cuisinier je fais : regarde-moi ce rôti!
[adressé par un piètre cuisinier conscient de sa médiocrité à un interlocuteur à qui il présente un rôti carbonisé]
Lorsque **le locuteur se fait écho à lui-même**, il y a **auto-ironie**.

5.3.3 La métaphore

Selon Sperber et Wilson, la métaphore est la figure centrale du discours figuratif. En effet, elle n'est pas réservée à des circonstances ou occasions particulières ; au contraire, elle est très fréquente dans notre langage quotidien : la preuve en est qu'à côté des métaphores traditionnelles (i. e. les métaphores figées, p. ex. les proverbes et dictons : *Tant va la cruche à l'eau qu'à la fin elle se casse*, *Entre l'arbre et l'écorce il ne faut pas mettre le doigt*, etc.), les locuteurs inventent tous les jours des métaphores nouvelles (i. e. des métaphores créatives).

Sperber et Wilson observent en outre que, contrairement à ce que soutient la rhétorique classique et même si c'est souvent le cas, **un énoncé métaphorique n'exprime pas forcément une proposition fausse**.

EXEMPLE

Aucun savant n'est une encyclopédie.

La démonstration logique est aisée : la négation d'un énoncé faux est vraie, et *vice versa* (si *La baleine est un poisson* est faux, alors *La baleine n'est pas un poisson* est vrai). Si donc un énoncé métaphorique était nécessairement faux, sa négation donnerait obligatoirement un énoncé vrai. Or, soumis à la transformation négative, les énoncés métaphoriques ne donnent pas forcément des énoncés vrais, et de toute façon ces énoncés transformés restent des métaphores : la fausseté n'est donc pas une propriété essentielle des énoncés métaphoriques, mais seulement une caractéristique contingente et fréquente.

EXEMPLES

Aucun savant n'est une encyclopédie.
→ *Tout savant est une encyclopédie.*
La voiture de Serge est une poubelle.
→ *La voiture de Serge n'est pas une poubelle.*
La femme est l'avenir de l'homme.
→ *La femme n'est pas l'avenir de l'homme.*

Cependant, un grand nombre d'énoncés métaphoriques sont faux. Or, cette fausseté pose un problème dans le cadre de la théorie de la pertinence : en effet,

une métaphore fausse comporte dans sa forme logique une information qui contredit une (ou plusieurs) autre(s) information(s) présente(s) dans le contexte.

EXEMPLE

La voiture de Serge est une poubelle.
Cet énoncé a pour forme logique « La voiture de Serge est une poubelle » et confronte donc cette information à un contexte qui, grâce aux connaissances encyclopédiques, comprend déjà l'information « La voiture de Serge est une automobile » : il y a dès lors contradiction entre deux prémisses.

Or, **un raisonnement déductif ne peut se fonder sur des prémisses contradictoires** (cela permettrait d'en tirer n'importe quelle conclusion, et ce n'est évidemment pas ce que fait l'interlocuteur confronté à une métaphore). Éliminer celle des prémisses dont la croyance est entretenue avec le moins de conviction ne peut se faire non plus : cela entraînerait précisément l'impossibilité d'interpréter la métaphore (alors que celle-ci est manifestement interprétable). Il faut donc en conclure que l'évocation d'un univers indéfini d'hypothèses et d'images requise pour l'interprétation des figures (cf. *supra* sous 5.3.1) consiste justement, du point vue pragmatique, à **introduire, le temps de l'interprétation, la forme logique de l'énoncé métaphorique dans le contexte et à écarter de celui-ci les informations qui seraient contradictoires** : il est alors possible de tirer les implications de l'énoncé par rapport au contexte sans être confronté à une contradiction interne, c'est-à-dire d'interpréter l'énoncé métaphorique. Le mécanisme qui consiste à écarter temporairement les informations du contexte qui entrent en contradiction avec la forme logique de l'énoncé à interpréter est appelé **supposition**.

EXEMPLE

La voiture de Serge est une poubelle.
En vertu du mécanisme de supposition, l'information « La voiture de Serge est une poubelle » est intégrée au contexte, tandis qu'en est rejetée l'information « La voiture de Serge est une automobile » : les implications contextuelles visées deviennent dès lors accessibles à l'interlocuteur (« La voiture de Serge est sale et délabrée », « Serge ferait bien de laver et d'entretenir sa voiture », « La voiture de Serge est un véhicule délabré et dangereux », etc.).

Une autre caractéristique importante de la métaphore est, selon Sperber et Wilson, qu'**il est impossible de donner d'un énoncé métaphorique une paraphrase littérale qui en épuise le contenu**. En effet, **le locuteur qui produit une métaphore exprime en général une pensée qu'il ne pouvait formuler littéralement, à cause précisément de sa trop grande complexité**. Autrement dit, s'il veut exprimer cette pensée avec **pertinence**, le locuteur n'a pas le choix : il doit passer par l'énoncé métaphorique.

EXEMPLE

La femme est l'avenir de l'homme.
Cette métaphore peut certes se paraphraser littéralement, mais aucune paraphrase ne restitue l'intégralité du contenu de la pensée que le locuteur veut communiquer : « C'est la femme qui donne la vie », « La femme est d'une intelligence supérieure à l'homme », « Contrairement à l'homme la femme est capable d'assumer simultanément des tâches diverses », « La femme fait preuve d'une plus grande faculté d'adaptation que l'homme », « L'espérance de vie de la femme est supérieure à celle de l'homme », etc.

La multiplicité des paraphrases possibles pour un énoncé métaphorique atteste de **l'instabilité de la métaphore**. En effet, le contexte par rapport auquel est interprétée la métaphore se compose de propositions tirées notamment des connaissances encyclopédiques dont disposent le locuteur et l'interlocuteur, et, dans la même situation d'énonciation, ces connaissances varient évidemment d'un individu à l'autre. L'instabilité de la métaphore est **d'autant plus grande que la métaphore est créative**.

5.4 *Le discours fictif ou discours de fiction*

Dans la théorie de la pertinence, où il n'y a pas une frontière stricte entre littéralité et non-littéralité mais un continuum allant du degré ultime de l'une au degré ultime de l'autre, **le discours de fiction est un discours à la fois non littéral et non sérieux** (au sens où Searle distingue discours sérieux et discours non sérieux – cf. *supra* Searle, sous 2.5.4) : le discours fictif livre la représentation non littérale d'une pensée complexe, laquelle consiste en la vision du monde de l'auteur.

EXEMPLES

Les Martiens mesurent deux mètres de haut et sont verts avec de grandes antennes.

Mary Poppins ouvrit son parapluie et s'envola au-dessus des toits de Londres.

Harry Potter enfourcha le balai, donna un grand coup de pied par terre et s'éleva à toute vitesse.

Jack l'Éventreur est sans doute mort maintenant, et mort impuni. Il doit reposer dans un de ces calmes cimetières anglais où l'ombre rectiligne des cyprès se prolonge sur des gazons soigneusement peignés et sur des allées monotones.

C'était le temps où les voitures à chevaux circulaient dans la ville, et des volées de moineaux venaient picorer le crottin jusque sous la queue des percherons.

Comme le discours de fiction représente la pensée de son auteur de par la ressemblance qu'il entretient avec cette pensée, l'interlocuteur (le lecteur) doit chercher à récupérer un certain nombre d'implications vraies qui viendront enrichir sa propre représentation du monde.

L'énoncé fictif ressemble à l'énoncé approximatif en ceci que le locuteur choisit d'**exprimer une proposition inexacte mais qui offre suffisamment d'implications contextuelles communes avec la pensée représentée** pour ne pas poser de problème d'interprétation.

L'énoncé fictif ressemble en outre à l'énoncé métaphorique, et ce à deux points de vue.

Premièrement, la plupart des énoncés d'un texte de fiction étant faux, il faut, pour éviter une contradiction interne entre les informations véhiculées par leur forme logique et celles livrées par les connaissances encyclopédiques, faire jouer le **mécanisme de supposition** : introduire pour la durée de l'interprétation cette forme logique dans le contexte, et éliminer provisoirement de ce dernier les informations qui la contredisent.

EXEMPLES

Mary Poppins ouvrit son parapluie et s'envola au-dessus des toits de Londres.
Pour interpréter cet énoncé, il faut ajouter sa forme logique au contexte et en retirer les informations « Mary Poppins n'existe pas » et « Un parapluie ne vole pas », ce qui permet de déduire de l'énoncé et du contexte un certain nombre d'implications, comme p. ex. « Dans les aventures de Mary Poppins, Mary se déplace grâce à un parapluie volant ». Il faut noter du reste que cette implication n'est en rien contradictoire avec les informations « Mary Poppins n'existe pas » et « Un parapluie ne vole pas » figurant parmi les connaissances encyclopédiques du lecteur : les trois croyances peuvent très bien être entretenues sans incohérence par le même individu[11].

Mary Poppins a acheté ma maison.
Cet énoncé pose un problème, et le mécanisme de la supposition explique pourquoi il n'est pas possible de l'interpréter : *ma maison* renvoie au locuteur, c'est-à-dire à une information incompatible avec une information du contexte modifié par la supposition « Dans les aventures de Mary Poppins... ».

La sœur de Mary Poppins s'endormit paisiblement.
Cet énoncé pose un autre problème, étant donné que « Dans les aventures de Mary Poppins, Mary n'a pas de sœur ». Pour l'interpréter, il faudrait imaginer un nouveau contexte, qui inclue cette information (p. ex. « Dans la nouvelle version des aventures de Mary Poppins... »)[12].

11. Qu'un être ou un objet fictifs, par définition, n'existent pas, n'empêche nullement de les concevoir.
12. Bien entendu, si « Mary Poppins » est le surnom de quelqu'un, les deux derniers énoncés redeviennent interprétables (Mary Poppins peut fort bien acheter la maison du locuteur et avoir une sœur), mais dans ce cas il ne s'agit plus d'énoncés fictifs.

Le mécanisme de **supposition**, c'est-à-dire l'adjonction au contexte de la forme logique de l'énoncé (p. ex. sous la forme de l'information « Dans les aventures de Mary Poppins... »), rappelle la « préface implicite » évoquée par Searle à propos des énoncés de fiction (cf. *supra* Searle, sous 2.5.4.1). Mais le problème du modèle searlien est que si tous les énoncés du texte de fiction sont précédés de cette préface, ceux qui ne sont pas des énoncés fictifs (la plupart des énoncés d'un texte de fiction sont fictifs, c'est-à-dire faux, mais pas tous) basculent *ipso facto* dans la fiction ; d'autre part, si tous les énoncés ne sont pas précédés de cette préface, aucun critère ne permet de distinguer ceux qui le sont de ceux qui ne le sont pas. **Dans la théorie de la pertinence** en revanche, cette difficulté est résolue, puisque **le contexte est une variable qui se construit pour chaque énoncé**.

REMARQUE

Le mécanisme de la supposition caractérise non seulement l'énoncé métaphorique et l'énoncé de fiction, mais également ce cas particulier des phrases conditionnelles que sont les **contrefactuelles** :

Si j'en avais envie, j'obtiendrais ce poste immédiatement.
Si j'avais invité Marianne, Michel serait venu à ce dîner.

Alors qu'il sait que la proposition exprimée par la première partie de l'énoncé ou antécédent (*Si j'en avais envie/Si j'avais invité Marianne*) est fausse, l'interlocuteur doit écarter du contexte cette information et supposer au contraire que cette proposition est vraie : dès lors la seconde partie de l'énoncé (*j'obtiendrais ce poste immédiatement/ Michel serait venu à ce dîner*) est l'une des implications contextuelles possibles de l'antécédent[13].

Le deuxième point commun entre le discours de fiction et la métaphore est que le discours de fiction est lui aussi une représentation non littérale de la pensée du locuteur (de l'auteur), pensée qui consiste en une description du monde. Si le locuteur produit un discours de fiction, c'est parce que **la pensée qu'il veut exprimer est trop complexe pour pouvoir l'être littéralement** : il n'a donc pas le choix entre discours littéral et discours non littéral s'il veut communiquer cette pensée dans toute sa subtilité. C'est pourquoi l'interlocuteur (le lecteur) accepte de s'intéresser à l'énoncé métaphorique et à l'énoncé fictif, c'est-à-dire à deux types d'énoncés non littéraux qui disent généralement (toujours dans le cas de l'énoncé fictif) des choses fausses – ce qui *a priori*, dans le cadre de la théorie de la pertinence, qui postule que le but de tout système cognitif est de permettre la construction d'une représentation du monde aussi exacte que possible, peut sembler paradoxal. La nécessité de recourir à un mode d'expression non littéral et non sérieux explique également pourquoi **le discours de fiction ne peut faire**

13. Ducrot analyse les contrefactuelles au travers des notions de présupposé et de sous-entendu (cf. *infra* Ducrot, sous 3.3.4).

l'objet d'une paraphrase qui en épuise le contenu, propriété qu'il partage avec la métaphore : la lecture d'un résumé *Splendeurs et misères des courtisanes* ne saurait remplacer la lecture de l'œuvre elle-même.

REMARQUE

Sperber et Wilson partent du principe que le discours de fiction est reconnu et interprété comme tel par ses interlocuteurs ou lecteurs. Mais il peut arriver qu'un discours de fiction soit, par erreur, pris pour un discours littéral. Ce type de confusion entre une situation fictive et une situation réelle ne remet pas en question l'interprétation du discours de fiction dans le cadre de la théorie de la pertinence.

5.5 *Conclusion*

Le rapport à la véridicité du discours non littéral dépend de la catégorie dans laquelle il se réalise : l'énoncé approximatif et l'énoncé fictif sont nécessairement faux, mais l'acte de langage indirect et l'énoncé figuratif peuvent être vrais ou faux. Quoi qu'il en soit, c'est parce qu'il présente des implications contextuelles communes avec la pensée représentée que l'énoncé non littéral est pertinent, et perçu comme tel par l'interlocuteur.

Par ailleurs, si l'acte de langage indirect et l'énoncé approximatif tolèrent toujours la paraphrase littérale, il n'en va pas de même pour l'énoncé figuratif ni pour l'énoncé fictif : cela montre que certaines pensées particulièrement complexes ne peuvent, en vertu du principe de pertinence, être exprimées que de manière non littérale. Ce constat permet de mesurer la distance qui sépare la théorie conventionnaliste de Searle, selon laquelle toute pensée peut, en vertu du principe d'exprimabilité, être représentée par un énoncé littéral (cf. *supra* Searle, sous 2.1), de la théorie cognitive de la pertinence construite par Sperber et Wilson.

6 Conclusion sur la théorie de Sperber et Wilson

Sperber et Wilson ont élaboré la **théorie de la pertinence**. Selon ce modèle, les énoncés sont interprétés en fonction de connaissances encyclopédiques et relativement à un contexte, par des **processus inférentiels** de nature déductive. Ces processus sont rendus possibles par le fait que le locuteur et l'interlocuteur se prêtent mutuellement des croyances, des désirs et des intentions. **Interpréter un énoncé** revient, en termes de communication ostensive-inférentielle, à **formuler des hypothèses visant à attribuer à son locuteur une intention informative et une intention communicative** : si la communication réussit, les intentions attribuées au locuteur par l'interlocuteur correspondent à celles qu'avait effectivement ce dernier (les hypothèses de l'interlocuteur sont confirmées).

Or, le discours est constitué d'un ensemble d'énoncés : donc, **le discours est un phénomène pragmatique** correspondant à une suite d'énoncés, et **l'énoncé est une unité pragmatique** – de même que le phonème, le morphème et la phrase sont des unités linguistiques (hypothèse de Moeschler et Reboul, 1998). Par conséquent, **interpréter un discours** revient à attribuer à son locuteur une intention informative et une intention communicative relatives non plus à un énoncé unique, mais à l'ensemble des énoncés qui constituent le discours en question : c'est l'**intention informative/communicative globale**, par opposition à l'intention informative/communicative locale, relative à l'énoncé[14]. C'est pour cette raison que l'on porte spontanément des **jugements de cohérence sur les discours** (p. ex. sur un discours argumenté, sur la démonstration d'une thèse, sur un discours politique, etc.) : plus l'intention globale du locuteur est facile à construire (i. e. moins l'effort nécessaire est grand, et plus l'effet obtenu est important) et plus elle est riche, plus l'interlocuteur tend à juger que le discours produit est cohérent.

Cependant, **l'intention globale du locuteur ne se réduit pas à la somme des intentions locales** que l'interlocuteur lui a attribuées à la suite de ses différents énoncés. Le **discours de fiction** illustre bien ce constat : p. ex., Albert Camus dans *L'Étranger* (Meursault, un employé algérois, commet un meurtre absurde et se retrouve pris dans l'engrenage d'un procès qui le mène à l'échafaud) a, à côté des intentions communicatives locales relatives à chacun des énoncés produits, une intention communicative globale attachée à l'ensemble du discours (i. e. de l'œuvre) : ce que la société condamne en Meursault, c'est moins le meurtrier que l'homme qui s'est montré « étranger » aux valeurs sociales traditionnelles. **La fiction permet donc à son lecteur de déduire des conclusions (implications contextuelles) vraies à partir des énoncés du discours et des informations fournies par les contextes successifs**.

Pour passer des intentions locales successives à l'intention globale, l'interlocuteur met en jeu la **stratégie de l'interprète** (D. Dennett, 1990 – cf. *supra*, *Introduction*, sous 4.2) : il part du principe que, dans une communication rationnelle, le locuteur cherche à amener l'interlocuteur à une conclusion générale (l'intention globale du locuteur) et que chaque énoncé que le locuteur produit vise à permettre à l'interlocuteur d'approcher cette conclusion. Autrement dit, sur la base de ce que le locuteur a déjà dit (ses intentions locales), **l'interlocuteur fait des hypothèses et tente de prévoir ce que le locuteur va dire** : il met en œuvre des **processus d'anticipation**.

14. Ducrot rejoint cette description de l'interprétation du discours en énonçant dans la définition de l'énoncé les critères de cohésion et d'autonomie (cf. *infra* Ducrot, sous 6.1, remarque).

REMARQUE

De tels processus d'anticipation sont fréquemment utilisés, p. ex. lorsqu'on achève une phrase pour quelqu'un. C'est particulièrement manifeste dans le cas des proverbes ou dictons laissés en suspens :

> *Qui a bu...*
> *Tant va la cruche à l'eau...*
> *Entre l'arbre et l'écorce...*

Quelquefois bien sûr, il arrive que le locuteur utilise de façon négative cette propension à anticiper, afin de mener l'interlocuteur à une conclusion inexacte, puis de la contredire et d'obtenir ainsi un effet de surprise : c'est p. ex. la tactique utilisée par Agatha Christie dans la construction de ses romans policiers, où le lecteur est entraîné sur une fausse piste avant le coup de théâtre final.

✓ Applications pratiques

A. Expliquez, en termes de pragmatique cognitive, en quoi les deux messages repris dans les exemples ci-dessous sont susceptibles de poser un problème d'interprétation.

Exemple (1)

Affichette apposée sur la vitrine d'un magasin de vêtements (Le Touquet, 2009).

Fig. 1a

Exemple (2)

Voix féminine : – *Je veux une nouvelle cuisine.*
Voix masculine : – *Une cuisine ? Équipée ?*
Voix féminine : – *Qui paie ? Ben, c'est toi qui paies !*
(Bruxelles, publicité radiodiffusée, La Première, 2010)

Éléments de réponse

Soumis à l'analyse pragmatique proposée par Sperber et Wilson, ces deux exemples présentent, au niveau de l'explicitation du premier ordre, des énoncés porteurs d'une ambiguïté syntaxique. En effet, l'examen morphologique de *Pas de porte à vendre ici* (exemple 1, fig. 1a) ne permet pas de décider de la nature grammaticale de *pas*, qui peut être négation verbale ou substantif (avec le sens de « somme payée au bailleur ou au détenteur d'un bail pour avoir accès à un fonds de commerce »). Seule la confrontation au contexte, à savoir le recours à la situation d'énonciation, lève l'ambiguïté : afficher « Il n'y a pas de porte à vendre ici » à la devanture d'un magasin de vêtements serait particulièrement étrange (c'est une information qui figure bien évidemment au nombre des informations disponibles parmi les connaissances encyclopédiques des destinataires potentiels du message, et qu'il n'est donc pas utile d'annoncer). En revanche, annoncer en l'affichant sur la vitrine qu'un commerce est à céder est parfaitement compréhensible : c'est donc cette seconde interprétation (« Commerce à céder ») qui doit l'emporter – ce que confirme du reste une autre affichette, voisine de la première (fig. 1b) :

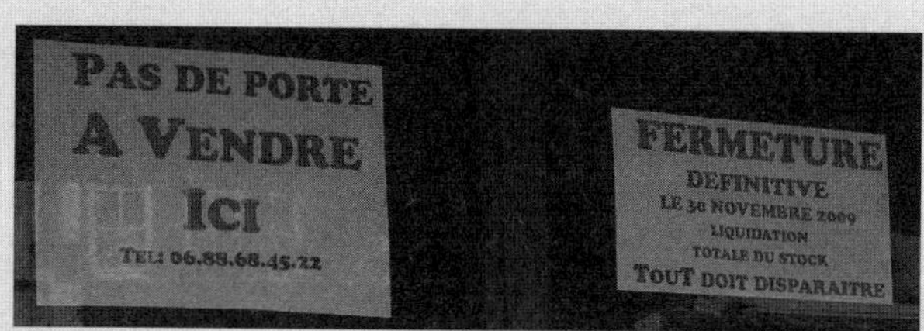

Fig. 1b

Dans la publicité radiodiffusée (exemple 2), c'est l'énoncé *Équipée ?* qui est syntaxiquement ambigu : à l'oral, il est en effet impossible de distinguer l'adjectif *équipée* (auquel cas le message est : « Tu veux une cuisine équipée ? ») de la séquence interrogative *Et qui paie ?* (auquel cas le message est « Et qui paie la nouvelle cuisine ? »). C'est d'ailleurs cette ambiguïté qui constitue le ressort humoristique sur lequel repose la publicité : au regard du contexte, le personnage masculin opte pour la première interprétation (ainsi vraisemblablement que l'auditeur) ; pour le personnage féminin, c'est la deuxième qui prévaut.

B. Analysez en termes de pragmatique cognitive le corpus de messages électoraux évoqué à la fin du chapitre « Les philosophes du langage » dans les « Applications pratiques » (sous C).

Éléments de réponse

Le message électoral relève de la communication ostensive-inférentielle : un individu (le candidat) fait connaître à un autre individu (l'électeur potentiel) par un acte (la conception et la diffusion du tract ou de la lettre) l'intention qu'il a de lui faire connaître une information (la pensée du candidat : « Votez pour moi »). Ce type de message associe généralement, dans des proportions diverses, la communication langagière (texte) et la communication non langagière (photos, dessins, sigles, couleurs… – autant d'éléments porteurs de sens).

Le message électoral (sous la forme qu'il revêt dans le corpus choisi ici) a la double caractéristique d'être à la fois un message « parasite » (il s'impose à un destinataire qui n'est pas forcément désireux de le recevoir, ni même disposé à le recevoir) et un message séducteur (il s'efforce de convaincre l'électeur potentiel de donner sa voix à un candidat). Pour ce faire, il doit offrir un rendement satisfaisant, c'est-à-dire exiger du destinataire un effort minime pour l'obtention d'un effet important. Cela revient à dire que le message électoral doit revêtir la forme la plus pertinente possible. Reste à déterminer comment les émetteurs du message définissent cette pertinence optimale : elle varie en effet en fonction des intentions du candidat, du public visé, du moment de la réception, etc. C'est pourquoi un même candidat use souvent, au cours d'une même campagne électorale, de plusieurs types de messages différents.

Les cinq catégories de messages électoraux distinguées dans le chapitre précédent peuvent, en termes de pragmatique cognitive, être réétudiées du point de vue de la pertinence et du point de vue de la littéralité ou de la non-littéralité – ce qui nous amène à les revoir selon un ordre parfois différent de celui établi précédemment.

Catégorie 4 – Être pertinent consiste à fournir au destinataire les données de base et une information complémentaire abondante mais structurée et ciblée

Le texte de ces lettres est structuré et assez détaillé (énumération des arguments en faveur du candidat), et les dernières lignes demandent explicitement à l'électeur potentiel de voter pour le candidat. L'information essentielle (« Votez pour moi ») est donc fournie de manière littérale et, sur le continuum littéralité/non-littéralité, ces messages se situent du côté de la communication littérale. Cependant, le message implicite communiqué par ces lettres n'est pas pour autant négligeable : l'électeur potentiel doit en effet conclure du choix de ce type de support et de message que le candidat le tient en trop haute estime – et a de lui-même une trop haute opinion – pour se permettre de s'adresser à lui en des termes lapidaires (« J'ai trop de respect pour vous pour croire qu'un slogan imprimé sur un tract pourrait vous convaincre de voter pour moi ; je sais bien que les gens comme vous (et moi) ont besoin pour accorder leur confiance d'une sollicitation personnalisée et circonstanciée »). De ce point de vue, la pensée (« Votez pour moi ») et la proposition (« Je veux défendre la ville, ses logements, ses quartier, sa sécurité : autant de projets pour lesquels j'ai besoin de votre voix ») ne comportent qu'un certain nombre de points communs.

Catégorie 1 – Être pertinent consiste à fournir au destinataire les données de base

Ces tracts se contentent de donner les informations de base indispensables à l'identification du candidat : sa photo et son nom ; le nom et le sigle du parti, généralement associés à sa couleur ; le numéro de la liste électorale ; un slogan. Cependant, l'information essentielle (« Votez pour moi ») n'est pas exprimée explicitement. Même si, de par leur caractère sommaire et schématique, ils tendent vers la littéralité, ces messages ne sont donc pas littéraux : la pensée (« Votez pour moi ») et la proposition (« Je m'appelle X..., cette photo vous permet de m'identifier ou de me reconnaître, mon nom figure sur telle liste électorale, rattachée à tel parti dont tel slogan résume le programme ») ne sont pas identiques, bien qu'elles présentent de nombreux points communs.

Catégorie 2 – Être pertinent consiste à fournir au destinataire les données de base et une information complémentaire succincte

Les concepteurs de ces tracts estiment vraisemblablement que, pour emporter l'adhésion de l'électeur, il faut ajouter aux données de base les grandes lignes de leur programme, ou quelques informations d'ordre biographique – le tout restant assez synthétique. Sur le continuum littéralité/non-littéralité, ces messages s'éloignent un peu plus du pôle de la littéralité que ne le font ceux de la catégorie 1 : la pensée (« Votez pour moi ») et la proposition (« Je m'appelle X..., cette photo vous permet de m'identifier ou de me reconnaître, mon nom figure sur telle liste électorale, rattachée à tel parti dont tel slogan résume le programme ; je suis comptable et membre d'organisations culturelles et d'aide à la jeunesse, j'ai entre autres projets l'intention de rénover l'habitat et de réaménager l'espace public ») ne sont pas identiques, mais elles présentent un certain nombre de points communs.

Catégorie 3 – Être pertinent consiste à fournir au destinataire les données de base et une information complémentaire surabondante

Ces tracts font état d'une information pléthorique, dont l'électeur potentiel ne prend certainement pas connaissance *in extenso*. Le candidat souhaite probablement impressionner le destinataire par cette abondance d'informations, dont il espère que certaines au moins seront retenues. Sur le continuum littéralité/non-littéralité, ces messages se situent cette fois du côté de la non-littéralité : la pensée (« Votez pour moi ») et la proposition (« Appréciez le nombre, l'étendue, la diversité de mes travaux et de mes réalisations au service de la collectivité à laquelle vous appartenez ») diffèrent sensiblement, même si elles présentent certains points communs.

Catégorie 5 – Être pertinent consiste à ne faire aucune allusion au scrutin tout proche

À la veille des élections, certains candidats adressent aux électeurs potentiels des courriers apparemment sans rapport avec l'enjeu politique : ils y exposent leurs idées et/ou leurs réalisations, mais sans jamais aborder la question des élections à venir. Ces lettres ressemblent à celles de la catégorie 4, mais s'en distinguent par un aspect fondamental : l'information essentielle (« Votez pour moi ») n'y apparaît pas. Ces messages relèvent donc d'une très grande non-littéralité, et leur véritable contenu est implicite : l'électeur potentiel doit en effet conclure du choix de ce type de support et de message que le candidat le tient en trop haute estime – et a de lui-même une trop haute opinion – pour se permettre de traiter d'un sujet aussi bassement matériel qu'une élection (« Je n'aborderais jamais avec vous un sujet aussi trivial qu'un scrutin – et vous aussi, vous êtes au-dessus de ces considérations politiciennes »). La pensée (« Votez pour moi ») et la proposition (« Je m'occupe activement de l'aménagement de votre quartier, de l'implantation des transports en commun et de la gestion de la circulation automobile ») ne présentent *a priori* aucun point commun. En fait, seuls les connaissances encyclopédiques (« lorsqu'un scrutin approche, il est usuel que des candidats fassent appels aux électeurs potentiels pour inciter ceux-ci à voter pour eux ») et l'environnement cognitif mutuel (« la date du scrutin approche ») permettent au destinataire d'identifier ces messages comme des messages électoraux (en dehors d'une période électorale, la même lettre, adressée au même destinataire par le même expéditeur, aurait seulement une fonction informative et relèverait de la communication littérale).

C. Les nombreuses publicités que nous proposent journaux, magazines et affiches constituent également un corpus d'étude intéressant. À votre avis, quels sont, en termes de pragmatique cognitive, les caractéristiques essentielles du fonctionnement de ces messages publicitaires ?

Éléments de réponse

Tout comme le message électoral, le message publicitaire relève de la communication ostensive-inférentielle : un individu (l'annonceur) fait connaître à un autre individu (le consommateur) par un acte (la conception et la diffusion de la publicité) l'intention qu'il a de lui faire connaître une information (la pensée de l'annonceur : « Achetez ce produit »/« Recourez à ce service »). Ce type de message (sous la forme qu'il revêt dans les exemples choisis ici) associe communication langagière (texte) et communication non langagière (photos, dessins, couleurs).

Le message publicitaire a lui aussi – comme le message électoral étudié ci-dessus, sous B – la double caractéristique d'être à la fois un message « parasite » (il s'impose à un destinataire qui n'est pas forcément désireux de le recevoir, ni même disposé à le recevoir) et un message séducteur (il a pour vocation de convaincre le consommateur). Il doit donc offrir un rendement satisfaisant, c'est-à-dire exiger du destinataire un effort minimal pour l'obtention d'un effet cognitif maximal : il faut que le message publicitaire revête la forme la plus pertinente possible. Or, rares sont les publicités qui délivrent leur message de façon explicite (« Achetez ce produit »/« Recourez à ce service » – ce type de communication est manifestement jugé trop peu raffiné) ; le plus souvent, elles misent au contraire sur la communication implicite, c'est-à-dire sur le choix d'une forme qui n'est ni la plus directe, ni la plus concise. À cet effet, les publicitaires recourent à diverses techniques, parfois mises en œuvre simultanément – plus une publicité combine les procédés, plus elle est riche et créative – et qui varient en fonction de leurs intentions propres, mais aussi en fonction du public cible, du moment de la diffusion, etc. Voici, de ce point de vue, une proposition de classement des messages publicitaires.

Catégorie 1 – Jeu sur l'ambiguïté lexicale de certains termes

Dans la communication ordinaire, il importe de lever les ambiguïtés lexicales (ou ambiguïtés résultant de la polysémie) ; dans le slogan publicitaire, la polysémie, génératrice d'effets amusants et accrocheurs, est au contraire cultivée. Le destinataire accepte de consentir un petit effort d'interprétation supplémentaire car celui-ci débouche sur un effet ludique supplémentaire. C'est pourquoi la formulation la plus pertinente n'est pas ici la plus directe ni la plus concise. L'ambiguïté lexicale est souvent révélée et exploitée par l'élément iconographique associé au slogan (*C'est rassurant de savoir que son enfant réfléchit* : publicité pour un sac à dos équipé de catadioptres). La polysémie peut être créative, c'est-à-dire déboucher sur un usage néologique : *Le métal se montre/Watch the Watches* (publicités pour une gamme de montres). Il peut y avoir jeu sur une double interprétation, non littérale (livrée par le slogan isolé) et littérale (livrée par l'association du slogan avec l'élément iconographique) : *Vous n'en reviendrez pas* (publicité pour l'Afrique du Sud : « Vous serez ébahi »/« Vous resterez en Afrique du Sud »). On relève quelquefois la présence d'une isotopie (i. e. un fil conducteur sémantique) au sein du message : *Bien cuisinés, les politiques se mettent à table* (*cuisiner*, *se mettre à table* et l'élément graphique – un grand plat de service surmonté d'une cloche de métal – renvoient tous trois au domaine de la cuisine : publicité pour une émission radiodiffusée).

Catégorie 2 – Jeu sur l'ambiguïté référentielle

Le message publicitaire peut jouer sur l'attribution ambiguë d'un référent : *Il y a des choses que nous aimons regarder, encore et toujours. Un beau design, par exemple* (*choses* et *beau design* : une jeune femme contemple simultanément les luxueux meubles de sa chambre et son compagnon, dénudé, que l'on aperçoit dans l'embrasure d'une porte). Il peut aussi y avoir assignation implicite de plusieurs référents à un élément du message, mis en usage attributif : une série de publicités pour une marque de matériel informatique nous apprennent ainsi que *Stéphanie/Pierre vient de réaliser sa première compilation*, *Judith/David vient de visionner son premier album photos sur sa télé*, *Marc vient de réaliser son premier film perso sur DVD*. Ces prénoms renvoient évidemment aux jeunes femmes et hommes des photos, mais aussi à tout référent correspondant à la description fournie, c'est-à-dire à toute personne susceptible de s'identifier à eux, et donc au consommateur ciblé.

Catégorie 3 – Appel aux connaissances encyclopédiques et à un environnement cognitif mutuel

L'appel aux connaissances encyclopédiques du public cible peut se faire par le biais des connaissances langagières. Ainsi, il est fréquent que le message publicitaire joue sur une expression lexicalisée. Celle-ci peut être insérée dans un contexte inhabituel par le biais de l'élément iconographique : *Surfez jusqu'à plus soif* (photo : six tasses et soucoupes empliées), *Quand il faut défendre la tradition alsacienne, [on] ne se croise pas les bras* (photo : un bretzel évoquant un personnage qui se croise les bras). L'expression lexicalisée peut également être modifiée : par exemple, un terme y est remplacé par un autre, et c'est la proximité structurelle et phonétique entre l'expression figée et l'expression créée qui, associée à l'élément iconographique, permet l'interprétation du message : *Seule la réalité dépasse l'impression* (publicité pour une marque d'imprimantes) renvoie à *Seule la réalité dépasse la fiction*. Enfin, l'expression lexicalisée peut être suggérée par l'élément iconographique sans même être citée dans le texte : la photo de la chevelure d'une jeune femme, d'un noir de jais exception faite d'une seule mèche blanche, évoque implicitement l'expression *se faire des cheveux blancs* (la jeune femme, pour une fois, n'a pas recouru au prestataire de services recommandé par la publicité...).

Mais bien souvent, les connaissances encyclopédiques convoquées pour l'interprétation du message publicitaire appartiennent au registre extra-linguistique. Ces connaissances peuvent relever d'un savoir partagé général : *Nouvelle assurance vie. Parce qu'on peut vivre plusieurs vies dans une vie* (photo : des poupées russes qui s'emboîtent). Elles peuvent aussi faire référence à un savoir partagé plus particulier, si l'environnement cognitif mutuel est propre à un nombre limité de destinataires (photo d'un téléphone couvert de larmes : allusion à la chanson de Claude François *Le téléphone pleure*), ou encore si l'environnement cognitif mutuel est relatif à des circonstances précises et ponctuelles, comme le passage à l'heure d'hiver (*Peu importe à qui on doit cette heure de sommeil supplémentaire. Merci*), une campagne électorale (photo d'un crayon à maquiller *élu des femmes*, qui noircit une case sur une liste électorale). Dans ce dernier cas (environnement cognitif mutuel relatif à des circonstances précises et ponctuelles), il est difficile, voire impossible, de récupérer le sens précis du message publicitaire dès lors que n'est plus accessible la référence à ce contexte précis.

Enfin, il est fréquent que la publicité soit autoréférentielle ; c'est même le principe d'une campagne publicitaire. L'itération d'un même slogan ou élément iconographie commence par créer, dans l'environnement cognitif mutuel, des connaissances encyclopédiques particulières – le repérage de cet élément répété, qui permet au destinataire de procéder à une interprétation immédiate du message – puis fait appel à ces connaissances.

D. Quelles conclusions pouvez-vous tirer de la comparaison de l'analyse des messages électoraux et des messages publicitaires étudiés ci-dessus (sous B et C) ?

Éléments de réponse

Il a été montré plus haut (sous B et C) que message électoral et message publicitaire partagent d'emblée trois caractéristiques : ils sont des messages « parasites » mais qui en même temps doivent être interprétables rapidement et efficacement (c'est parce qu'ils ne sont pas recherchés par leurs destinataires qu'ils se doivent d'avoir un bon rendement), ils combinent éléments langagiers et iconographiques, et ils tablent sur la communication implicite (leur message essentiel, « Votez pour moi » ou « Achetez ce produit »/« Recourez à ce service », n'est presque jamais délivré explicitement).

De plus, le message électoral comme le message publicitaire recourent fréquemment au jeu sur l'autoréférentialité : il existe des campagnes électorales comme il existe des campagnes publicitaires. Celles-ci procèdent par la répétition d'un slogan et/ou d'un élément iconographique qui, dans un premier temps, crée chez le destinataire des connaissances encyclopédiques particulières puis, dans un second temps, mobilise ces connaissances qui livrent une interprétation instantanée du message. Par le biais de l'autoréférentialité, le destinataire peut en outre se souvenir de campagnes (électorales ou publicitaires) précédentes qui utilisaient déjà le même slogan ou élément iconographique, ou encore rattacher immédiatement un message (électoral ou publicitaire) nouveau à une série déjà connue et identifiée.

On a vu ci-dessus (sous C) que le message publicitaire fait parfois appel à des connaissances encyclopédiques et à un environnement cognitif mutuel liés au phénomène électoral (le crayon à maquiller *élu des femmes*). Il est intéressant de constater que le message électoral fonctionne parfois de façon symétrique, et que certaines campagnes électorales procèdent par allusion ludique à des campagnes publicitaires célèbres, en s'appropriant les slogans de ces dernières : ainsi, les slogans le *contrat de confiance* et *parce que nous le valons bien* – associés, respectivement, à deux marques bien connues d'électroménagers et de cosmétiques – ont-ils été ces dernières années récupérés par certains politiques.

Ce procédé, qui table sur un environnement cognitif mutuel restreint à un nombre limité de destinataires (l'électeur potentiel doit, parmi ses connaissances encyclopédiques, disposer de la référence à la campagne publicitaire évoquée), exige sans doute un effort de coopération un peu plus important pour l'interprétation du message ; en contrepartie, il propose un petit effet humoristique[1] supplémentaire, un sorte de « clin d'œil » au destinataire : le rendement est donc satisfaisant.

Cette référence du message électoral au message publicitaire, et inversement, opère *de facto* un amalgame entre ces deux types de messages, et il semble légitime de se demander s'il n'y a pas là un risque de dérive, de confusion des genres – des genres de discours, à tout le moins. En effet, lorsque la publicité devient marketing politique, quel cas fait-on de l'électeur, traité comme un consommateur, au sens mercantiliste[2] du terme (même si l'on peut espérer que l'intention politique qui porte l'électeur à voter pour telle ou telle tendance est *a priori* plus réfléchie que l'intention d'achat du consommateur confronté à plusieurs marques ou produits) ? Et quel cas fait-on du candidat politique, assimilé à un objet de négoce ? Si donner une orientation politique à l'avenir d'un état en plébiscitant tel candidat plutôt que tel autre est un acte aussi léger et anodin qu'opter pour telle marque de voiture

1. C'est d'ailleurs, par rapport aux messages de la communication ordinaire, une caractéristique du message humoristique (blague, devinette, jeu de mots, rébus, charade…) que d'exiger pour son interprétation un effort plus grand compensé par un effet (drôle) plus important.
2. Du reste, certains slogans figurant sur les tracts électoraux ne sont pas sans rappeler des formules relevant du message commercial (p. ex. *Merci de votre confiance*, que l'on retrouve sur les facturettes délivrées par nombre de commerçants).

ou de lessive plutôt que pour telle autre, alors on entre effectivement dans le monde du jeu, de la futilité, de l'éphémère. En outre, à l'interpénétration des messages s'ajoute une interpénétration des univers : de plus en plus, l'univers de la publicité et celui de la politique électoraliste se rencontrent, voire se confondent. En effet, il est fréquent que des publicitaires soient chargés de la stratégie et de la réalisation des campagnes électorales des hommes politiques – la pratique est courante et banalisée aux États-Unis, où en 1952 déjà le camp républicain faisait appel à une agence de publicité new-yorkaise pour concevoir les spots vidéo vantant les mérites du candidat à la présidence Dwight Eisenhower. L'Europe semble être plus réticente à cette incursion sauvage des publicitaires dans l'univers politique, ou peut-être cette intrusion se fait-elle seulement de façon plus discrète, voire cachée, la classe politique du vieux continent hésitant à afficher son penchant pour la publicité politique. Mais qui en France ne se souvient des slogans *Giscard à la barre !* ou *Mitterrand Président !*, surgis lors de la campagne présidentielle de 1974 ? Et c'est bien encore au publicitaire français Jacques Séguéla, devenu « conseiller marketing en politique » et auteur de l'ouvrage *Le vertige des urnes* (et par ailleurs conseiller de Lionel Jospin dès 1997, du roi Siméon II en Bulgarie, d'Ehud Barak en Israël et de Ricardo Lagos au Chili, entre autres) que l'on doit le célèbre slogan mitterrandien (1981) de *la force tranquille*...

E. Analysez, en termes de pragmatique cognitive, le schéma de la communication tel qu'il se structure dans la célèbre lettre 48 du vicomte de Valmont à Mme de Tourvel dans Les liaisons dangereuses de Choderlos de Laclos (1782).

Il importe de rappeler ici les circonstances de la trame narrative dans lesquelles cette lettre est rédigée. Congédié par Mme de Tourvel qui, se sentant sur le point de faiblir et de s'éprendre de lui, le prie de ne plus reparaître devant elle, Valmont se distrait en compagnie de la jeune prostituée Émilie. C'est durant une nuit qu'il passe avec celle-ci que Valmont écrit la fameuse lettre 48 : la « table » – aussi appelée « autel sacré de l'amour » – dont il se sert est en fait le dos d'Émilie, à quatre pattes devant lui. Valmont expédie ensuite sa missive à Mme de Tourvel, et en envoie une copie à sa comparse Mme de Merteuil, avec un mot exposant les circonstances de la rédaction. Et bien sûr, Valmont ne dissimule rien non plus à Émilie, qui s'amuse fort de la situation.

Du vicomte de Valmont à la présidente Tourvel

Paris, ce 30 août.

C'est après une nuit orageuse, et pendant laquelle je n'ai pas fermé l'œil ; c'est après avoir été sans cesse ou dans l'agitation d'une ardeur dévorante, ou dans l'entier anéantissement de toutes les facultés de mon âme, que je viens chercher auprès de vous, Madame, un calme dont j'ai besoin, et dont pourtant je n'espère pas pouvoir jouir encore. En effet, la situation où je suis en vous écrivant me fait connaître, plus que jamais, la puissance irrésistible de l'amour ; j'ai peine à conserver assez d'empire sur moi pour mettre quelque ordre dans mes idées ; et déjà je prévois que je ne finirai pas cette lettre, sans être obligé de l'interrompre. Quoi ! ne puis-je donc espérer que vous partagerez quelque jour le trouble que j'éprouve en ce moment ? J'ose croire cependant que, si vous le connaissiez bien, vous n'y seriez pas entièrement insensible. Croyez-moi, Madame, la froide tranquillité, le sommeil de l'âme, image de la mort, ne mènent point au bonheur ; les passions actives peuvent seules y conduire ; et malgré les tourments que vous me faites éprouver, je crois pouvoir assurer sans crainte, que, dans ce moment même, je suis plus heureux que vous. En vain m'accablez-vous de vos rigueurs désolantes ; elles ne m'empêchent point de m'abandonner entièrement à l'amour, et d'oublier, dans le délire qu'il me cause, le désespoir auquel vous me livrez. C'est ainsi que je veux me venger de l'exil auquel vous me condamnez. Jamais je n'eus tant de plaisir en vous écrivant ; jamais je ne ressentis, dans cette occupation, une émotion si douce, et pourtant si vive. Tout semble augmenter mes transports : l'air que je respire est brûlant de volupté ; la table même sur laquelle je vous écris, consacrée pour la première fois à cet usage, devient pour moi l'autel sacré de l'amour ; combien elle va s'embellir à mes yeux ! j'aurai tracé sur elle le serment de vous aimer toujours ! Pardonnez, je vous en supplie, le délire que j'éprouve. Je devrais peut-être m'abandonner moins à des transports que vous ne partagez pas : il faut vous quitter un moment pour dissiper une ivresse qui s'augmente à chaque instant, et qui devient plus forte que moi.

Je reviens à vous, Madame, et sans doute j'y reviens toujours avec le même empressement. Cependant le sentiment du bonheur a fui loin de moi ; il a fait place à celui des privations cruelles. À quoi me sert-il de vous parler de mes sentiments, si je cherche en vain le moyen de vous en convaincre ? Après tant d'efforts réitérés, la confiance et la force m'abandonnent à la fois. Si je me retrace encore les plaisirs de l'amour, c'est pour sentir plus vivement le regret d'en être privé. Je ne me vois de ressource que dans votre indulgence, et je sens trop, dans ce moment, combien j'en ai besoin pour espérer de l'obtenir. Cependant jamais mon amour ne fut plus respectueux, jamais il ne dut moins vous offenser ; il est tel, j'ose le dire, que la vertu la plus sévère ne devrait pas le craindre : mais je crains moi-même de vous entretenir plus longtemps de la peine que j'éprouve. Assuré que l'objet qui la cause ne la partage pas, il ne faut pas au moins abuser de ses bontés ; et ce serait le faire, que d'employer plus de temps à vous retracer cette douloureuse image. Je ne prends plus que celui de vous supplier de me répondre, et de ne jamais douter de la vérité de mes sentiments.

Éléments de réponse

Tout l'intérêt du discours de Valmont repose évidemment sur son ambiguïté : une lecture au premier degré, qui ne prendrait en compte que la communication explicite, y verrait la lettre d'un amoureux éconduit et en proie tantôt à l'exaltation amoureuse, tantôt à l'abattement dû à l'éloignement et à la froideur de la femme aimée. Une lecture au second degré en revanche, qui s'efforce de retrouver derrière l'information explicite le contenu implicite du discours – essentiel ici –, en fait la lettre d'un libertin cynique qui raille la malheureuse créature, désarmée face à lui, qu'il a précipitée dans les affres du tourment amoureux, du débat de conscience et de la culpabilité.

En termes de pragmatique cognitive, il apparaît que les trois destinataires du discours ne sont pas mises sur un pied d'égalité. En effet, Émilie et Mme de Merteuil disposent de l'ensemble des informations nécessaires à une interprétation judicieuse du message : elles sont à même, l'une parce qu'elle a un accès direct à la situation d'énonciation, l'autre parce que Valmont la lui décrit dans un courrier, de poser les hypothèses pertinentes, d'inférer avec succès, et donc de récupérer le contenu implicite du discours. Mme de Tourvel par contre est privée de cette information (non langagière) essentielle qu'est la connaissance de la situation d'énonciation ; elle ne dispose pas des prémisses nécessaires à la construction d'une contexte pertinent et ne parvient dès lors qu'à élaborer des inférences partielles menant à des conclusions incomplètes ou fausses. C'est pourquoi elle accède uniquement au contenu explicite du message (le discours « amoureux » mensonger de Valmont), alors que l'information primordiale, implicite (le discours cynique de Valmont), lui demeure inaccessible. On pourrait ajouter de surcroît que Mme de Tourvel, sur un plan plus général, n'est pas de taille face à un adversaire comme Valmont : ses connaissances encyclopédiques (éducation, formation religieuse, relations sociales, vie privée, expérience des relations amoureuses, connaissances de la psychologie humaine…) ne lui permettent pas d'imaginer à quel point Valmont est retors, cynique et manipulateur – ni donc de se prémunir contre le machiavélisme de sa stratégie.

Voir aussi l'analyse de ce texte en termes de polyphonie dans les « Applications pratiques » de la fin du chapitre « La pragmatique intégrée » (sous B).

Chapitre 3
LA PRAGMATIQUE INTÉGRÉE

Oswald Ducrot

Le linguiste français Oswald Ducrot est l'auteur de nombreux ouvrages, parmi lesquels *Dire et ne pas dire. Principes de sémantique linguistique* (1972a), *Dictionnaire encyclopédique des sciences du langage* (Ducrot et Todorov, 1972c), *Les échelles argumentatives* (1980a), *Les mots du discours* (Ducrot *et al.*, 1980c), *L'argumentation dans la langue* (Ducrot et Anscombre, 1983), *Le dire et le dit* (1984), *Logique, structure, énonciation* (1989). Il est, avec **Jean-Claude Anscombre** pour l'étude de l'argumentation (cf. *infra* sous 4), le principal représentant du courant appelé pragmatique intégrée.

1 Introduction

Alors que la pragmatique cognitive (Sperber et Wilson) tire ses origines des théories logicistes et de la philosophie du langage (École d'Oxford), l'école française de pragmatique s'inspire, elle, de la **linguistique de l'énonciation** inaugurée par **Émile Benveniste** dans les années 1960 et illustrée par **Antoine Culioli** entre autres à partir des années 1970.

Ce courant pragmatique français, essentiellement développé à partir des années 1970 et surtout des années 1980, est appelé **pragmatique intégrée** pour la raison que, à la différence du courant anglo-saxon, la pragmatique y est vue comme une discipline fille de la linguistique, *intégrée* à la linguistique (comme le sont la phonétique, la syntaxe et la sémantique) : la pragmatique intervient dans l'interprétation des énoncés pour prendre le relais de la sémantique lorsque celle-ci a achevé son rôle et épuisé ses possibilités.

1.1 *La linguistique de l'énonciation*

Benveniste (1966) constate qu'**il existe dans le discours une série d'éléments par lesquels le locuteur se définit en tant que sujet** : p. ex. les **pronoms** *je* et *tu*, mais aussi les **démonstratifs** comme *celui-ci*, *celle-là*, etc., ou encore les **marqueurs de repérage spatial ou temporel** comme *ici*, *maintenant*... Ces termes, appelés **déictiques** ou **indexicaux**, s'organisent de manière cohérente les uns par rapport aux autres dans le discours, mais sont difficilement analysables en dehors de la situation de communication : ils fournissent en effet des informations qui ne peuvent s'interpréter sans la référence au repère « moi-ici-maintenant » du locuteur (autrement dit, les déictiques sont « vides » mais se « remplissent » dès qu'un locuteur les assume dans une situation d'énonciation). Il faut ajouter aux déictiques les éléments du discours dont l'interprétation ne peut se faire qu'en fonction de l'environnement linguistique, à savoir essentiellement les pronoms de la troisième personne auxquels il faut attribuer un référent : lorsque le référent précède le pronom, celui-ci est dit **anaphorique** (c'est le cas le plus fréquent) ; lorsque le référent suit le pronom, celui-ci est dit **cataphorique**. **La linguistique de l'énonciation a pour objet l'étude des expressions indexicales, anaphoriques et cataphoriques**.

EXEMPLES

Expressions déictiques :
***Je** ne savais pas que **tu** habitais **ici**.*
***Moi, je** préfère **celui-ci**, mais Anne a choisi **celui-là**.*
***Cette** étude doit être terminée **dans trois semaines**.*
*C'est **maintenant** qu'il faut prendre une décision.*
*Le soleil se couche **là-bas**, sur le lac.*

Expressions anaphoriques et cataphoriques :
*J'ai voulu rencontrer **le directeur** : **il** n'a pas pu me recevoir.* (anaphore)
***Marianne** m'a téléphoné : je dîne avec **elle** ce soir.* (anaphore)
***Olivier** m'a aidée à ranger le garage. **C'est** un garçon serviable.* (anaphore)
***Il** est serviable, **Olivier**.* (cataphore)
*Je **lui** ai dit, **au directeur**, qu'**il** devrait me recevoir.* (cataphore et anaphore)

REMARQUE

Benveniste analyse la catégorie de la personne en fonction de deux corrélations. La corrélation de personnalité oppose les deux premières personnes, présentes dans la situation de communication (*je* et *tu* sont déictiques), à la troisième, qui en est absente (*il* est anaphorique). La corrélation de subjectivité oppose la première personne, subjective, à la deuxième, non subjective. Benveniste en arrive ainsi à définir, notamment au travers d'exemples comme *je jure/tu jures, j'ordonne/tu ordonnes, je promets/tu promets...*, une énonciation subjective (*je promets*), i. e. un acte jugé comme contraignant dans les conditions sociales où le langage s'exerce, et une énonciation non subjective (*tu promets*). On retrouve là les performatifs explicites d'Austin (cf. *supra* Austin, sous 1.1.3).

Ainsi, il existe des **catégories énonciatives par lesquelles le sujet parlant se définit en tant que tel**, et les termes qui y appartiennent ne sont analysables que si l'on prend en compte l'**énonciation**. On le sait, l'**énoncé** est la réalisation d'une phrase dans une situation donnée (c'est l'opposition phrase *vs* énoncé – cf. *supra* Grice, sous 3.1). Il s'agit donc du produit, du résultat concret d'un acte. L'**énonciation** en revanche désigne **le processus même qui a pour aboutissement la production d'un énoncé**. Il s'agit donc d'un processus unique, en ce sens que l'énonciation ne peut être reproduite sans que soient modifiées les conditions dans lesquelles elle se réalise, ce qui crée *ipso facto* de nouvelles circonstances d'énonciation (alors qu'un même énoncé peut, lui, être reproduit à plusieurs reprises). La linguistique de l'énonciation souligne l'**importance de l'énonciation et des phénomènes qui y sont associés**.

1.2 *La pragmatique intégrée*

La pragmatique intégrée constitue un prolongement de la linguistique de l'énonciation car elle aussi s'attache à l'ensemble des faits liés à l'énonciation. Par ailleurs, elle présente des **points communs avec la pragmatique cognitive** : ainsi, la pragmatique intégrée comme la pragmatique cognitive considèrent **le langage** non pas dans sa fonction descriptive ou représentative, mais **en tant que moyen d'action** (cf. *supra* Sperber et Wilson, sous 1 et 2), et toutes deux dépassent l'opposition classique entre sens littéral et sens non littéral enfermés dans deux catégories distinctes et étanches pour **inscrire la découverte du sens non littéral dans le prolongement de celle du sens littéral** (cf. *supra* Sperber et Wilson, sous 5). De plus, on retrouve chez Ducrot **l'opposition phrase *vs* énoncé** formulée par Grice (cf. *supra* Grice, sous 3.1 ; cf. *infra* sous 5.1 et 5.2).

Toutefois, **pragmatique cognitive et pragmatique intégrée diffèrent fondamentalement** sur un point essentiel : la définition qu'elles donnent de l'énonciation. En matière de pragmatique cognitive, l'énonciation est un phénomène général préalable à tout processus interprétatif mis en œuvre par le système central de la pensée ; pour la **pragmatique intégrée** par contre, **l'énonciation est une composante fonctionnelle de la langue, une propriété associée au code linguistique et inscrite dans la structure de la langue**. De plus, la pragmatique cognitive accorde un intérêt particulier aux inférences, c'est-à-dire aux processus déductifs et aux schémas interprétatifs (cf. *supra* Sperber et Wilson, sous 3 et 4 notamment). En revanche, la pragmatique intégrée s'intéresse aux **relations argumentatives non déductives et de nature scalaire**, i. e. liées à la gradation (cf. *infra* sous 4).

2 Termes à contenu conceptuel *vs* termes à contenu procédural

Ducrot constate que **certains mots renvoient à des entités du monde**, ou aux événements et actions dans lesquels ces entités sont impliquées. Ces mots sont des substantifs (*maison, chien, table, livre, bateau...*), des adjectifs (*blanc, grand, gentil, lourd...*) et des verbes (*chanter, plaire, finir, détruire, rompre...*) : ils sont appelés **termes à contenu conceptuel**.

En revanche, **certains** autres **mots** ne désignent pas des objets, des propriétés ou des actions du monde, mais **livrent des instructions, des procédures sur la façon d'utiliser les phrases** dans la communication. Il s'agit essentiellement de pronoms personnels (*je, tu…*), de certains verbes (les performatifs d'Austin : *promettre, remercier...* – cf. *supra* Austin, sous 1.1) et des conjonctions, adverbes, etc. (*mais, car, donc, et...* ; *parce que, puisque...* ; *franchement, d'ailleurs, enfin, en effet...*). Ces mots sont des **termes à contenu procédural**[1].

EXEMPLES

Ton dessert est délicieux mais un peu trop sucré.
Ton dessert est délicieux, mais n'insiste pas.
Tu veux dîner dehors parce que ma cuisine te déplaît ?
Tu veux dîner dehors ? Parce qu'il y a un nouveau restaurant qui s'est ouvert en ville.

Le rôle de *mais* et de *parce que* est d'indiquer à l'interlocuteur qu'il lui faut établir un rapport logique entre les deux parties de l'énoncé ; en l'occurrence, respectivement une restriction et une explication.

L'usage du pronom de la première personne du singulier *je* illustre bien le fonctionnement des termes à contenu procédural. En effet, si *je* avait un contenu conceptuel (i. e. désignait un objet du monde), on devrait pouvoir le remplacer par la périphrase « le locuteur de cet énoncé » chaque fois qu'il apparaît. Or, substituer au pronom *je* le contenu « le locuteur de cet énoncé » dans tous les énoncés où ce pronom apparaît donne, du point de vue de la vérité ou de la fausseté de la proposition[2] exprimée, des résultats différents de ceux que l'on obtient avec l'énoncé de départ. Cela revient à dire que le contenu du pronom *je* correspond non pas à un concept, mais à une procédure : ce pronom apparaît pour indiquer à l'interlocuteur qu'il lui appartient de rechercher, dans la situation de communication, la personne qui parle.

1. Ces termes à contenu procédural sont parfois appelés *embrayeurs* (Jakobson 1963) ou *shifters* en anglais.
2. L'énoncé exprime une proposition qui représente une pensée du locuteur (cf. *supra* Sperber et Wilson, sous 4.3.2.2).

EXEMPLE

(a) *Je n'existe pas.*

(b) *Le locuteur de cet énoncé n'existe pas.*

Si dans (a) on substitue à *je* « le locuteur de cet énoncé », on obtient (b). Or, ces deux énoncés ne sont pas équivalents du point de vue du sens. En effet, pour que deux énoncés soient sémantiquement équivalents, il faut qu'ils répondent aux mêmes conditions de vérité ou de fausseté, ce qui n'est pas le cas de (a) et (b). L'énoncé (a), si l'on suppose qu'il est prononcé par Justine, exprime la proposition (a') « Justine n'existe pas » ; l'énoncé (b), lui, exprime la proposition (b') « Le locuteur de cet énoncé n'existe pas » : la proposition (b') est nécessairement fausse, elle ne peut jamais être vraie, car si elle l'était, l'énoncé n'aurait pas été prononcé ; la proposition (a') en revanche peut certes être fausse, mais elle n'est pas *nécessairement* fausse, elle aurait pu être vraie (si les parents de Justine ne s'étaient pas rencontrés, s'ils avaient donné à leur relation une autre tournure, s'ils avaient décidé de ne pas avoir d'enfant, etc.).

Que *je* est un terme à contenu procédural (et non conceptuel) apparaît aussi dans l'analyse du discours rapporté.

EXEMPLE

Serge : – Luc m'a dit : « Je trouve Paul idiot ».

Si l'on remplace dans cet énoncé le pronom de la première personne par « le locuteur de cet énoncé », on obtient :

Luc a dit au locuteur de cet énoncé : « Le locuteur de cet énoncé trouve Paul idiot ».

Comment dès lors distinguer Serge de Luc, à qui pourtant l'énoncé de départ réfère successivement ?

Il est donc manifeste que *je* a bien un contenu procédural, et non un contenu conceptuel – ce qui n'empêche pas que *je* renvoie à un objet du monde (comme les pronoms personnels et démonstratifs en général, et comme les adverbes de lieu et de temps).

REMARQUE

Une analyse similaire à celle du fonctionnement du pronom *je* s'applique bien entendu à *tu* (« le destinataire de cet énoncé ») – ce qui est particulièrement évident dans certains cas de discours rapporté :

Tu m'as bien dit : « Je pense que tu m'as menti » ?

** Le destinataire de cet énoncé a-t-il dit au locuteur de cet énoncé : « Le locuteur de cet énoncé pense que le destinataire de cet énoncé a menti au locuteur de cet énoncé » ?*

Par ailleurs, certains termes ou expressions peuvent revêtir tantôt un contenu conceptuel, tantôt un contenu procédural, ces emplois différents générant naturellement des effets de sens différents.

EXEMPLES

Je voudrais te parler franchement.
Franchement, je voudrais te parler./Je voudrais te parler, franchement.
Nous préférons discuter de ce contrat entre nous avant de le signer.
Entre nous, nous préférons discuter de ce contrat avant de le signer./Nous préférons discuter de ce contrat avant de le signer, entre nous.
Dans ces deux paires d'exemples, l'adverbe (*franchement*) ou le complément (*entre nous*) s'applique, dans le premier énoncé (où il a un contenu conceptuel), au verbe qui le précède (*parler/discuter*), et dans le second (où il a un contenu procédural), à l'énonciation même.

REMARQUES

1 Des études ont montré que les personnes qui étudient une langue étrangère, ou les enfants qui acquièrent le langage, apprennent en général plus facilement les termes à contenu conceptuel que les termes à contenu procédural.

2 Selon la théorie de la pertinence, les termes à contenu conceptuel permettent la production d'effets cognitifs et donc **l'accès aux informations**, tandis que les termes à contenu procédural ont pour rôle de faciliter **le traitement de l'information** (i. e. la simplification de l'interprétation de l'énoncé).

3 Présupposition et sous-entendu

Ducrot observe que tout énoncé assertif communique une **information explicite** (i. e. exprime une proposition) appelée **contenu posé**, mais peut aussi véhiculer une **information implicite** : celle-ci prend la forme d'une **présupposition** ou d'un **sous-entendu**.

3.1 *La présupposition*

Selon Ducrot, un locuteur qui accomplit un acte d'assertion accomplit *ipso facto*, de façon secondaire, un acte de présupposition, lequel est **conventionnellement codé dans le langage**.

EXEMPLE

Félix est un farceur.
Contenu posé (assertion) : « Félix est un farceur ».
Contenu présupposé (présupposition) : « Félix existe ».

La présupposition, ou **contenu présupposé** de l'énoncé, est donc un contenu informatif qu'un énoncé communique de manière non explicite.

EXEMPLE

Martin est parvenu à te convaincre.
Contenu posé (assertion) : « Martin est parvenu à te convaincre ».
Présupposés : « Martin a essayé de te convaincre »
« Martin existe »

Il serait dès lors contradictoire d'affirmer le contenu posé d'un énoncé (« Félix est un farceur ») et de nier son présupposé (« Félix existe »)[3]. Mais il serait également faux de prétendre que la vérité ou la fausseté du présupposé garantissent la vérité ou la fausseté du contenu posé : en effet, ce n'est pas parce que « Félix existe » est vrai que pour autant « Félix est un farceur » l'est. Donc, **la valeur de vérité de la présupposition et celle de l'énoncé sont indépendantes** l'une de l'autre : Ducrot considère que, si le présupposé lié à un énoncé est faux, cet énoncé n'est ni vrai ni faux, mais simplement dépourvu de sens.

EXEMPLE

Le Père Noël est généreux.
Présupposé : « Le Père Noël existe ».
Cet énoncé ne peut être dit ni vrai ni faux : il est dénué de sens parce que son présupposé est faux.

Autrement dit, **la présupposition n'est pas une condition de contenu par rapport à l'énoncé, mais bien une condition d'emploi** : dans l'échange conversationnel, le présupposé est **ce qui doit être accepté par les intervenants pour que ceux-ci se comprennent** et que la communication aboutisse ; il représente dès lors une information d'arrière-plan indispensable. La présupposition est donc un **principe de cohérence** qui assure la continuité du discours ; c'est pourquoi elle peut se manifester également dans des énoncés non assertifs.

EXEMPLES

Pour les vacances, tu veux qu'on aille en Italie ?
Présupposé : « Nous partons en vacances ».

Tu veux du miel ou du cacao dans ton bol de lait ?
Présupposé : « Tu vas boire un bol de lait ».

---

3. Le principe d'anti-tautologie énoncé par Ducrot prévoit par ailleurs que le locuteur ne peut pas à la fois présupposer un contenu et asserter ce même contenu :
– *Olivier se doute de l'absence de Sophie.*
– *Elle est donc absente ?*
* *Olivier se doute de l'absence de Sophie, elle est donc absente.*
Le second locuteur peut, en réaction à l'énoncé du premier, évoquer le contenu présupposé de cet énoncé ; mais cette possibilité disparaît en cas de monologue.

Tu as réussi ton examen de linguistique ?
Présupposé : « Tu as passé un examen de linguistique ».

– Tu as réussi ton examen de linguistique ?
– Je n'ai pas passé d'examen de linguistique.
Dans ce dernier cas, la communication échoue parce que le mécanisme de la présupposition n'a pas fonctionné : le premier locuteur a tablé sur un présupposé faux.

3.2 *Le sous-entendu*

La présupposition n'est pas seule à communiquer une information non explicite : certains énoncés véhiculent également des **contenus sous-entendus**. Il arrive en effet que le locuteur estime peu délicat d'exprimer explicitement une opinion, et qu'il recoure en ce cas à un énoncé proche de l'énoncé explicite, mais qu'il juge plus acceptable : un **énoncé non littéral** (cf. *infra* sous 5.2.2). Cette intention du locuteur doit évidemment être récupérée par l'interlocuteur : le sous-entendu résulte donc d'une **réflexion menée par l'interlocuteur sur les circonstances de l'énonciation**.

EXEMPLE

Félix ne déteste pas les honneurs.
Sous-entendu : « Félix aime (beaucoup) les honneurs ».

REMARQUES

1 En dehors du fait de véhiculer une information implicite, **présupposé et sous-entendu** présentent un point commun : **leur contenu n'est pas affecté par la vérité ou la fausseté de l'énoncé**. Un énoncé faux ou partiellement faux peut donc communiquer un contenu présupposé et/ou sous-entendu :

Tino Rossi était anglais.
Présupposé : « Tino Rossi a existé ».

Tino Rossi était anglais et ne détestait pas les honneurs.
Présupposé : « Tino Rossi a existé ».
Sous-entendu : « Tino Rossi aimait (beaucoup) les honneurs ».

2 En pragmatique intégrée, le passage au discours non littéral correspond donc au recours au sous-entendu ; en termes de pragmatique cognitive, on dirait que pour exprimer la pensée « Félix aime (beaucoup) les honneurs », le locuteur a le choix entre l'énoncé littéral *Félix aime (beaucoup) les honneurs* et un **énoncé non littéral** comme *Félix ne déteste pas les honneurs* (i. e. un énoncé qui présente certaines implications contextuelles communes avec sa pensée – cf. *supra* Sperber et Wilson, sous 5).

3.3 *Distinction entre présupposé et sous-entendu*

Même s'ils communiquent tous deux une information implicite, **présupposé et sous-entendu se distinguent** l'un de l'autre. Quatre critères le montrent : leur relation avec le code et avec le contexte (3.3.1), leur comportement syntaxique (3.3.2), le rapport du sens implicite (présupposé ou sous-entendu) au sens explicite (ou contenu posé) (3.3.3), et les rôles respectifs du locuteur et de l'interlocuteur par rapport au sens implicite (3.3.4).

3.3.1 Relation avec le code et avec le contexte

Le mécanisme de la **présupposition** est inscrit **dans la structure même du code de la langue** et est par conséquent **indépendant du contexte et des circonstances de l'énonciation**. La production d'un **sous-entendu** en revanche **dépend directement du contexte**, et est donc **liée à l'énonciation** : l'intonation, la gestuelle, la mimique du locuteur, ainsi que d'autres données relevant de la situation de communication peuvent la déclencher, et les facultés de déduction de l'interlocuteur sont mobilisées pour l'interprétation de l'énoncé.

EXEMPLES

Martin est parvenu à te convaincre.
Cet énoncé a pour présupposé « Martin a essayé de te convaincre », et ce quelle que soit la personne prénommée Martin, quel que soit son comportement réel, et quelle que soit la situation de communication.

Félix ne déteste pas les honneurs.
Cet énoncé peut certes avoir pour sous-entendu « Félix aime (beaucoup) les honneurs », mais aussi « Félix hait farouchement les honneurs » (*Félix ne déteste pas les honneurs, il les hait farouchement*). Ce sont ses connaissances encyclopédiques (notamment celles relatives à Félix), sa connaissance du locuteur et de la situation de communication, etc. qui guideront l'interlocuteur vers l'interprétation qu'il estime adéquate[4].

3.3.2 Comportement syntaxique

Présupposé et sous-entendu réagissent différemment lorsqu'ils sont soumis aux transformations négative et interrogative, et à l'enchaînement de subordination.

4. Naturellement, il se peut aussi que l'énoncé ne véhicule aucun sous-entendu et se limite à communiquer son contenu posé : « Félix n'a rien contre les honneurs ».

3.3.2.1 Le **présupposé** a pour caractéristique de **subsister** lorsque l'énoncé est soumis aux **transformations négative et interrogative**. Le **sous-entendu** en revanche **ne résiste ni à la négation, ni à la mise en question**.

EXEMPLES

Martin est parvenu à te convaincre.
Martin n'est pas parvenu à te convaincre.
Martin est-il parvenu à te convaincre ?
Ces trois énoncés ont pour présupposé « Martin a essayé de te convaincre ».

Félix ne déteste pas les honneurs.
Félix déteste les honneurs.
Félix déteste-t-il les honneurs ?
Les deux derniers énoncés ne véhiculent plus l'information sous-entendue « Félix aime (beaucoup) les honneurs » contenue dans le premier (à noter par contre que le présupposé « Félix existe » lié à cet énoncé de départ résiste, lui, à la négation et à l'interrogation).

3.3.2.2 La subordination s'exerce sur le contenu posé de l'énoncé : **le présupposé**, lui, **reste en dehors de la subordination**. Par contre, **le sous-entendu résiste parfaitement à l'enchaînement de subordination**, et la subordination porte d'ailleurs régulièrement sur le contenu sous-entendu. La preuve en est que, lorsqu'une construction subordonnée se greffe sur l'énoncé de départ, il est impossible de paraphraser ce nouvel énoncé en y substituant le contenu présupposé au contenu posé, mais tout à fait possible de le paraphraser en y remplaçant le contenu posé par le contenu sous-entendu.

EXEMPLES

Martin est parvenu à te convaincre parce qu'il s'est montré aimable.
Cet énoncé ne peut se paraphraser par
Martin a essayé de te convaincre parce qu'il s'est montré aimable.

Félix ne déteste pas les honneurs puisqu'il a accepté les palmes académiques.
Cet énoncé en revanche peut fort bien être paraphrasé par
Félix aime (beaucoup) les honneurs puisqu'il a accepté les palmes académiques.

3.3.3 Rapport au sens explicite

Le présupposé appartient au sens explicite ou contenu posé de l'énoncé : si l'expression qui véhicule le présupposé est remplacée par une expression synonyme (i. e. qui ne modifie pas les conditions de vérité de l'énoncé), le présupposé disparaît. En revanche, **le sous-entendu est toujours exclu du sens explicite de l'énoncé** : il résiste très bien à la paraphrase de l'énoncé de départ.

EXEMPLES

Martin est parvenu à te convaincre.
→ *Martin a obtenu ton accord.*
Le second énoncé n'a plus pour présupposé « Martin a essayé de te convaincre ».

Félix ne déteste pas les honneurs.
→ *Félix n'a rien contre les honneurs.*
Le second énoncé peut parfaitement conserver le sens sous-entendu « Félix aime (beaucoup) les honneurs ».

L'appartenance du présupposé au sens explicite de l'énoncé explique pourquoi prétendre en même temps affirmer le contenu posé d'un énoncé et nier son contenu présupposé mène obligatoirement à une contradiction inacceptable sur le plan de la logique (cf. *supra* sous 3.1), et aussi pourquoi **la contestation du présupposé par l'interlocuteur empêche généralement le locuteur de contre-argumenter efficacement**. En revanche, le contenu sous-entendu peut fort bien, lui, être nié, ou entrer en contradiction avec le contenu posé. De plus, **il est toujours loisible au locuteur de se retrancher derrière le sens explicite de l'énoncé et de laisser à l'interlocuteur la responsabilité du repérage et de l'interprétation d'un sous-entendu** – c'est du reste tout l'intérêt d'un énoncé à contenu sous-entendu que de permettre au locuteur de se ménager l'échappatoire d'un contre-argument recevable.

EXEMPLES

* *Félix est un farceur mais Félix n'existe pas.*

– *Martin est parvenu à te convaincre.*
– *Voyons, Martin n'a jamais essayé de me convaincre !*
Confronté à cette réplique qui réfute le présupposé « Martin a essayé de te convaincre », il est difficile, voire impossible pour le locuteur de nier qu'il a commis une erreur en affirmant « Martin est parvenu à te convaincre ».

Saint-Just était la modération même.
Cet énoncé peut véhiculer le contenu sous-entendu « Saint-Just était violent et fanatique », lequel contredit son contenu posé.

– *Félix ne déteste pas les honneurs.*
– *Voyons, Félix n'est pas vaniteux !*
Si le second locuteur accuse ainsi le premier de médisance, celui ci peut parfaitement rétorquer :
– *Mais je n'ai jamais dit ça, j'ai simplement dit que Félix ne déteste pas les honneurs.*

3.3.4 Rôles du locuteur et de l'interlocuteur

Le présupposé est indépendant du contexte et **antérieur à l'acte d'énonciation**, tandis que **le sous-entendu est** contextuellement dépendant et **postérieur à l'acte d'énonciation** (cf. *supra* sous 3.3.1) – le contenu posé étant, quant à lui, simultané à l'énonciation. Cela veut dire que, par rapport à un même énoncé, **le présupposé est antérieur au sous-entendu : la connaissance du contenu présupposé est un préalable nécessaire à la recherche du contenu sous-entendu**. Cela veut dire également que **le présupposé appartient à l'intention du locuteur** alors que **le sous-entendu relève de l'interprétation de l'interlocuteur** (cf. *supra* sous 3.3.3) – le posé appartenant au domaine commun au locuteur et à l'interlocuteur.

EXEMPLES

Félix continue à ne pas détester les honneurs.
Présupposé (antérieur à l'énonciation et donc au sous-entendu, et relevant de l'intention du locuteur) : « Félix ne détestait pas les honneurs ».
Sous-entendu (postérieur à l'énonciation et donc au présupposé, et relevant de l'interprétation de l'interlocuteur) : « Félix aime toujours (beaucoup) les honneurs ».

Si j'avais invité Marianne, Michel serait venu à ce dîner.
Présupposé : « Je n'ai pas invité Marianne ».
Sous-entendu : « Michel n'est pas venu à ce dîner ».

Les contrefactuelles illustrent bien l'antériorité du présupposé par rapport au sous-entendu : en effet, si le locuteur estime ne pouvoir parler de l'absence de Michel qu'en se plaçant dans l'hypothèse de la venue de Marianne, l'interlocuteur peut légitimement conclure que la présence de Michel dépendait de celle de Marianne. Dès lors, pour parvenir à la conclusion que « Michel n'est pas venu à ce dîner », à savoir au sous-entendu de l'énoncé, l'interlocuteur doit recourir préalablement à l'information « Le locuteur n'a pas invité Marianne », c'est-à-dire au présupposé de l'énoncé. La découverte du présupposé est donc indispensable – et, *ipso facto*, antérieure – à celle du sous-entendu[5].

REMARQUES

1 La différence entre présupposé et sous-entendu permet de rendre compte des différences de sens entre les expressions *peu de* et *un peu de* (cf. *infra* sous 4.1) :

Marianne a bu peu de vin blanc.
Marianne a bu un peu de vin blanc.

5. Dans la théorie de Sperber et Wilson, l'interprétation des contrefactuelles se fait grâce au mécanisme de la supposition (cf. *supra* Sperber et Wilson, sous 5.4).

Dans le premier cas (*peu de*), l'énoncé a pour contenu posé « Marianne a bu du vin blanc en faible quantité », et pour présupposé « Marianne a bu du vin blanc ». En effet, ce présupposé résiste aux transformations négative et interrogative :

> *Marianne n'a pas bu peu de vin blanc.*
> *Marianne a-t-elle bu peu de vin blanc ?*

présupposent bien que « Marianne a bu du vin blanc ».

Dans le second cas (*un peu de*) en revanche, l'énoncé pose le contenu « Marianne a bu du vin blanc » en limitant la quantité de vin bue (i. e. en indiquant que cette quantité est faible), mais, comme le montrent les transformations négative et interrogative

> *Marianne n'a pas bu un peu de vin blanc.*
> *Marianne a-t-elle bu un peu de vin blanc ?*

ne présuppose nullement que « Marianne a bu du vin blanc » : l'énoncé négatif peut très bien se compléter par ... *elle n'en a même pas bu du tout*[6]; quant à la question, elle peut parfaitement recevoir la réponse *Non, Marianne n'a pas bu de vin blanc.*

Si en revanche ces énoncés sont non littéraux, c'est-à-dire s'ils prennent valeur de litote, le premier (*Marianne a bu peu de vin blanc*) a pour sous-entendu « Marianne a bu très peu de vin blanc », voire « Marianne n'a pas bu du tout de vin blanc », tandis que le second (*Marianne a bu un peu de vin blanc*) a pour sous-entendu « Marianne a bu beaucoup de vin blanc » (cf. *infra* sous 5.2.2.3).

2 Le **présupposé** défini par Ducrot rejoint la notion d'**implicitation conventionnelle** (ou lexicale) chez Grice (cf. *supra* Grice, sous 3.2.1, 3.2.3.1 et 3.2.3.2) : l'implicitation conventionnelle est indépendante du contexte tout comme le présupposé (cf. *supra* sous 3.3.1), l'implicitation conventionnelle n'est pas annulable (i. e. elle ne peut être annulée sans rendre l'énoncé de départ contradictoire) tout comme le présupposé ne peut être nié sans dommage pour le sens posé (cf. *supra* sous 3.1), et l'implicitation conventionnelle est détachable (i. e. si l'expression qui la véhicule dans l'énoncé de départ est remplacée par une expression synonyme, l'implicitation conventionnelle disparaît) tout comme le présupposé ne résiste pas à la paraphrase dans l'énoncé de départ (cf. *supra* sous 3.3.3). Le présupposé correspond, dans le modèle de Sperber et Wilson (cf. *supra* Sperber et Wilson, sous 4.4), à **certaines des informations** contenues dans la forme logique et dans la forme propositionnelle de l'énoncé, et **qui donnent accès aux prémisses implicitées** : ainsi, en termes de pragmatique cognitive, l'échec de la communication dans – *Tu as réussi ton examen de linguistique ?/– Je n'ai pas passé d'examen de linguistique* serait imputé à un désaccord sur les prémisses, à un recours du premier locuteur à une prémisse erronée. Cependant, pour Grice comme pour Sperber et Wilson, la vérité des prémisses implicitées est liée à celle de la conclusion qui en est déduite : le degré de vérité de la conclusion ne peut être moins grand que

6. Pour les enchaînements avec *même*, voir la relation de force argumentative (cf. *infra* sous 4.1).

celui des prémisses. De ce point de vue, *Le Père Noël est généreux* est donc un énoncé faux car fondé sur une prémisse fausse (« Le Père Noël existe »)[7].

Le **sous-entendu** défini par Ducrot rejoint quant à lui la notion d'**implicitation conversationnelle** (ou discursive) chez Grice (cf. *supra* Grice, sous 3.2.2, 3.2.3.1 et 3.2.3.2) : l'implicitation conversationnelle est contextuellement dépendante tout comme le sous-entendu (cf. *supra* sous 3.3.1), l'implicitation conversationnelle est annulable (i. e. elle peut être annulée sans rendre l'énoncé de départ contradictoire) tout comme le sous-entendu peut être nié sans compromettre le sens explicite de l'énoncé (cf. *supra* sous 3.3.3), et l'implicitation conversationnelle n'est pas détachable (i. e. si l'expression qui la véhicule dans l'énoncé de départ est remplacée par une expression synonyme, l'implicitation conversationnelle se maintient) tout comme le sous-entendu résiste à la paraphrase dans l'énoncé de départ (cf. *supra* sous 3.3.3). Par rapport au modèle cognitif de Sperber et Wilson, les sous-entendus correspondent aux **conclusions implicitées** ou **implications contextuelles** qu'il appartient à l'interlocuteur d'inférer au départ des explicitations et des implicitations de l'énoncé (cf. *supra* Sperber et Wilson, sous 4.5). Cependant, pour Ducrot, l'interprétation du sous-entendu relève de la responsabilité de l'interlocuteur, alors que selon Sperber et Wilson, c'est avant tout la responsabilité du locuteur qui est engagée dans l'établissement des conclusion implicitées.

3.4 *Le sens métaphorique*

Comme le présupposé et le sous-entendu, le **sens métaphorique** fait partie des contenus implicites que peut véhiculer un énoncé. Bien que l'énoncé métaphorique soit un énoncé non littéral (i. e. un énoncé à contenu sous-entendu – cf. *supra* sous 3.2), **la description du sens métaphorique rejoint souvent celle du sous-entendu, mais parfois aussi celle du présupposé** (cf. Klinkenberg 1998).

3.4.1 Dans son rapport au code et au contexte, le sens métaphorique se décrit comme le sous-entendu : il n'est pas inscrit dans la structure du code mais **lié à l'énonciation** et contextuellement dépendant.

EXEMPLES

Jean-Marie est un cornichon.
La femme est l'avenir de l'homme.
Rien dans le code linguistique ne prévoit que *cornichon* puisse prendre le sens de « individu qui manque de sérieux », ni ne permet d'attribuer un sens déterminé à

7. Bien entendu, si un énoncé relatif au Père Noël (ou à tout autre personnage imaginaire : Mary Poppins, Harry Potter…) est envisagé non plus dans le cadre d'un discours de fiction, mais dans celui d'un discours sérieux, le présupposé qui y est lié peut être vrai, p. ex. si *le Père Noël* est le surnom de quelqu'un (le titre du film *Le Père Noël est une ordure* (J.-M. Poiré, 1982) en offre un bon exemple ; il y a même en quelque sorte mise en abyme puisque le surnom de *Père Noël* s'applique à un personnage de fiction, Félix, incarné par Gérard Jugnot) – cf. *supra* Sperber et Wilson, sous 5.4, note 12.

l'expression *l'avenir de l'homme* : ce sont les circonstances de l'énonciation, le contexte et les connaissances encyclopédiques de l'interlocuteur qui permettent une interprétation adéquate.

3.4.2 Du point de vue du comportement syntaxique, le sens métaphorique, comme le présupposé, **résiste aux transformations négative et interrogative** ; en revanche il peut, comme le sous-entendu, **faire l'objet d'un enchaînement de subordination**.

EXEMPLES

Jean-Marie n'est pas un cornichon.
Jean-Marie est-il un cornichon ?
Jean-Marie est un cornichon puisqu'il a une fois de plus égaré sa casquette.

La femme n'est pas l'avenir de l'homme.
La femme est-elle l'avenir de l'homme ?
La femme est l'avenir de l'homme depuis qu'ils sont sur Terre.
Les énoncés transformés conservent le sens métaphorique de l'énoncé de départ[8], et c'est bien sur le sens métaphorique que porte la subordination.

3.4.3 Pour ce qui est du rapport au sens explicite ou contenu posé de l'énoncé, le statut du sens métaphorique est particulier. D'une part, **le sens métaphorique** non seulement est exclu du sens explicite (comme l'est le sous-entendu), mais **disqualifie obligatoirement le sens explicite** : Jean-Marie ne peut être à la fois un fruit de cucurbitacée et un être humain.

D'autre part, de même que le présupposé (qui, lui, appartient au contenu posé), le sens métaphorique **ne résiste pas à la paraphrase de l'énoncé de départ**.

EXEMPLE

Jean-Marie est une petite péponide verte utilisée comme condiment.
Cet énoncé a perdu le caractère métaphorique de l'énoncé de départ.

Par ailleurs – de même qu'il est impossible d'affirmer le posé en niant le présupposé, ou de contre-argumenter lorsque le présupposé est réfuté –, il est **difficile d'affirmer le contenu posé d'un énoncé tout en niant le sens métaphorique qui peut y être lié**, et **la contestation par l'interlocuteur du sens métaphorique empêche en principe le locuteur de contre-argumenter en se retranchant derrière le contenu posé** (comme il lui est loisible de le faire en cas de contestation du sous-entendu).

8. Que la transformation négative appliquée à un énoncé métaphorique rende cet énoncé vrai n'empêche pas qu'il conserve son caractère métaphorique : *Jean-Marie n'est pas un cornichon, c'est au contraire un garçon très sérieux* (cf. *supra* Sperber et Wilson, sous 5.3.3).

EXEMPLES

?? Jean-Marie est un garçon qui manque de sérieux mais Jean-Marie n'est pas un cornichon.

– Jean-Marie est un cornichon.
– Voyons, Jean-Marie est quelqu'un de sérieux!
?? – Mais je n'ai jamais dit le contraire, j'ai simplement dit que Jean-Marie est un cornichon.

3.4.4 Enfin, les responsabilités des intervenants de la communication par rapport au sens métaphorique sont partagées: tant l'intention du locuteur (qui opte pour un énoncé métaphorique) que l'interprétation de l'interlocuteur (qui attribue un sens à cet énoncé) contribuent à la construction du sens métaphorique.

4 Les phénomènes scalaires: échelles argumentatives et *topoï*

Pour Ducrot et Anscombre, il importe de distinguer la notion d'inférence de celle d'argumentation. L'**inférence** est la relation qui existe entre un fait et la production d'un énoncé, ce dernier présentant ce fait comme le point de départ d'une déduction débouchant précisément sur la production de l'énoncé.

EXEMPLES

Bon, on annule le pique-nique.
Si le locuteur produit cet énoncé après avoir ouvert les volets et constaté qu'il pleut à verse, la relation entre le fait (i. e. la pluie) et la production de l'énoncé est une relation d'inférence.

– J'ai raté mon examen de linguistique.
– Tu dois être déçu.
Dans ce cas, c'est le fait évoqué par le premier locuteur (i. e. l'échec) qui permet au second d'opérer l'inférence à l'origine de l'énonciation de sa réponse.

– Tu as acheté du chocolat?
– Tu aimes le chocolat maintenant?
Cette fois, c'est l'acte de questionnement même du premier locuteur (i. e. l'énonciation de la première question) qui constitue le fait déclenchant l'inférence à l'origine de l'énonciation de la réponse.

L'**argumentation** en revanche est une **relation de nature discursive** établie entre un argument et une conclusion, et dans laquelle l'argument vise à faire admettre la conclusion. Ducrot et Anscombre constatent que **certains éléments d'ordre argumentatif sont nécessaires à la compréhension des énoncés**. Ces **instructions argumentatives** sont même de leur point de vue les données les plus importantes pour la compréhension de l'énoncé.

EXEMPLE

– *Tu as fini ton travail ?*
– *Oui, presque.*
La valeur informative de la réponse du second locuteur est « Je n'ai pas fini mon travail », puisqu'un travail *presque fini* n'est, par définition, pas *fini*. Or, cette réponse se veut manifestement affirmative, comme l'indique le *oui* : elle est porteuse d'une valeur argumentative, laquelle prime la valeur informative et garantit la bonne compréhension de l'énoncé.

En d'autres termes, pour Ducrot et Anscombre, la valeur argumentative prime la valeur informative : c'est la **thèse du primat de l'argumentation** de la pragmatique intégrée. À ce titre, **la pragmatique intégrée est une théorie argumentative et non vériconditionnelle**, puisque l'information communiquée par l'énoncé, évaluable en termes de vérité ou de fausseté, y est vue comme secondaire – ou, plus exactement, comme dérivable de la valeur argumentative de la phrase[9].

Selon Ducrot et Anscombre, il existe même des **énoncés à contenu uniquement argumentatif** (i. e. dépourvus de contenu informatif). Ils le prouvent en montrant que, dans les enchaînements suivants, *est-ce que p ?* et *non-p* ont la même valeur argumentative, à savoir l'affirmation de *non-p*, ce qui signifie *ipso facto* que *est-ce que p ?* n'est porteur d'aucune valeur informative.

EXEMPLE

J'ai des doutes sur les intentions d'Olivier : il passe le week-end à la maison, mais il ne rangera pas le garage (non-p).
J'ai des doutes sur les intentions d'Olivier : il passe le week-end à la maison, mais est-ce qu'il rangera le garage ? (est-ce que p ?)
Soit *p* = « Olivier rangera le garage », *non-p* = « Olivier ne rangera pas le garage » et *est-ce que p ?* = « Est-ce qu'Olivier rangera le garage ? ». La comparaison des deux enchaînements qui précèdent montre que *est-ce que p ?* contribue manifestement à l'établissement de la conclusion *non-p* : *est-ce que p ?* ne véhicule donc pas, comme le considère l'analyse sémantique classique, un contenu informatif posant l'alternative *p ou non-p* (« Olivier rangera-t-il le garage ou non ? »), mais a une valeur exclusivement argumentative (pour ce qui est du rôle argumentatif de *mais*, cf. *infra* sous 4.1).

Cependant, ce n'est pas l'argumentation telle qu'elle est définie classiquement, à savoir la stratégie de la persuasion, qui intéresse Ducrot et Anscombre. Pour eux, **la langue dispose d'une série de potentialités argumentatives inscrites dans son lexique et dans ses structures** (i. e. au niveau de la phrase), **et ces potentialités se réalisent dans le discours** (i. e. au niveau de l'énoncé) **en donnant**

9. C'est pourquoi Ducrot (1980a: 72) « refuse la séparation entre la sémantique, qui serait consacrée aux notions de vérité et de valeur informative, et la pragmatique, qui concernerait l'effet, notamment l'influence argumentative, que la parole prétend posséder » : la pragmatique est bel et bien *intégrée* à la sémantique, et donc à la linguistique.

lieu à des relations argumentatives : c'est à l'étude de ce type de relations que s'attache la pragmatique intégrée. Une caractéristique essentielle de la relation argumentative est d'être **scalaire**, c'est-à-dire d'être gradable par rapport à des formes génériques appelées *topoï*, et de permettre de situer sur une « échelle » ou axe orienté et gradué[10].

4.1 *Les échelles argumentatives*

Lorsque plusieurs arguments concourent à établir la même conclusion, Ducrot considère qu'ils font partie de la même **classe argumentative**. Lorsqu'au sein d'une classe, les arguments peuvent être ordonnés en fonction de leur force, ces arguments constituent une échelle. **Une échelle argumentative est donc une classe argumentative orientée**.

EXEMPLE

Marianne a bu peu de vin blanc.
Marianne a bu un peu de vin blanc.
Sur l'échelle qui quantifie le vin bu, le second énoncé a une puissance argumentative plus grande que le premier : l'interlocuteur comprend que Marianne a bu plus de vin dans le second cas que dans le premier (cf. *supra* sous 3.3, remarque 1, et *infra* sous 5.2.2.3).

L'orientation argumentative d'une phrase peut être définie par des **facteurs linguistiques**, c'est-à-dire par des marqueurs spécialisés révélant explicitement les propriétés argumentatives inscrites dans la structure de la langue : ce sont des termes à contenu procédural (cf. *supra* sous 2) appelés **opérateurs argumentatifs** ou **connecteurs argumentatifs**. La différence entre opérateurs et connecteurs est d'ordre fonctionnel : l'opérateur agit au sein d'une proposition (*presque*, *ne ... pas*, *ne ... que*, etc.), tandis que le connecteur a pour rôle de relier entre eux des actes illocutionnaires (*même*, *mais*, *et*, *alors*, *cependant*, *car*, *parce que*, *puisque*, etc. – cf. *infra* sous 6.3)[11].

EXEMPLES

Jacques est gentil (p), *il est même charmant* (q).
Cet étudiant a une moyenne de 16 (p), *il a même obtenu 19/20 à mon examen* (q).
Dans ces deux énoncés, les arguments *p* et *q* sont placés sur **la même échelle argumentative** et sont dits **coorientés** (i. e. ils participent de la même orienta-

10. Les relations argumentatives ne sont pas les seuls phénomènes linguistiques scalaires : p. ex., classer les termes *tiède*, *chaud* et *brûlant* sur un axe gradué et orienté relève également de la scalarité.

11. Il arrive qu'un même terme puisse être, selon les emplois, opérateur ou connecteur. Ainsi, *même* est opérateur dans *Même Charles a chanté*, mais connecteur dans *Jacques est gentil, il est même charmant*.

tion argumentative), et *même* établit une **relation de force argumentative** : pour aboutir à la conclusion *r* visée (*r* = « Jacques est d'un commerce particulièrement agréable »/« Cet étudiant est brillant »), *q* est argumentativement plus fort que *p*. Il n'est d'ailleurs pas possible d'inverser l'ordre des arguments :
* *Jacques est charmant, il est même gentil.*
* *Cet étudiant a obtenu 19/20 à mon examen, il a même une moyenne de 16.*

Benoît conduit bien (p) *mais il roule vite* (q).
Ton dessert est délicieux (p) *mais un peu trop sucré* (q).
Ton dessert est délicieux (p), *mais n'insiste pas* (q).
Dans ces trois énoncés en revanche, *p* et *q* appartiennent à **deux échelles argumentatives différentes**, aboutissant respectivement aux conclusions *r* et *non-r* (*r* = « Benoît est un bon conducteur »/« Ton dessert ne pourrait pas être meilleur »/« Ressers-moi du dessert » ; *non-r* = « Benoît est un conducteur dangereux »/« Ton dessert pourrait être amélioré »/« Ne me ressers pas de dessert ») : *mais* établit une **relation de contradiction argumentative**, et les arguments *p* et *q* sont dits **anti-orientés** (i. e. ils ont une orientation argumentative opposée).

– *Tu as fini ton travail ?*
– *Oui, presque.*
Pour formuler sa réponse, l'interlocuteur fait appel à une relation argumentative orientée : sur l'échelle de la finitude, *presque fini* est certes moins puissant que *fini*, mais nettement plus que *pas fini* (qui exigerait d'ailleurs une réponse en *non* : *Non, je n'ai pas fini*).

Max a lu quelques romans de Balzac.
Max n'a pas lu tous les romans de Balzac.
Selon Ducrot, *ne … pas … tous* et *quelques* appartiennent à la même échelle argumentative (en l'occurrence, celle qui quantifie les romans de Balzac lus par Max), et, si le but est d'arriver à la conclusion *r* = « Max connaît bien la *Comédie humaine* », la puissance argumentative du premier énoncé est supérieure à celle du second, comme le montrent les enchaînements suivants :
Max connaît bien la *Comédie humaine* : il a lu quelques romans de Balzac.
?? *Max connaît bien la* Comédie humaine *: il n'a pas lu tous les romans de Balzac.*
?? *Max ne connaît pas bien la* Comédie humaine *: il a lu quelques romans de Balzac.*
Max ne connaît pas bien la *Comédie humaine* : il n'a pas lu tous les romans de Balzac.
L'établissement d'une relation de force argumentative à l'aide de même *confirme ce classement :*
Max a lu quelques romans de Balzac, et même tous.
* *Max n'a pas lu tous les romans de Balzac, et même tous.*
* *Max a lu quelques romans de Balzac, il n'en a même lu aucun.*
Max n'a pas lu tous les romans de Balzac, il n'en a même lu aucun.
Bien entendu, une relation de contradiction argumentative établie par mais peut inverser la puissance argumentative des deux énoncés de départ :

Max a lu quelques romans de Balzac, mais pas beaucoup.
Max n'a pas lu tous les romans de Balzac, mais il les a presque tous lus.

Il faut remarquer que **l'orientation de la relation argumentative n'est pas forcément définissable *a priori***. De ce point de vue, les **facteurs discursifs**, à savoir les différents **enchaînements discursifs** possibles, jouent un rôle essentiel (ce qui revient à dire qu'une interprétation correcte du contenu informatif de l'énoncé exige souvent que son orientation argumentative ait été judicieusement établie, et ramène au primat de l'argumentation sur l'information).

EXEMPLES

Selon que le locuteur souhaite parvenir à la conclusion *r* ou à la conclusion *non-r*, il optera pour l'un ou l'autre des énoncés des paires suivantes (alors que les contenus informatifs ne varient pas : dans les deux cas, la conduite automobile est dite « bonne » et « rapide », et le dessert « délicieux » et « un peu trop sucré ») :
Benoît conduit bien mais il roule vite.
Benoît roule vite mais il conduit bien.
Ton dessert est délicieux mais un peu trop sucré.
Ton dessert est un peu trop sucré mais délicieux.

Le thermomètre affiche presque dix degrés.
Selon les enchaînements discursifs, la relation argumentative établie par *presque* est orientée vers le haut (« La température est à peine inférieure à dix degrés ») ou vers le bas (« La température est à peine supérieure à dix degrés ») :
Regarde comme la température a monté : le thermomètre affiche presque dix degrés.
Regarde comme la température a baissé : le thermomètre affiche presque dix degrés.

Cependant, l'orientation argumentative de la phrase déterminée par les facteurs linguistiques et par l'enchaînement discursif ne suffit pas à atteindre une conclusion argumentative satisfaisante.

EXEMPLE

La réunion n'a duré que deux heures : c'est parfait.
La réunion a duré deux heures : c'est scandaleux.
Il semble bien que l'orientation argumentative est : *la réunion n'a duré que deux heures* est orienté vers l'« approprié » ; *la réunion a duré deux heures* l'est vers l'« inapproprié ». Le problème est que l'orientation inverse, amenant donc à la conclusion inverse, est tout à fait possible :
La réunion n'a duré que deux heures : c'est scandaleux.
La réunion a duré deux heures : c'est parfait.

Pour résoudre ce type de problème, il faut recourir à la notion de *topoï*.

4.2 Les topoï

La notion de ***topoï*** (du grec τοπος, pluriel τοποι) est empruntée à Aristote et désigne un **lieu commun argumentatif**, un principe général accepté par une communauté linguistique et servant de référence dans la construction du discours argumentatif.

EXEMPLE

Tu devrais lire Splendeurs et misères des courtisanes, *c'est l'un des meilleurs romans de Balzac.*
La justification de ce conseil se fait par la référence au *topos* « Il faut lire les chefs-d'œuvre de la littérature ».

Les *topoï* ont pour caractéristiques de n'être **généralement pas explicités**[12], et d'être applicables dans les limites d'une **zone de validité particulière**.

EXEMPLES

Tu devrais lire Splendeurs et misères des courtisanes, *c'est l'un des meilleurs romans de Balzac.*
? *Tu devrais lire* Splendeurs et misères des courtisanes, *c'est l'un des meilleurs romans de Balzac et il faut lire les chefs-d'œuvre de la littérature.*
Pour prodiguer ce conseil, il est plus fréquent d'utiliser le premier énoncé (i. e. celui qui n'explicite pas le *topos*) que le second.

– Tu participes au concours de poésie ?
– Non, il y a trop de concurrents./Non, il n'y a pas assez de concurrents.
La réponse se construit par référence au *topos* « On participe à un concours quand il y a un nombre satisfaisant de concurrents ». Le second locuteur est donc libre de signaler, en l'indiquant par *trop de* ou *ne … pas assez de*, que les limites de la zone d'application du *topos* ne sont pas respectées.

Les *topoï* ont également la caractéristique d'être des **règles argumentatives de nature scalaire** (i. e. d'être gradables) : chaque *topos* donne ainsi lieu à **quatre formes topiques** (T_1, T_2, T_3 et T_4) du type {+P, +Q}, {–P, –Q}, {+P, –Q} et {–P, +Q}, elles-mêmes réductibles à deux grands principes opposés l'un à l'autre, « Il faut +Q » *vs* « Il faut –Q ». Ces formes topiques définissent les **trajets interprétatifs** qu'il faut emprunter pour passer d'un argument à sa conclusion.

EXEMPLE

La réunion n'a duré que deux heures : c'est parfait.
La réunion a duré deux heures : c'est scandaleux.
La réunion n'a duré que deux heures : c'est scandaleux.

12. La notion de *topos* (lieu commun argumentatif servant de référence implicite) rappelle l'analyse que Sperber et Wilson donnent de l'ironie (mention implicite de proposition), mécanisme d'écho susceptible de référer à une norme implicite relevant des savoirs partagés généraux (cf. *supra* Sperber et Wilson, sous 5.3.2.3).

La réunion a duré deux heures : c'est parfait.
L'interprétation de ces énoncés se fait par référence au *topos* « Il faut qu'une réunion ait une durée appropriée », lequel se décline en quatre formes topiques :
T_1 : « Plus la réunion est brève, plus elle est satisfaisante » ({+P, +Q}).
T_2 : « Moins la réunion est brève, moins elle est satisfaisante » ({–P, –Q}).
T_3 : « Plus la réunion est brève, moins elle est satisfaisante » ({+P, –Q}).
T_4 : « Moins la réunion est brève, plus elle est satisfaisante » ({–P, +Q}).
Les quatre formes topiques, qui définissent quatre trajets interprétatifs, sont réductibles aux deux grands principes opposés « Il faut se réjouir qu'une réunion ait une durée appropriée » (« Il faut +Q ») *vs* « Il faut déplorer qu'une réunion ait une durée inappropriée » (« Il faut –Q »).
Le recours au formes topiques et aux trajets interprétatifs résout le problème de l'orientation argumentative posé sous 4.1. : la conclusion « Il faut +Q » est servie par les trajets définis par T_1 et T_4 ; la conclusion « Il faut –Q », par les trajets définis par T_2 et T_3. La possible variation de l'orientation argumentative (*la réunion n'a duré que deux heures* orienté vers l'« approprié » et *la réunion a duré deux heures* orienté vers l'« inapproprié », ou *la réunion n'a duré que deux heures* orienté vers l'« inapproprié » et *la réunion a duré deux heures* orienté vers l'« approprié ») est donc conditionnée par le choix de la forme topique de référence (T_1, T_2, T_3 ou T_4) sélectionnée par le locuteur.

Quelquefois cependant, **les trajets interprétatifs ne sont pas tous susceptibles de relier un argument à sa conclusion : un opérateur argumentatif peut interdire de suivre certains de ces chemins**.

EXEMPLE

L'argument *la réunion a duré deux heures* peut atteindre la conclusion *c'est parfait* (« Il faut +Q ») par deux trajets : T_4, mais aussi T_1. En revanche, l'argument *la réunion n'a duré que deux heures* ne peut aboutir à cette conclusion que par le trajet T_1. Cela signifie que l'opérateur argumentatif *ne … que* interdit le passage par le trajet T_4.
De même, l'argument *la réunion a duré deux heures* peut atteindre la conclusion *c'est scandaleux* (« Il faut –Q ») par les deux trajets T_3 et T_2, tandis que l'argument *la réunion n'a duré que deux heures* ne peut y parvenir que par le trajet T_3, T_2 étant bloqué par l'opérateur argumentatif *ne … que*.
La preuve en est donnée par le recours à la relation de force argumentative (qui met nécessairement en place des arguments coorientés – cf. *supra* sous 4.1) : les exemples modifiés par un enchaînement sur … *même* indiquent clairement l'exclusion de certaines formes topiques :
La réunion a duré deux heures, deux heures dix même : c'est parfait. (T_4)
La réunion a duré deux heures, une heure cinquante même : c'est parfait. (T_1)
* *La réunion n'a duré que deux heures, deux heures dix même : c'est parfait.* (*T_4)
La réunion n'a duré que deux heures, une heure cinquante même : c'est parfait. (T_1)

> *La réunion a duré deux heures, une heure cinquante même : c'est scandaleux.* (T_3)
> *La réunion a duré deux heures, deux heures dix même : c'est scandaleux.* (T_2)
> *La réunion n'a duré que deux heures, une heure cinquante même : c'est scandaleux.* (T_3)
> * *La réunion n'a duré que deux heures, deux heures dix même : c'est scandaleux.* (*T_2)

Ainsi, pour déterminer l'orientation argumentative d'une phrase, et donc pour parvenir à la conclusion argumentative visée par le locuteur, il faut obligatoirement convoquer un *topos* : les conclusions auxquelles peut aboutir une phrase énoncée sont déterminées grâce aux *topoï* scalaires qui peuvent lui être associés. Quant aux opérateurs argumentatifs, ils ont pour fonction de sélectionner les formes topiques appropriées, et de bloquer le recours aux autres.

5 L'interprétation de l'énoncé

« Le sens d'un énoncé est une image de son énonciation » (Ducrot 1980c). Autrement dit, **comprendre un énoncé, c'est comprendre les raisons de son énonciation**, c'est-à-dire décrire le type d'acte que le locuteur réalise au travers de l'énoncé. L'énonciation est donc à la source et du raisonnement mené par l'interlocuteur pour interpréter l'énoncé, et de la conclusion à laquelle il aboutit. Or, pour Ducrot, l'énonciation est une composante fonctionnelle de la structure de la phrase, et les raisons de l'énonciation sont inscrites dans les structures linguistiques de la phrase : c'est la **thèse d'auto-référence** du sens. Puisque la pragmatique étudie les phénomènes liés à l'énonciation (cf. *supra* sous 1.2), **la pragmatique doit s'attacher à l'étude des structures linguistiques de la phrase** : elle est, *ipso facto*, subordonnée, **intégrée à la linguistique**.

Selon Ducrot, **l'interprétation d'un énoncé s'accomplit en deux étapes successives**, et ce processus met en jeu un **composant linguistique** et un **composant rhétorique ou pragmatique**.

REMARQUE

Les différences entre les types d'informations implicites véhiculées par l'énoncé que sont le présupposé et le sous-entendu (cf. *supra* sous 3) s'expliquent par une différence de nature : **le présupposé est un produit du composant linguistique**, tandis que **le sous-entendu relève du composant rhétorique (ou pragmatique)**. Cela revient à dire que l'étude des **présupposés** relève de la **linguistique** (i. e. de la sémantique), et que seule l'analyse des **sous-entendus** intéresse la **pragmatique**. Cependant, vu que le composant linguistique précède le composant rhétorique, **la connaissance des présupposés est préalable (et indispensable) à la recherche des sous-entendus** (cf. *supra* sous 3.3.4).

5.1 *Le composant linguistique*

Dans un premier temps, l'**analyse linguistique**, en fonction des instructions de la syntaxe et de la sémantique, assigne aux différents constituants de la phrase, puis à leur composition (i. e. à la phrase elle-même), une signification indépendante de tout contexte : à la sortie du composant linguistique se trouve donc la **signification de la phrase**.

EXEMPLES

Mon amie est italienne.
Leur père est musicien.
Ton dessert est délicieux, mais n'insiste pas.

Le composant linguistique donne également accès aux **présupposés** liés à l'énoncé (en l'occurrence « Mon amie existe », « Leur père existe », « Tu as préparé un dessert »).

5.2 *Le composant rhétorique (ou pragmatique)*

Entre ensuite en jeu l'**analyse rhétorique ou pragmatique**, qui va s'exercer sur la signification de la phrase livrée par le composant linguistique et assigner, compte tenu de cette signification et des circonstances de l'énonciation, une valeur aux variables contenues dans la phrase : à la sortie du composant rhétorique se trouve le **sens de l'énoncé** dans le contexte donné. Étant donné qu'elle cherche à établir ce sens, **la pragmatique intégrée est une théorie sémantique**.

Cependant, le composant rhétorique se divise lui-même en **deux sous-composants**.

5.2.1 Le premier sous-composant rhétorique

Le premier sous-composant rhétorique a pour rôle l'attribution des **valeurs référentielles et argumentatives** qui donnent accès au **sens littéral** de l'énoncé.

EXEMPLES

Attribution des valeurs référentielles :

Mon amie est italienne.	=	*Anna est romaine.*
Leur père est musicien.	=	*Charles est violoniste.*
Ton dessert est délicieux...	=	*Lily, ton clafoutis est délicieux...*

Attribution d'une valeur argumentative :
Ton clafoutis est délicieux (p), *mais n'insiste pas* (q).
De *p* (*Ton clafoutis est délicieux*), l'interlocuteur doit tirer la conclusion *r* ; de *q* (*n'insiste pas*), la conclusion *non-r* ; de *p mais q*, la conclusion *non-r* : *mais* est donc porteur d'une instruction argumentative particulière. C'est bien entendu la

situation de communication qui permet d'attribuer une valeur aux variables *r* et *non-r*, en l'occurrence : *r* = « Ressers-moi du clafoutis » et *non-r* = « Ne me ressers pas de clafoutis ».

REMARQUE

L'attribution des valeurs référentielles, comme d'ailleurs l'attribution des référents adéquats aux expressions indexicales dans la linguistique de l'énonciation de Benveniste (cf. *supra* sous 1.1), rejoint la notion de désambiguïsation pragmatique (ou référentielle) définie par Sperber et Wilson dans leur interprétation de l'énoncé (cf. *supra* Sperber et Wilson, sous 4.3.1.3).

L'emploi de *mais* analysé ci-dessus montre que, pour Ducrot, le discours exploite, par la mise en contexte, des possibilités offertes par les structures de la langue : p. ex., la langue fournit l'instruction {si *A* qui a pour conclusion *C* et *B* qui a pour conclusion *non-C* sont reliés dans la structure *A mais B*, c'est la conclusion *non-C* tirée de *B* qui doit être retenue} (cf. *supra* sous 4.1). Cette instruction permet dès lors l'interprétation de tous les énoncés du type *p mais q*, où *p*, *q* et *r* représentent respectivement les valeurs référentielles prises en discours par les entités *A*, *B* et *C* de la langue : *Ton clafoutis est délicieux* (p), *mais n'insiste pas* (q)/*Il est tard* (p), *mais tu dois terminer ce travail* (q) (où *non-r* = « Ne va pas te coucher » efface *r* = « Va te coucher »)/*Cet hôtel est agréable* (p), *mais en été il est infesté de moustiques* (q) (où *non-r* = « N'y réservons pas de chambre » efface *r* = « Réservons-y une chambre »), etc. Des descriptions similaires pourraient bien entendu illustrer le rôle de *et, donc, en effet*... Ainsi la pragmatique analyse le discours comme la reproduction et l'exploitation (par la mise en contexte) de structures de la langue : **le passage au discours permet l'instanciation** (p. ex. *p mais q*) **des instructions inscrites dans les structures de la langue** (p. ex. *A mais B*). De ce point de vue, **la pragmatique intégrée est une théorie structuraliste**.

5.2.2 Le second sous-composant rhétorique

Il se peut bien entendu que le sens de l'énoncé soit non littéral : dans ce cas, l'analyse pragmatique doit se poursuivre au travers du second sous-composant du composant rhétorique, qui **combine le sens littéral aux circonstances d'énonciation** afin de donner accès au **sens non littéral** de l'énoncé. De ce sens non littéral relèvent **les sous-entendus** produits (intentionnellement ou non) par le locuteur et repérés par l'interlocuteur (cf. *supra* sous 3.3.4). La mise en œuvre du second sous-composant rhétorique est régie par des **lois de discours** (dont certaines rappellent, *mutatis mutandis*, les maximes conversationnelles de Grice – cf. *supra* Grice, sous 3.3). Ducrot définit ces lois de discours comme des **normes fixées par la collectivité linguistique** au sein de laquelle a lieu la communication ; elles ont pour caractéristique de **ne porter que sur le contenu posé de l'énoncé**. Voici quelques exemples de lois de discours ; nombre d'entre elles ont des caractéristiques **scalaires** (cf. *supra* sous 4.).

Sous-catagories.

5.2.2.1 La loi d'informativité

La loi d'informativité dit que **si un énoncé est présenté comme une source d'information, il induit *ipso facto* le sous-entendu que l'interlocuteur ignore cette information, voire s'attendrait plutôt à entendre l'information contraire**.

EXEMPLE

Seul Charles a chanté.
Sous-entendu : « On pouvait s'attendre à ce que d'autres chantent ».

Même Charles a chanté.
Sous-entendu : « On pouvait s'attendre à ce que Charles ne chante pas ».

5.2.2.2 La loi d'exhaustivité - culture.

La loi d'exhaustivité prévoit que **le locuteur qui aborde un thème doit donner à propos de celui-ci l'information la plus forte possible** (i. e. la plus complète possible : la loi d'exhaustivité correspond à la maxime de quantité de Grice – cf. *supra* Grice, sous 3.3). Plus calme et moins argumentatif.

EXEMPLES

Certains de mes collègues sont hypocrites.
L'enchaînement avec *même* indique (en vertu de la relation de force argumentative – cf. *supra* sous 4.1) que, sur l'échelle argumentative de la quantification, *certain(e)s* est plus proche de *tou(te)s* que de *certain(e)s seulement* : *Certains de mes collègues sont hypocrites, et même tous.* La loi d'exhaustivité a pour effet d'aller à l'encontre de la valeur argumentative de *certain(e)s*, et d'imposer l'interprétation « Certains *seulement* de mes collègues sont hypocrites » en déclenchant le sous-entendu « Certains de mes collègues ne sont pas hypocrites ».

Le médecin reçoit le samedi.
Si cet énoncé figure sur une affichette à la porte d'un cabinet médical, seul le contexte permet de l'interpréter : si l'usage est que les médecins reçoivent le samedi, le sens sous-entendu est « Le médecin reçoit *seulement* le samedi » (l'interprétation neutre « Le médecin reçoit le samedi » est en effet bloquée par la loi d'informativité : le locuteur ne fournit pas à l'interlocuteur une information que ce dernier connaît déjà – cf. *supra* sous 5.2.2.1) ; si en revanche les médecins d'ordinaire ne reçoivent pas le samedi, le sens est « Le médecin reçoit le samedi » (cette fois, la loi d'informativité ne peut bloquer l'interprétation neutre, qui est donc préservée).

5.2.2.3 La loi de litote - d'un manière diminué.

La loi de litote déclenche un sous-entendu qui amène l'interlocuteur à conclure que, pour des raisons liées à la situation de communication, le locuteur choisit de produire **un énoncé qui communique plus que son sens littéral**. La loi de litote est complémentaire de la loi d'exhaustivité (cf. *supra* sous 5.2.2.2), ce qu'illustre bien l'emploi du quantificateur *certain(e)s*.

EXEMPLES

Certains de mes collègues sont hypocrites.
Si les circonstances interdisent au locuteur de produire un énoncé plus fort, il se peut que le sous-entendu soit « Tous mes collègues sont hypocrites » (et non pas « Certains de mes collègues ne sont pas hypocrites », que déclencherait la loi d'exhaustivité).

Ce film est peu réussi.
Marianne a bu peu de vin blanc.
Dans le premier cas, le locuteur introduit vraisemblablement le sous-entendu « Ce film est raté » ; dans le second, il se peut qu'il veuille communiquer « Marianne n'a pas bu de vin blanc du tout » (un renchérissement de la part de l'interlocuteur, du type de *Tu peux le dire : elle n'a pas touché son verre !*, est d'ailleurs tout à fait plausible).
Dans ces deux cas, l'interprétation litotique atténue la portée de l'affirmation liée au présupposé de l'énoncé (« Ce film est réussi »/« Marianne a bu du vin blanc » – cf. *supra* sous 3.3, remarque 1).

Albert avait un peu bu.
Marianne a bu un peu de vin blanc.
Cette fois, l'interprétation litotique atténue la portée de la restriction sur la quantité exprimée par *un peu (de)* (cf. *supra* sous 3.3, remarque 1) : dans le premier cas, il est vraisemblable qu'Albert avait au contraire bu *beaucoup* ; dans le second, le locuteur peut fort bien sous-entendre que « Marianne a bu beaucoup de vin blanc ».

Il est en outre fréquent qu'un **énoncé négatif** requière une interprétation litotique (cf. *infra* la loi d'abaissement, sous 5.2.2.4.4).

EXEMPLES

Il n'est pas tard.
Ce rôti n'est pas mauvais.
Cette robe n'est pas vilaine.
Michel n'est pas bête.
Va, je ne te hais point. (Corneille, *Cid*, III, 4, v. 963)
Ces énoncés signifient respectivement « Il est assez tôt », « Ce rôti est plutôt bon », « Cette robe est assez jolie », « Michel est plutôt intelligent », « Je t'aime ».

5.2.2.4 Les lois relatives à la négation

5.2.2.4.1 *La loi de négation*

La loi de négation est d'ordre intuitif[13] et dit que **si un argument *p* appartient à la classe argumentative servant la conclusion *r*, alors sa négation *non-p* doit être considérée comme un argument servant la conclusion opposée *non-r*.**

l'argument servir de la preuve de l'argument.

13. Il s'agit d'un raisonnement de nature intuitive car, en logique, on ne peut affirmer que si *p* implique *r* (*p* → *r*), alors *non-p* implique *non-r* (*non-p* → *non-r*).

Si il y a la negation de l'argument
this makes the conclusion negative.

EXEMPLE

Olivier est serviable (r) : il m'a aidée à ranger le garage (p).
Accepter cette argumentation suppose que sera acceptée aussi l'argumentation négative complémentaire *Olivier n'est pas serviable* (non-r) *: il ne m'a pas aidée à ranger le garage* (non-p).

5.2.2.4.2 *La loi d'inversion argumentative*

La loi d'inversion argumentative énonce que **si sur l'échelle argumentative déterminée par la conclusion *r*, *p* est un argument plus fort que *q*, alors, sur l'échelle argumentative déterminée par la conclusion *non-r*, *non-q* est un argument plus fort que *non-p*.**

EXEMPLE

Benoît a obtenu son permis de conduire (q)*, il a même reçu les félicitations de l'examinateur* (p).
Pour servir la conclusion *r* « Benoît est un bon conducteur », *p* est un argument plus fort que *q*.
Benoît n'a pas reçu les félicitations de l'examinateur (non-p)*, il n'a même pas obtenu son permis de conduire* (non-q).
Pour servir la conclusion *non-r* = « Benoît n'est pas un bon conducteur », *non-q* est un argument plus fort que *non-p*.
La force respective des arguments *p* et *q*, d'une part, et *non-p* et *non-q*, d'autre part, est confirmée par le fait qu'il est difficile d'admettre que le premier des énoncés suivants puisse servir la conclusion *r*, et le second la conclusion *non-r* :
?? *Benoît a reçu les félicitations de l'examinateur* (p)*, il a même obtenu son permis de conduire* (q).
?? *Benoît n'a pas obtenu on permis de conduire* (non-q)*, ni même reçu les félicitations de l'examinateur* (non-p).

5.2.2.4.3 *La loi de faiblesse*

La loi de faiblesse dit que **si sur l'échelle argumentative déterminée par la conclusion *r*, *p* est un argument faible, alors *p* peut, dans certaines circonstances, être un argument servant la conclusion inverse *non-r*.**

EXEMPLE

J'ai de la chance (r) *: le prochain bus passe dans dix-sept minutes* (p).
Je n'ai pas de chance (non-r) *: le prochain bus passe dans dix-sept minutes* (p).
Pour servir la conclusion *r* = « J'ai de la chance », *p* est certes un argument (mieux vaut attendre dix-sept minutes que vingt-cinq ou quarante), mais un argument faible ; c'est pourquoi *p* peut également servir la conclusion opposée *non-r* = « Je n'ai pas de chance » (mieux vaudrait n'avoir à attendre que dix minutes, ou que trois minutes). L'argument positif *p* ne devrait pouvoir servir que la conclusion positive *r* ; la loi de faiblesse explique que, vu la faiblesse de *p* sur l'échelle argumentative déterminée par la conclusion positive *r*, *p* peut également figurer sur l'échelle déterminée par la conclusion négative *non-r*, et y représenter un argument fort.

5.2.2.4.4 *La loi d'abaissement*

La loi d'abaissement indique que **la négation linguistique *ne … pas* signifie « moins que »** (cf. *infra* les négations polémique et descriptive, sous 6.2.1). La loi d'abaissement permet donc d'expliquer les emplois litotiques d'énoncés négatifs (cf. *supra* la loi de litote, sous 5.2.2.3) : il y a atténuation de la force sémantique du terme sur lequel porte la négation.

EXEMPLES

Il n'est pas tard.
Ce rôti n'est pas mauvais.
Cette robe n'est pas vilaine.
Michel n'est pas bête.
Va, je ne te hais point.
Ces énoncés signifient respectivement « Il est moins que tard » (i. e. « Il est assez tôt »), « Ce rôti est moins que mauvais » (i. e. « Ce rôti est plutôt bon »), « Cette robe est moins que vilaine » (i. e. « Cette robe est assez jolie »), « Michel est moins que bête » (i. e. « Michel est plutôt intelligent »), « Va, j'éprouve pour toi un sentiment moins dur que la haine » (i. e. « Je t'aime »).

Cependant, Ducrot définit également la **négation métalinguistique**, laquelle a pour effet de **contredire la loi d'abaissement**. Il s'agit en effet d'un **acte de rectification**, c'est-à-dire d'une négation qui prend le contre-pied d'**un énoncé effectivement prononcé** : la négation métalinguistique **conteste explicitement les présupposés de l'énoncé positif correspondant** et **crée explicitement un effet majorant** : elle signale que **la négation linguistique *ne … pas* signifie « plus que »**.

EXEMPLES

Martin n'est pas parvenu à me convaincre, en fait, il n'a jamais essayé de me convaincre.
Michel n'est pas intelligent, il est génial.
Ces deux énoncés négatifs ne sont possibles que si ont préalablement été prononcés les énoncés positifs correspondants (*Martin est parvenu à te convaincre/ Michel est intelligent*). Le premier exemple montre que le présupposé (« Martin a essayé de me convaincre ») est explicitement nié ; le second, que l'effet de la loi d'abaissement est inversé (puisque Michel est dit « plus qu'intelligent », et non « moins qu'intelligent »).

REMARQUE

L'acte de rectification posé par la négation métalinguistique peut avoir pour effet d'annuler une litote (cf. *supra* sous 5.2.2.3) :

Il n'est pas tard. → *Il n'est pas tard, il est très tard.*
Ce rôti n'est pas mauvais. → *Ce rôti n'est pas mauvais, il est infect !*
Cette robe n'est pas vilaine. → *Cette robe n'est pas vilaine, elle est affreuse !*

6 La théorie polyphonique

6.1 *L'univers de discours et les instances de l'énonciation*

La pragmatique intégrée conteste la thèse, classique en linguistique, de l'unicité du sujet parlant. De ce point de vue, la pensée de Ducrot rejoint celle développée dans les années 1930 par le théoricien russe de la littérature et de la langue Mikhaïl Bakhtine, qui étudie la parole en tant qu'activité sociale ou « dialogue » (théorie du dialogisme), évoquant le plurilinguisme du langage et le polylinguisme du texte romanesque, c'est-à-dire la cohabitation dans le texte littéraire de discours multiples. Pour Ducrot, **l'activité énonciative se définit comme le produit de plusieurs voix** ou points de vue. Cette idée d'une **pluralité de voix dans un même énoncé** est appelée **théorie polyphonique de l'énonciation**. Ducrot précise que la polyphonie est certes un phénomène de discours, mais qu'elle est aussi **inscrite dans les structures de la langue**, vu que la langue elle-même résulte d'un nombre incalculable de situations de discours antérieures.

Le modèle polyphonique de Ducrot repose sur la distinction, dans l'univers de discours, de **deux niveaux** : celui de **l'énonciation** (ou acte d'énonciation) et celui de **l'acte illocutionnaire**.

Énonciation

Fait de produire un énoncé ; événement historique constitué par l'apparition d'un énoncé. L'énonciation est un processus unique, en ce sens qu'elle ne peut être reproduite sans que soient modifiées les conditions dans lesquelles elle se réalise (alors qu'un même énoncé peut être reproduit à plusieurs reprises).

Énoncé

Résultat de l'énonciation.
L'énoncé doit répondre à une exigence de **cohésion** : le choix de chaque constituant de l'énoncé est déterminé par le choix de l'ensemble de l'énoncé.
L'énoncé doit également répondre à une exigence d'**autonomie** : le choix de l'énoncé ne dépend pas du choix d'un ensemble plus vaste dont il serait un élément.

Acte illocutionnaire[14]

Acte de langage accompli au travers de l'énonciation et susceptible de transformer la situation de communication, de modifier les droits et les devoirs

14. Ducrot utilise en réalité l'appellation *acte illocutoire*, et non *acte illocutionnaire*. Afin de maintenir une continuité terminologique au sein de cet ouvrage, nous continuons à parler d'*acte illocutionnaire*.

des interlocuteurs : assertion, négation, interrogation, promesse, ordre, supposition, protestation... (voir la définition d'Austin dans le cadre de la théorie des actes de langage – cf. *supra* Austin, sous 1.2.1).

REMARQUE

En énonçant les critères de cohésion et d'autonomie, Ducrot (1984) a modifié la définition de l'énoncé, lequel, dans un premier temps (Ducrot 1980c – cf. *supra* sous 1 à 5), se limitait au résultat de l'énonciation de la phrase. Cette nouvelle définition suppose qu'il n'y a plus forcément de coïncidence entre phrase et énoncé. Ducrot considère p. ex. que l'ensemble d'un texte romanesque ou théâtral peut correspondre à un énoncé unique : chaque élément de ce texte est en effet choisi en fonction des autres (critère de cohésion), et l'ensemble du texte se suffit à lui-même et ne dépend d'aucune structure plus vaste (critère d'autonomie). Cette vision rappelle la définition par Sperber et Wilson des intentions locales et de l'intention globale de l'auteur d'un discours (cf. *supra* Sperber et Wilson, sous 6).

Pour rejeter le postulat de l'unicité du sujet parlant, Ducrot structure l'**univers de discours** autour de plusieurs entités, dont il est essentiel de comprendre qu'à l'exception du sujet parlant, elles ne représentent pas des individus réels mais des **êtres théoriques**, des **êtres de discours**, c'est-à-dire des **instances non incarnées**. Ces instances sont « mises en scène » (au sens théâtral de l'expression) au moment de l'énonciation, donnant ainsi lieu à un « orchestre de voix » au sein du discours.

Sujet parlant

Individu dans le monde qui prononce l'énoncé. Le sujet parlant est le seul **être réel, empirique**, défini par Ducrot dans le cadre de la polyphonie. Il précise (1984) que le sujet parlant est au locuteur ce que l'auteur d'un roman est au narrateur.

Locuteur

Instance responsable de l'énonciation. Cette instance se subdivise elle-même en deux êtres de discours distincts :

- le **locuteur en tant que tel** (L), qui est considéré uniquement en tant que responsable de l'énonciation ;
- le **locuteur en tant qu'être du monde** (λ), qui n'est pas considéré uniquement en tant que responsable de l'énonciation, mais est susceptible de se voir attribuer d'autres caractéristiques particulières (cf. *infra* sous 6.2.2). L'être que désigne le pronom *je* est toujours λ.

Allocutaire (A)

Instance à qui est adressée l'énonciation.

Énonciateur (E)

Instance responsable d'un acte illocutionnaire accompli au travers de l'énonciation ; être de discours dont l'énoncé exprime la voix.

Destinataire (D)

Instance visée par un acte illocutionnaire accompli au travers de l'énonciation.

Le tableau 3.1 présente la hiérarchie des différentes instances impliquées dans la théorie polyphonique.

Tableau 3.1

Niveau de l'acte illocutionnaire	Énonciateur (E)	---------->	Destinataire (D)	UNIVERS DE DISCOURS
Niveau de l'énonciation	Locuteur en tant que tel (L) Locuteur en tant qu'être du monde (λ)	---------->	Allocutaire (A)	
	Sujet parlant			UNIVERS EMPIRIQUE

6.1.1 Actes de langage directs (ou primitifs) et actes de langage indirects (ou dérivés)

Comme Searle et Sperber et Wilson, Ducrot distingue les actes de langage directs ou primitifs, et les actes de langage indirects ou dérivés (cf. *supra* Searle, sous 2.5.5 et Sperber et Wilson, sous 5.1). Selon la situation de communication, une même phrase peut produire des énoncés différents, qui sont le lieu d'actes illocutionnaires différents, et aboutir tantôt à un acte de langage direct, tantôt à un acte de langage indirect.

EXEMPLE

Demander à un ami, parce qu'on a oublié sa montre
Tu sais l'heure qu'il est ?
consiste à accomplir un acte direct (primitif) de questionnement, c'est-à-dire à poser réellement une question.

Par contre, dire à un ami qui arrive à un rendez-vous avec une heure de retard, ou à son conjoint avec qui on doit partir au théâtre
Tu sais l'heure qu'il est ?
revient à accomplir un acte indirect (dérivé) : en effet, il ne s'agit plus de s'informer sur l'heure qu'il est, mais d'exprimer un reproche, ou une exhortation liée à la crainte de se mettre en retard. Sémantiquement, l'énoncé équivaut donc respectivement à
Tu as une heure de retard.
Dépêche-toi, nous allons nous mettre en retard.

6.1.2 Locuteur et énonciateur

6.1.2.1 L'intérêt du modèle polyphonique est de distinguer locuteur (L) et énonciateur (E). En effet, Ducrot considère que **le locuteur**, responsable de l'énonciation, **peut également endosser la responsabilité de l'acte illocutionnaire accompli au travers de cette énonciation, mais n'est pas tenu de le faire**. Si le locuteur choisit d'assumer la responsabilité de cet acte illocutionnaire, **il s'identifie à l'énonciateur (L = E)** ; s'il refuse d'endosser cette responsabilité, le locuteur se contente de « mettre en scène » l'énonciateur : il ne s'identifie pas à l'énonciateur, mais au contraire **s'en distancie (L ≠ E)**.

EXEMPLE

Tu sais l'heure qu'il est ?
S'il s'agit d'un acte primitif de questionnement, le locuteur (L) s'assimile à l'énonciateur (E) responsable de cette interrogation (L = E).

REMARQUE

Dans sa description de l'énonciation et de l'acte illocutionnaire, Ducrot insiste sur **les deux sens qu'il attribue au verbe dire : « asserter » (*dire*$_1$) et « montrer » (*dire*$_2$)**.

saying Caesar did it, séparé de lui même, instead of saying 'je' and taking ownership he separates himself

« Asserter » (*dire*$_1$) correspond pour le locuteur à prendre en charge la responsabilité de l'acte illocutionnaire (L = E) ; « montrer » (*dire*$_2$) signifie pour le locuteur se borner à « mettre en scène » l'énonciateur responsable de cet acte illocutionnaire (L ≠ E). En d'autres termes, toute énonciation est nécessairement montrée (*dite*$_2$) par le locuteur, mais l'acte illocutionnaire lié à cette énonciation n'est, lui, pas obligatoirement asserté (*dit*$_1$) par le locuteur.

Ainsi, le locuteur qui affirme *Le cerisier est en fleurs* (p) énonce (i. e. montre, i. e. *dit*$_2$) *p*. S'il ne s'agit pas d'un mensonge, le locuteur asserte (*dit*$_1$) également *p*, c'est-à-dire qu'il s'identifie à l'énonciateur E responsable de l'affirmation *p* (L = E) : en l'occurrence, le locuteur montre (*dit*$_2$) qu'il asserte (*dit*$_1$) que le cerisier est en fleurs.

Le *dire*$_1$ diffère du *dire*$_2$ en ceci que seul le *dire*$_1$ est évaluable en termes de vérité ou de fausseté[15] : l'allocutaire peut parfaitement répliquer *C'est vrai (/faux), le cerisier (n') est (pas) en fleurs* , mais certainement pas *C'est vrai (/faux), tu (n') as (pas) asserté que le cerisier est en fleurs.*

Le schéma 3.2 illustre comment le locuteur peut s'assimiler à l'énonciateur, ou au contraire se distancier de lui.

La distinction entre locuteur et énonciateur permet notamment à la théorie polyphonique de rendre compte des **énoncés mensongers**.

EXEMPLES

Il fera noir avant dix-huit heures.
Il fera clair jusqu'à vingt heures.
Considérons que ces deux énoncés sont produits à Paris un quinze décembre par un locuteur parisien, et adressés à un étranger arrivé le jour même en France et totalement ignorant des heures d'ensoleillement hivernal dans ce pays. Dans le premier cas, le locuteur L s'identifie à l'énonciateur E responsable de l'acte illocutionnaire d'assertion réalisé au travers de l'énonciation (L = E). Dans le second cas en revanche, il est peu probable que le locuteur parisien pense sincèrement qu'il fera clair jusqu'à vingt heures : il essaie donc de tromper l'allocutaire (A). Pour ce faire, le locuteur prend certes en charge l'énonciation, mais il n'assume pas l'assertion qui y est liée, c'est-à-dire qu'il se différencie de l'énonciateur responsable de cette assertion (L ≠ E), se contentant de le « mettre en scène ».

REMARQUE

La distinction entre locuteur et énonciateur établie par la théorie polyphonique permet de résoudre le **paradoxe du menteur** :

Épiménide le Crétois : – *Tous les Crétois sont des menteurs.*
ou, plus simplement : *Je suis un menteur./Je mens.*

Everyone lies, if they say yes (lieing) no (still lied).

15. Les philosophes du langage expliquent ce phénomène en recourant aux notions de performatifs explicite et implicite, et d'implicitation conversationnelle généralisée (cf. *supra* Grice, sous 3.2.2.1, remarque).

Schéma 3.2

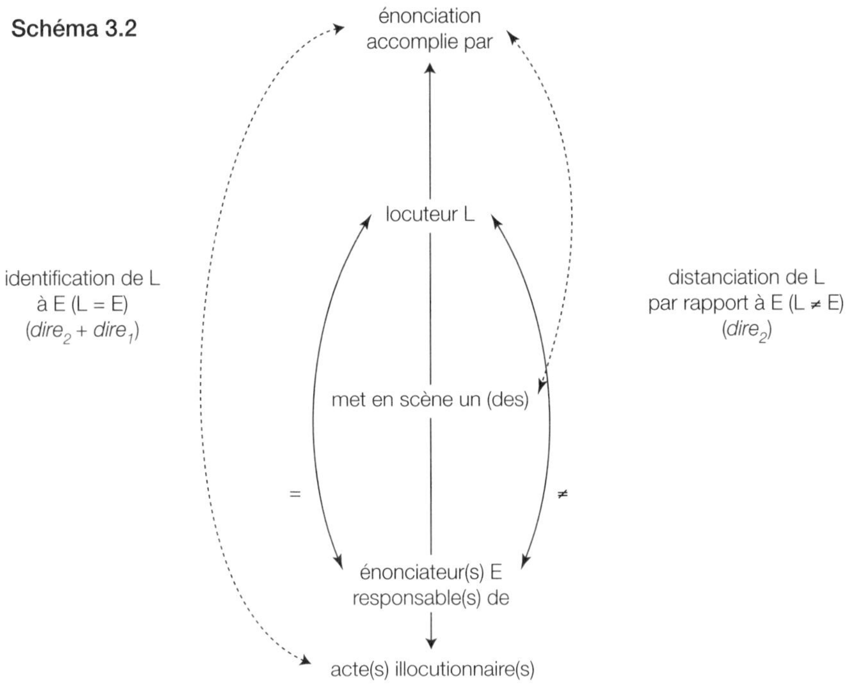

Les flèches en trait continu accompagnées du signe = ou ≠ et qui unissent L et E indiquent respectivement que le locuteur s'identifie à l'énonciateur ou se distancie de lui ; les flèches en trait pointillé qui relient l'énonciation à l'acte illocutionnaire, et l'énonciation à la « mise en scène » signalent que, dans le premier cas (*$dire_2$* + *$dire_1$*, L = E), le locuteur prend l'acte illocutionnaire en charge au travers de son énonciation, tandis que dans le deuxième cas (*$dire_2$*, L ≠ E), le locuteur, en accomplissant l'énonciation, prend uniquement la responsabilité de « mettre en scène » l'énonciateur, sans s'assimiler à ce dernier.

Dès lors qu'il est possible de distinguer le responsable de l'énonciation (le locuteur L, assimilé au sujet parlant Épiménide dans le premier exemple) du responsable de l'acte illocutionnaire d'assertion mensongère (l'énonciateur E), le problème logique est résolu : le locuteur ne s'identifie pas à l'énonciateur responsable de l'assertion *Tous les Crétois sont des menteurs/Je suis un menteur/Je mens* (L ≠ E).

Il arrive aussi qu'**un seul énoncé, résultant d'une l'énonciation due à un locuteur unique**, permette la réalisation de **plusieurs actes illocutionnaires**. Ceux-ci peuvent dès lors être accomplis par **des énonciateurs différents**, auxquels le locuteur s'identifie ou non. C'est le cas de la **présupposition** (cf. *supra* sous 3.1) et des **actes de langage indirects**.

EXEMPLES

Martin est parvenu à te convaincre.
L'énonciation est bien le fait d'un locuteur unique (L), mais elle donne lieu à deux actes illocutionnaires distincts assumés par deux énonciateurs différents :

le premier (E_1) représente une voix collective (à laquelle le locuteur L s'intègre) responsable de l'assertion correspondant au présupposé « Martin a essayé de te convaincre » ; le second (E_2) prend en charge l'assertion correspondant au contenu posé ; le locuteur s'assimile aussi à ce deuxième énonciateur (à condition bien sûr qu'il s'agisse d'un énoncé non mensonger). Dans ce cas, le locuteur s'identifie donc successivement aux deux énonciateurs ($L = E_1$ et $L = E_2$).

Tu sais l'heure qu'il est ?
S'il s'agit d'un acte de langage indirect, l'énonciation due à un locuteur unique (L) donne lieu à deux actes illocutionnaires distincts, et a pour équivalents sémantiques p. ex. :
Tu as une heure de retard.
Dépêche-toi, nous allons nous mettre en retard.
L'acte que veut assumer le locuteur L responsable de l'énonciation est bien entendu l'acte illocutionnaire de reproche ou d'exhortation (I_1), et non l'acte illocutionnaire d'interrogation (I_2) : le locuteur L s'identifie donc à l'énonciateur E_1 responsable de I_1, mais pas à l'énonciateur E_2 responsable de I_2 ($L = E_1$ et $L \neq E_2$).

6.1.2.2 Par ailleurs, il se peut qu'**un énoncé unique** mette en jeu **deux locuteurs** : c'est le cas du **discours rapporté**. Dans ce cas, le premier locuteur (L_1) doit être assimilé au **sujet parlant de l'énoncé global**, et le second (L_2) au **sujet parlant du discours rapporté**.

EXEMPLES

Hugues : – Éric m'a dit : « Je suis d'accord ». *(discours rapporté au style direct)*
Hugues : – Éric m'a dit qu'il était d'accord. *(discours rapporté au style indirect)*
Hugues : – Éric est d'accord, m'a-t-il dit. *(discours rapporté au style indirect libre)*
Dans ces trois cas, Hugues = L_1 est le sujet parlant de l'énoncé global, et Éric = L_2 est le sujet parlant du discours rapporté.

Enfin, il arrive qu'**un énoncé unique**, permettant la réalisation d'**un acte illocutionnaire unique** pris en charge par **un énonciateur unique** (E), soit produit par **deux sujets parlants** correspondant à **deux locuteurs** (L_1 et L_2).

Eric finishes his sentences.

EXEMPLE

Hugues : – *Il y aura du verglas cette nuit...*
Éric : – *... avec cette pluie et ce froid de canard !*
Dans ce cas, les deux sujets parlants (Hugues et Éric) correspondent à deux locuteurs (L_1 et L_2), lesquels se relaient pour prendre en charge l'énonciation, mais aussi l'assertion qui y est liée : les deux locuteurs s'assimilent donc à l'énonciateur responsable de cette assertion ($L_1 = E$ et $L_2 = E$).

6.1.3 Allocutaire et destinataire

De même que le modèle polyphonique distingue le locuteur et l'énonciateur, il distingue également l'être de discours à qui s'adresse l'énonciation ou allocutaire (A), et celui qui est visé par l'acte illocutionnaire accompli au travers de cette énonciation ou destinataire (D). Et naturellement, l'allocutaire peut être lui aussi assimilé au destinataire, où distinct de celui-ci.

EXEMPLES

Dire à Julien, en regardant un vêtement à l'étalage d'un magasin
Quelle robe affreuse !
fait de Julien l'allocutaire et le destinataire du message (A = D).
En revanche, si cet énoncé est adressé à haute et intelligible voix à Julien, en présence de Catherine qui arbore sa nouvelle robe, Julien est certes l'allocutaire, mais la destinataire du message est manifestement Catherine : allocutaire et destinataire sont donc cette fois distincts (A ≠ D).

Si un professeur déclare à ses étudiants
Je plains celui qui a oublié son devoir !
en sachant que c'est généralement Henri qui se rend coupable de ce genre de négligence, sa menace prend évidemment ce dernier pour cible (i e. pour destinataire), mais tous les étudiants lui servent d'allocutaires : dans ce cas, l'un des allocutaires (Henri = A_1) est identifié au destinataire (A_1 = D), tandis que tous les autres s'en démarquent (A_2 à A_n ≠ D). The prof is getting mad at Henri in front of the entire class. (38)

6.2 *Deux cas particuliers de discours polyphonique : l'énoncé négatif et l'énoncé ironique*

Le modèle polyphonique s'illustre particulièrement dans deux types de discours : l'énoncé négatif et l'énoncé ironique.

6.2.1 Description polyphonique de la négation

Selon Ducrot il existe, à côté de la négation métalinguistique (ou acte de rectification opposé à une énonciation précédente : *ne … pas* signifie « plus que ») définie plus haut (cf. *supra* sous 5.2.2.4.4), une **négation polémique**, laquelle fait l'objet d'une **analyse polyphonique**.

La négation polémique est un **acte de réfutation**. Comme la négation métalinguistique, elle **s'oppose à une énonciation, mais elle s'utilise sans que l'énoncé positif correspondant soit prononcé**. Pour Ducrot, la négation polémique se décrit **en termes de polyphonie** : elle met en jeu un locuteur responsable de l'énonciation, et **deux énonciateurs** : le premier (E_1) est responsable de l'assertion liée à l'**énoncé positif** qui apparaît en contrepoint de l'énoncé négatif, le second

(E_2) refuse cette assertion positive et prend en charge l'**assertion négative** qui s'y oppose. Le locuteur s'identifie évidemment à l'énonciateur E_2, responsable de l'acte de négation, mais pas à l'énonciateur E_1 ($L \neq E_1$ et $L = E_2$). Contrairement à la négation métalinguistique, la négation polémique **laisse intact le présupposé** et crée un **effet abaissant**[16].

EXEMPLES

Martin n'est pas parvenu à me convaincre.
Cette fois, le présupposé (« Martin a essayé de me convaincre ») n'est pas annulé.
Michel n'est pas intelligent.
Cette fois, la négation a bien un effet abaissant (« Michel est moins qu'intelligent », i. e. « Michel est bête »).
Dans les deux cas, le locuteur L se distancie de l'énonciateur E_1 responsable des énoncés positifs *Martin est parvenu à te convaincre*/*Michel est intelligent* ($L \neq E_1$), et s'assimile à l'énonciateur E_2 responsable des assertions négatives ($L = E_2$).

6.2.2 Description polyphonique de l'énoncé ironique

La description que donne Ducrot du fonctionnement de l'énoncé ironique rejoint, *mutatis mutandis*, la vision qu'en ont Sperber et Wilson (cf. *supra* Sperber et Wilson, sous 5.3.2). En effet, pour lui aussi l'énoncé ironique se conçoit comme **un phénomène d'écho**, comme la répercussion d'un dire antérieur (réel ou non) dont il s'agit de souligner le manque de justesse, voire l'absurdité. En termes de polyphonie, cela signifie que le locuteur L prend en charge l'énonciation de l'énoncé, mais pas l'acte illocutionnaire (généralement d'assertion) qui y est lié : celui-ci relève de la responsabilité de l'énonciateur E, dont le locuteur se distancie ($L \neq E$). La dissociation entre L et E est marquée par **le caractère incongru, dans la situation de communication, de la proposition exprimée par l'énoncé,** ainsi que par d'autres éléments d'ordre extralinguistique comme **l'intonation**, **la gestuelle** ou **la mimique**. De surcroît, des formules comme *c'est du joli*, *excusez du peu*, *bravo…* viennent quelquefois souligner le caractère ironique de l'énoncé. Si la proposition contestée a réellement été exprimée dans un énoncé antérieur, l'énonciateur E est identifié à celui qui en est responsable (i. e. à un individu particulier) ; si la proposition contestée ne correspond pas à

16. À noter que Ducrot définit encore un autre type de négation, la *négation descriptive*. Il s'agit d'un dérivé de la négation polémique : la négation descriptive ne s'oppose pas à une énonciation mais correspond à la simple description d'un état de fait négatif. Elle consiste à attribuer à un être ou à une chose (situation, action, objet, attitude…) une pseudo-caractéristique qui justifierait la position négative adoptée par le locuteur dans la négation polémique correspondante. Si l'énoncé *Michel n'est pas intelligent* est descriptif (et non polémique), il ne doit pas s'analyser en termes de polyphonie : il ne s'agit pas de mettre en scène deux énonciateurs, mais d'attribuer à Michel une qualité qu'il n'a pas (l'intelligence) et qui justifierait la position négative adoptée par le locuteur dans la négation polémique correspondante.

un énoncé effectivement produit au préalable, l'énonciateur n'est pas identifié à un individu particulier[17].

EXEMPLES

– *X*** est une bonne marque de téléviseurs.*
– *X*** est une bonne marque de téléviseurs…*
Si la télévision est en panne, le second énoncé illustre la reprise explicite d'une assertion antérieure : l'énonciateur E_1 responsable de l'assertion accomplie au travers du second énoncé est assimilé au sujet parlant du premier énoncé (et E_1 est bien entendu distinct du locuteur L du second énoncé : $L \neq E_1$). Comme de surcroît le sujet parlant du premier énoncé est également l'allocutaire A à qui est adressé le second énoncé, et son destinataire D, à savoir l'instance visée par l'acte illocutionnaire ainsi accompli, l'énonciateur E_1 est assimilable à ce destinataire ($A = D$ et $E_1 = D$).
Si la seconde intervention est
– *X*** est une bonne marque de téléviseurs, en attendant, le poste est en panne !*
c'est-à-dire si le locuteur complète sa réplique par une seconde assertion, celle-ci est prise en charge par un second énonciateur (E_2), auquel cette fois le locuteur s'identifie ($L = E_2$).

Tu as raison Louis, avaler deux verres de whisky avant chaque repas est excellent pour la santé.
Tu as réussi à salir ta chemise dès le début du dîner, bravo !
Cette fois, il n'est pas obligatoire que l'assertion antérieure (*Avaler deux verres de whisky avant chaque repas est excellent pour la santé/Je vais m'efforcer de salir ma chemise dès le début du dîner*) ait effectivement été prononcée (dans le second cas, il est même fort peu vraisemblable qu'elle l'ait été) : le seul comportement de l'allocutaire peut suffire à motiver ces énoncés, le locuteur répercutant ironiquement la proposition (réelle ou imaginaire) représentant la position défendue par celui-ci. Ici encore, l'allocutaire A est aussi le destinataire D, assimilable à l'énonciateur E ($A = D$ et $E = D$), dont par ailleurs le locuteur se dissocie ($L \neq E$). Transparaît de surcroît en filigrane un principe de référence communément admis (un *topos*) : « Consommer de l'alcool est mauvais pour la santé »/« On souhaite ne pas souiller ses vêtements au cours d'un repas ».

Je vous remercie pour votre amabilité. (antiphrase)
Quel endroit charmant ! (antiphrase)
Ces énoncés font référence à un principe communément admis (*topos* : « On s'attend à ce que la caissière d'un magasin soit aimable »/« On espère qu'un hôtel sera accueillant et confortable »), mais dans une situation qui le rend faux. Dans le premier cas, l'énonciateur E (bien entendu distinct du locuteur L de l'énoncé : $L \neq E$) est identifié à une voix collective à laquelle est intégré l'allocutaire et destinataire ($A = D$ et $E = D$), en l'occurrence la caissière ; dans le second cas,

17. En termes de pragmatique cognitive, on dirait dans ce dernier cas que l'ironie n'a pas de cible déterminée (cf. *supra* Sperber et Wilson, sous 5.3.2.3).

l'énonciateur n'est pas identifié à un individu précis (sauf bien sûr si l'allocutaire a dit précédemment : *Descendons dans cet hôtel, c'est un endroit charmant*, auquel cas $A = D$ et $E = D$).

Saint-Just était la modération même.
Selon que cet énoncé fait ou non écho à un énoncé antérieur réellement prononcé, l'énonciateur E est ou non identifiable à un individu particulier, mais naturellement le locuteur s'en distancie toujours ($L \neq E$).

REMARQUE

Contrairement à la négation polémique (cf. *supra* sous 6.2.1), dans laquelle le locuteur met en scène deux énonciateurs pour se dissocier de l'un et s'identifier à l'autre, l'ironie ne mobilise pas, selon Ducrot, deux énonciateurs (dont l'un, distinct du locuteur, serait responsable du point de vue peu judicieux ou absurde, tandis que l'autre, assimilé au locuteur, prendrait en charge la rectification de ce point de vue) mais un seul, et ce sont donc essentiellement des informations contextuellement dépendantes et d'ordre extralinguistique (connaissances encyclopédiques, situation de communication, intonation, etc.) qui signalent que cet énonciateur ne saurait être assimilé au locuteur.

Il arrive naturellement que l'ironie soit dirigée contre le sujet parlant lui-même. Ce phénomène d'**auto-ironie** pose toutefois un problème dans la description de Ducrot : en effet, si le locuteur L d'un énoncé ironique met en scène un énonciateur E dont il se distancie parce que celui-ci exprime un point de vue absurde, et si ce point de vue absurde est précisément présenté comme ayant été défendu précédemment par le sujet parlant de l'énoncé ironique lui-même, comment se peut-il que l'énonciateur E ne soit pas assimilé au locuteur L ? Ducrot résout cette difficulté grâce à la distinction établie, au sein de l'être de discours qu'est le locuteur, entre le **locuteur en tant que tel** (L), uniquement responsable de l'énonciation, et le **locuteur en tant qu'être du monde** (λ), être complet et donc susceptible de recevoir des caractéristiques particulières (cf. *supra* sous 6.1). Dans le cas de l'auto-ironie, **l'énonciateur E est identifié au locuteur en tant qu'être du monde λ**, qui a pour caractéristique de représenter le sujet parlant en tant que défenseur du point de vue absurde devenu cible de l'ironie, et non au locuteur en tant que tel L, qui endosse donc la seule responsabilité de l'énonciation (et bien sûr $L \neq \lambda$).

EXEMPLE

Hugues : – *Quel merveilleux cuisinier je fais : regarde-moi ce rôti !* [le rôti est carbonisé]
Le locuteur L, responsable de l'énonciation, met en scène un énonciateur E qui prend en charge l'acte illocutionnaire d'assertion. Le locuteur se distancie de l'énonciateur ($L \neq E$), lequel est cependant assimilable au locuteur en tant qu'être du monde ($\lambda = E$), en l'occurrence à Hugues en tant que défenseur du point de vue « Je suis un merveilleux cuisinier ».

REMARQUES

1 La notion de locuteur en tant qu'être du monde (λ) permet également de décrire l'énoncé ironique lorsqu'il prend la forme d'une négation polémique :

> Robert a annoncé à Simonne que le soleil ne se montrerait pas de la journée ; comme il fait un soleil radieux, Simonne lui dit
> *En effet, le soleil ne s'est pas montré.*

Comme dans toute négation polémique, le locuteur L met en scène deux énonciateurs, E_1 et E_2. E_2 est responsable de l'énoncé négatif effectivement prononcé par Robert *Le soleil ne se montrera pas de la journée* (E_2 = Robert) ; bien entendu le locuteur s'en distancie ($L \neq E_2$). E_1 est responsable de l'énoncé positif correspondant *Il fera grand soleil* mais est identifié non pas au locuteur en tant que tel L, mais au locuteur en tant qu'être du monde λ, c'est-à-dire à Simonne dans une conversation antérieure ($\lambda = E_1$). Selon Ducrot, l'ironie, évidemment dirigée contre Robert, résulte précisément de ce que le locuteur L ne s'identifie à aucun des deux énonciateurs E_1 et E_2 ($L \neq E_1$ et $L \neq E_2$).

2 Le concept de locuteur en tant qu'être du monde (λ) se retrouve aussi dans l'usage assez courant qui consiste, pour le sujet parlant, à spécifier explicitement qu'il doit être, dans la situation de communication, envisagé dans le cadre d'un certain « rôle » (au sens théâtral du terme) à l'exclusion de tout autre :

> *Je parlerai en ma qualité de président du Conseil d'administration.*
> *C'est le père qui te répond, pas le banquier.*

Dans ces deux cas, le sujet parlant signale que le locuteur en tant que tel L met en scène un énonciateur E qui doit être assimilé au locuteur en tant qu'être du monde λ, c'est-à-dire en l'occurrence au sujet parlant en tant que président du Conseil d'administration ou en tant que père. Un mécanisme symétrique peut naturellement s'appliquer à l'interlocuteur :

> *Je ne m'adresse pas au ministre, je m'adresse à mon ami Paul.*

6.3 *Les connecteurs argumentatifs*

Ducrot définit les **connecteurs** comme des termes à contenu procédural (conjonctions, locutions, adverbes) dont le rôle varie en fonction de leur environnement linguistique : ils fournissent des instructions sur la manière d'interpréter les **enchaînements discursifs**. En d'autres termes, les connecteurs servent à **mettre en rapport des actes de langage** ; dès lors que ces derniers ont une valeur argumentative, les connecteurs sont dits argumentatifs (cf. *supra* sous 4.1). Certains emplois des connecteurs s'analysent en termes de polyphonie.

> EXEMPLES
>
> *Ton dessert est délicieux, mais n'insiste pas.*
> Le connecteur *mais* relie un acte d'assertion à un acte d'exhortation (de forme négative). Si l'on admet que le locuteur est sincère et de bonne foi, le schéma

polyphonique est le suivant : le locuteur L met en scène deux énonciateurs, E_1 et E_2, responsables respectivement de l'assertion et de l'exhortation[18], et s'identifie à chacun de ces énonciateurs ($L = E_1$ et $L = E_2$).

Tu veux dîner dehors ? Parce qu'il y a un nouveau restaurant qui s'est ouvert en ville.
Le connecteur *parce que* relie un acte d'interrogation à un acte d'assertion. Ici également, le locuteur L met en scène deux énonciateurs, E_1 et E_2, responsables respectivement de l'interrogation et de l'assertion, et s'identifie à chacun de ces énonciateurs ($L = E_1$ et $L = E_2$).

Je m'en vais, puisque c'est ce que tu veux.
Le connecteur *puisque* relie deux actes d'assertion, mais cette fois, le locuteur L s'assimile à l'énonciateur E_1 responsable de la première assertion ($L = E_1$), mais évidemment pas à l'énonciateur E_2 auteur de la seconde assertion ($L \neq E_2$). Ce dernier est en revanche clairement identifié à l'allocutaire et destinataire ($A = D$ et $E_2 = D$).

Certains emplois des connecteurs de cause *car*, *parce que* et *puisque* illustrent des aspects intéressants de la théorie polyphonique.

6.3.1 C'est par exemple le cas de certains **enchaînements à caractère ironique** (cf. *supra* sous 6.2.2).

EXEMPLES

– *Je suis fatigué.*
– *Parce que c'est sans doute toi qui as le plus travaillé !*
Dans cet échange, établi entre deux sujets parlants distincts, l'énonciateur E responsable de l'assertion accomplie au travers du second énoncé est assimilé au sujet parlant du premier énoncé (et E est bien entendu distinct du locuteur L du second énoncé : $L \neq E$). Le sujet parlant du premier énoncé étant également l'allocutaire A à qui est adressé le second énoncé, et son destinataire D, l'énonciateur E est assimilable à ce destinataire ($A = D$ et $E = D$). L'assertion ironique fait écho à un dire antérieur (réel ou imaginaire) attribué à A.

Tu peux me donner le tiercé gagnant, puisque tu sais tout !
Dans ce genre de raisonnement ironique, le locuteur met en scène deux énonciateurs, E_1 et E_2, responsables des deux assertions successives, mais il ne s'identifie à aucun d'eux ; par contre, l'allocutaire A (qui est aussi le destinataire D : $A = D$) est manifestement assimilé à l'énonciateur E_2 responsable de la seconde assertion ($A = E_2$), écho supposé d'une affirmation antérieure de A.

18. En fait, l'exhortation étant négative, elle exige la mise en scène de deux énonciateurs, l'un responsable de l'énoncé négatif (*N'insiste pas*) et auquel le locuteur s'identifie, l'autre responsable de l'énoncé positif qui fait pendant (*Insiste*) et duquel le locuteur se dissocie (cf. *supra* la négation polémique, sous 6.2.1).

6.3.2 Les exemples qui précèdent montrent que le connecteur ***puisque*** a pour caractéristique d'**introduire un énoncé présenté comme l'écho d'un dire antérieur** (et cela, que l'enchaînement soit ironique ou non).

EXEMPLES

Je m'en vais, puisque c'est ce que tu veux.
Tu peux me donner le tiercé gagnant, puisque tu sais tout !

Pour cette raison, *puisque* est le vecteur privilégié de l'**autorité polyphonique**, c'est-à-dire de la manifestation dans le discours d'une autorité dont le locuteur se fait l'écho, dont il répercute les dires, mais à laquelle il ne s'associe pas (le locuteur produit un $dire_2$, mais pas de $dire_1$ – cf. *supra* sous 6.1.2.1, remarque). L'assertion antérieure ainsi répétée est prise en charge par un énonciateur dont le locuteur se distancie (L ≠ E) ; en revanche, il est fréquent que l'allocutaire soit identifié à l'autorité de référence, et donc à l'énonciateur (A = E).

EXEMPLES

Il va faire beau, puisque l'Institut météorologique l'a annoncé.
Il va faire beau, puisque tu le dis.
Dans le premier cas, l'énonciateur E_2 du deuxième énoncé est assimilé à l'Institut météorologique, dans le second cas, à l'allocutaire A et destinataire D (A = D et E_2 = D). Dans les deux cas, le locuteur L s'identifie à l'énonciateur E_1 responsable du premier énoncé (L = E_1), sauf bien sûr s'il s'agit d'un enchaînement ironique (L ≠ E_1).

6.3.3 Le connecteur ***car*** quant à lui est le vecteur privilégié de l'**argument d'autorité** : il n'est pas rare qu'il introduise un énoncé présenté comme **une assertion antérieure (réelle ou imaginaire) que le locuteur reprend à son compte**. Il ne s'agit donc pas, comme dans le cas de l'autorité polyphonique (cf. *supra* sous 6.3.2), d'un simple phénomène d'écho : le locuteur ne se borne pas à répercuter une assertion précédente ; il se la réapproprie, et en assume pleinement la responsabilité (cette fois, le locuteur produit un $dire_2$ et un $dire_1$ – cf. *supra* sous 6.1.2.1, remarque). Le locuteur s'identifie ainsi à l'énonciateur responsable de cette assertion, lequel est également assimilé à **une personne ou une instance faisant autorité** dans le domaine concerné.

EXEMPLES

La Terre tourne, car Galilée l'a dit.
Elle oubliera sa peine, car c'est la loi de la vie.
Dans les deux cas, le locuteur L s'identifie à l'énonciateur E_1 responsable de la première assertion et à l'énonciateur E_2 responsable de la seconde (L − E_1 et L = E_2) ; E_1 est en outre assimilé respectivement à Galilée et à « la loi de la vie ».

6.3.4 Enfin, certains **raisonnements par l'absurde** sont déclenchés par l'emploi du connecteur ***car***, lorsqu'il établit entre deux assertions une relation de justification ou d'explication indéfendable.

EXEMPLE

Saint-Just était la modération même, car il était français.
Le connecteur *car* relie deux assertions, respectivement prises en charge par les énonciateurs E_1 et E_2. Le locuteur L se distancie de l'énonciateur E_1 responsable de la première assertion ($L \neq E_1$), et s'identifie à l'énonciateur E_2, responsable de la seconde assertion ($L = E_2$). Cependant, selon Ducrot, le locuteur ne prend pas en charge la relation argumentative établie par *car*, et n'endosse donc pas la responsabilité de ce raisonnement absurde[19].

7 Conclusion sur la théorie de Ducrot

La **pragmatique** telle que l'envisage Ducrot est **intégrée à la linguistique** (cf. *supra* sous 4). Il s'agit d'une **théorie sémantique** (elle vise à établir le sens de l'énoncé – cf. *supra* sous 5.2) et **structuraliste** (lors du passage au discours se réalise l'instanciation d'instructions contenues dans les structures de la langue – cf. *supra* sous 5.2.1). C'est également – et c'est sûrement là une spécificité essentielle du modèle de Ducrot et Anscombre – une théorie **non vériconditionnelle** fondée sur le **primat de l'argumentation** (la valeur argumentative de l'énoncé prime sa valeur informative – cf. *supra* sous 4) : tout énoncé est nécessairement argumentatif car **la langue a pour fonction** non pas de décrire objectivement le réel, ou de véhiculer des informations, ou de rapporter des faits véridiques (de façon à permettre aux individus de se construire la représentation du monde la plus appropriée possible, selon la vision cognitiviste – cf. *supra* Sperber et Wilson, sous 1.), mais **d'exprimer les rapports établis entre les interlocuteurs**. Dans la langue sont donc inscrites les virtualités argumentatives constitutives de la signification des phrases, c'est-à-dire un ensemble d'instructions préexistantes à leur emploi par les sujets parlants. Une fois connue la situation de communication, ces instructions déterminent **la valeur d'action à laquelle prétend l'énonciation**. Dès lors, la langue est pour Ducrot fondamentalement a-logique (i. e. irréductible à la valeur logique de ses composants), et donc impossible à définir en termes de conditions de vérité.

Cette théorie argumentative et non vériconditionnelle n'est pas cependant sans poser **problème** : ainsi, comment étudier un acte aussi fréquent et banal que le **mensonge**, dès lors qu'un énoncé ne peut être décrit en termes de vérité ou de

19. Ducrot considère en fait que, dans ce type d'emploi, *car* retrouve la valeur interrogative du *quare ?* latin (« pourquoi ? »). Tout se passe ainsi comme si un troisième énonciateur (E_3), après l'énonciation de la première assertion, posait la question du « pourquoi ? » de cette assertion, et recevait pour réponse (absurde) la seconde assertion. Le locuteur L se dissocie de cet énonciateur E_3 ($L \neq E_3$).

fausseté ? La théorie polyphonique permet certes d'analyser le mécanisme du mensonge (le locuteur ne s'identifie pas à l'énonciateur responsable de l'assertion mensongère – cf. *supra* sous 6.1.2.1), mais elle ne rend pas compte de sa caractéristique essentielle : pour qu'il y ait mensonge, il faut nécessairement que l'assertion réalisée au travers de l'énoncé soit *fausse*.

L'autre spécificité importante du modèle de Ducrot est bien entendu la mise en cause de la thèse de l'unicité du sujet parlant introduite par la **théorie polyphonique** (cf. *supra* sous 6). Celle-ci offre l'avantage de situer dans l'univers de discours les différentes instances de l'énonciation (locuteur, allocutaire, énonciateur, destinataire), et de montrer comment et au travers de quelles stratégies se réalise la communication langagière. Pour autant, la théorie polyphonique n'est pas dépourvue de **faiblesses**.

Ainsi, l'analyse de **l'énoncé ironique négatif** (cf. *supra* sous 6.2.2, remarque 1) présente une incongruité. En effet, selon Ducrot, l'énonciateur E_1 responsable de l'assertion positive qui apparaît en contrepoint de toute négation polémique doit être identifié au locuteur, mais au locuteur en tant qu'être du monde (λ) – c'est-à-dire au personnage du locuteur dans un échange précédent –, et non au locuteur en tant que tel (L). Cependant, l'énonciateur E_2 responsable de l'assertion négative est, lui, assimilé à l'allocutaire A (et destinataire D), et non au personnage de l'allocutaire dans une conversation antérieure : il y a donc là un déséquilibre entre le statut du locuteur et celui de l'allocutaire. Pour résoudre cette difficulté, Ducrot propose de considérer que les énonciateurs E_1 et E_2 sont eux-mêmes mis en scène par un énonciateur E_0, assimilé à l'allocutaire A au moment de la seconde conversation. L'énonciateur E_1 est alors identifié au locuteur lors de cette même conversation, soit au locuteur en tant que tel L, et l'énonciateur E_2 est identifié à E_0, soit à l'allocutaire A. Cette solution, qui consiste à subordonner les énonciateurs les uns aux autres, présente cependant l'inconvénient de procéder à une sorte de mise en abyme des énonciateurs, et le risque de rapprocher, voire de confondre, le niveau de l'énonciateur du niveau supérieur (E_0) et le niveau du locuteur et de l'allocutaire.

Enfin, un autre point épineux du modèle de Ducrot concerne **la définition de l'énoncé** elle-même (cf. *supra* sous 6.1). Celle-ci est effectivement instable : tout d'abord (1980c), Ducrot définit l'énoncé comme étant le résultat de l'énonciation de la phrase. Il revoit ensuite (1984) cette définition en fonction des critères de cohésion et d'autonomie, ce qui l'amène à admettre que l'énoncé peut dépasser les limites de la phrase pour s'étendre à un texte entier.

Même s'il semble qu'intégrer la pragmatique à la linguistique réduise sensiblement les possibles développements de cette discipline, alors qu'au contraire le modèle cognitiviste l'ouvre à un grand nombre de connexions avec les sciences humaines et cognitives, les travaux de l'école française de pragmatique restent novateurs et fondamentaux en la matière.

✓ Applications pratiques

A. Quelle loi de discours est illustrée par cette affiche placardée à la devanture d'une trattoria de Bolsena (Italie) ?

Fig. 2

Éléments de réponse

Il s'agit d'une illustration de la loi d'exhaustivité, selon laquelle le locuteur qui aborde un thème doit donner à propos de celui-ci l'information la plus complète possible. Cette affichette ne peut s'interpréter qu'en fonction du contexte : si l'usage est qu'à Bolsena, les restaurants soient ouverts le mardi, le sens sous-entendu est « Le restaurant ouvre seulement le mardi » (l'interprétation neutre « Le restaurant est ouvert le mardi » est en effet bloquée par la loi d'informativité : le locuteur ne fournit pas à l'interlocuteur une information que ce dernier connaît déjà) ; si en revanche les restaurants de Bolsena sont d'ordinaire fermés le mardi, le sens est « Le restaurant est ouvert le mardi » (cette fois, la loi d'informativité ne peut bloquer l'interprétation neutre, qui est donc préservée).

B. Analysez, en termes de polyphonie, le schéma de la communication tel qu'il se structure dans la célèbre lettre 48 du vicomte de Valmont à Mme de Tourvel dans Les liaisons dangereuses de Choderlos de Laclos (1782) – voir le texte dans les « Applications pratiques » de la fin du chapitre « La pragmatique cognitive » (sous E).

Éléments de réponse

La définition de l'énoncé basée sur les critères de cohésion et d'autonomie établis par Ducrot permet de considérer comme un énoncé non pas le seul résultat de l'énonciation d'une phrase, mais l'ensemble (cohérent et autonome) résultant de l'énonciation de phrases multiples, soit dans ce cas l'intégralité du texte de la lettre 48. Appliquer à cet énoncé la théorie polyphonique permet de dégager le schéma suivant : au niveau de l'énonciation, Valmont, auteur de la lettre, est le locuteur (L), tandis que Mme de Tourvel et Mme de Merteuil, qui la reçoivent, sont les allocutaires (A_1 et A_2), de même qu'Émilie (A_3), qui assiste – voire participe – à la rédaction. Au niveau illocutionnaire, le locuteur L « met en scène » deux énonciateurs (E_1 et E_2), qui prennent en charge des actes illocutionnaires visant trois destinataires possibles : Mme de Tourvel (D_1), Mme de Merteuil (D_2) et Émilie (D_3). Le premier énonciateur (E_1) prend la responsabilité de l'acte illocutionnaire auquel est lié le contenu explicite du message, à savoir le discours « amoureux » ; le second énonciateur (E_2) assume la responsabilité de l'acte auquel est lié le contenu implicite du message, à savoir le discours libertin et cynique. Naturellement, les actes illocutionnaires assumés respectivement par E_1 et par E_2 ne visent pas les trois destinataires : l'acte pris en charge par E_1 vise la seule Mme de Tourvel (D_1), tandis que l'acte pris en charge par E_2 vise Mme de Merteuil (D_2) et Émilie (D_3). Reste enfin à déterminer quelle est l'attitude du locuteur (L) vis-à-vis des énonciateurs E_1 et E_2. Il semble évident que Valmont, libertin sans scrupules, s'identifie à E_2 et se dissocie de E_1 : l'énoncé assumé par E_2 est donc à la fois montré (*dit*$_2$) et asserté (*dit*$_1$), tandis que l'énoncé assumé par E_1 est seulement montré (*dit*$_2$).

Est-il interdit pour autant d'envisager une autre lecture de ce schéma polyphonique, dans laquelle le locuteur (L) s'identifierait à E_1 et se distancierait de E_2 ? Dans ce cas, c'est le discours amoureux qui ferait l'objet d'un *dire*$_1$ (assertion) et d'un *dire*$_2$ (monstration), et le discours libertin qui ferait uniquement l'objet d'un *dire*$_2$ (monstration). L'interprétation découlant de cette nouvelle lecture serait celle d'un Valmont pris à son propre piège : le séducteur cynique serait, à son grand dam, tombé véritablement amoureux de Mme de Tourvel. Il ne peut évidemment le reconnaître ouvertement (quelle pire honte pour un libertin de sa trempe ?) ni devant ses comparses Mme de Merteuil et Émilie, ni devant Mme de Tourvel – ni peut-être face à lui-même. C'est pourquoi il lui faut dissimuler son discours amoureux sous le seul discours qui puisse être attendu de lui, le discours cynique.

C. Dans *Le jeu de l'amour et du hasard* de Marivaux (1730), les deux protagonistes, Dorante et Silvia, doivent, selon le vœu de leurs pères, se marier prochainement. Ils ne se connaissent pas et, à la veille de leur première rencontre, tous deux décident, afin de pouvoir mieux observer et juger l'autre, d'échanger leur identité avec celle, respectivement, du valet Bourguignon et de la servante Lisette. Cette double initiative engendre évidemment une série de quiproquos dans la communication, puisque chaque personnage joue un rôle, mais est en même temps abusé par le rôle endossé par son interlocuteur ou interlocutrice. Dressez, en termes de polyphonie, une synthèse du schéma de la communication établi entre les personnages de Dorante, Bourguignon, Silvia et Lisette.

Éléments de réponse

Les critères de cohésion et d'autonomie permettent de définir et de traiter comme un énoncé l'ensemble (cohérent et autonome) des propos tenus par chacun des quatre personnages. Dès lors, il est possible de synthétiser, en termes de polyphonie, le schéma de la communication mis en place dans la pièce.

Dorante (L_1), qui joue le rôle de son valet, « met en scène » (*dire*$_2$) un énonciateur appelé Bourguignon (E_1) ; inversement, Bourguignon (L_2) « met en scène » Dorante (E_2). Symétriquement, Silvia (L_3), qui joue le rôle de sa servante, « met en scène » un énonciateur appelé Lisette (E_3) ; inversement, Lisette (L_4) « met en scène » Silvia (E_4). Mais lorsque Dorante déguisé en Bourguignon (L_1/E_1) croit s'adresser à Lisette (D_1), il parle en réalité à Silvia (A_1) ; de même Bourguignon travesti en Dorante (L_2/E_2) croit-il discuter avec Silvia (D_2) alors qu'il a affaire à Lisette (A_2). Et bien sûr, Silvia sous l'apparence de Lisette (L_3/E_3) est convaincue de parler à Bourguignon (D_3) alors qu'elle s'entretient avec Dorante (A_3), tandis que Lisette costumée en Silvia (L_4/E_4) apostrophe non pas Dorante (D_4) mais Bourguignon (A_4).

Le jeu de la communication est ainsi en permanence biaisé par le fait que chaque locuteur, par le truchement de la monstration d'un énonciateur, calibre son discours en fonction d'un destinataire (D) qu'il identifie à son allocutaire (A) alors qu'en réalité A et D sont distincts ($A \neq D$), et que les destinataires interprètent le message qui leur est adressé en l'attribuant à un locuteur (L) sans comprendre qu'en fait L « met en scène » un énonciateur E duquel il se dissocie ($L \neq E$).

CONCLUSION

Cet ouvrage s'est efforcé de montrer que la pragmatique, comme toute discipline en voie de construction, a connu des orientations et des développements divers : linguistique de l'énonciation, théorie des actes de langage, modèle cognitiviste, pragmatique intégrée. Le principal point commun de ces diverses approches est la **prise en compte** (à des degrés différents), dans l'analyse de l'échange langagier, **de phénomènes intervenant dans l'interprétation des énoncés, mais que ni la syntaxe ni la sémantique ne traitent** : notions de contexte et de situation de communication, connaissances d'arrière-plan et informations extra-linguistiques, attribution de référents et désambiguïsation, détermination du but et de la force illocutionnaires, etc. La pragmatique permet ainsi de rendre compte de processus non spécifiquement linguistiques de l'interprétation des énoncés.

De ce point de vue, il semble bien que le modèle du code linguistique conventionnellement définissable et exploitable soit dépassé ; dès lors, **il paraît difficile de soutenir la thèse de la pragmatique intégrée à la linguistique**. Probablement (et sans vouloir aborder de délicates et complexes questions d'épistémologie) l'avenir de la discipline se trouve-t-il plutôt dans l'élaboration d'une science cognitive proche de la linguistique, et capable d'interagir avec elle afin de livrer de l'activité de communication langagière une analyse complète.

La grande diversité des phénomènes non linguistiques pris en charge par la pragmatique explique également le foisonnement parfois hétérogène des disciplines qui se revendiquent d'elle : sémiologie, sociologie, sociolinguistique, psychologie, psychosociologie, psycholinguistique… Il est vraisemblable que des échanges fructueux se réaliseront dans **les domaines liés aux industries de la langue et qui concernent l'interprétation ou la production des énoncés** : intelligence artificielle, dialogue homme-machine, traduction automatique, traduction appliquée aux médias (sous-titrage, surtitrage, doublage), etc.

GLOSSAIRE
DES PRINCIPALES NOTIONS THÉORIQUES

Ce glossaire répertorie, par ordre alphabétique, les principales notions théoriques apparaissant dans l'ouvrage. Lorsque cela importe, le(s) nom(s) du (des) théoricien(s) y faisant appel est (sont) précisé(s) entre parenthèses. Le cas échéant, pour des notions qui se complètent ou se répondent, un renvoi à une (ou plusieurs) autre(s) notice(s) figure entre crochets en fin de rubrique. Enfin, l'astérisque qui suit certains termes ou expressions indique que ceux-ci font eux-mêmes l'objet d'une notice du glossaire.

Acte de langage : voir *théorie des actes de langage*

Acte de langage dérivé (Ducrot) : voir *acte de langage indirect*

Acte de langage direct : Lorsque le marqueur de force* illocutionnaire indique le but réel d'un acte* de langage, cet acte est dit direct. Ducrot désigne l'acte de langage direct par l'appellation *acte de langage primitif.*
[Voir *acte de langage indirect*]

Acte de langage indirect : Lorsque le marqueur de force* illocutionnaire indique un but donné, mais que le but illocutionnaire réel de l'acte* de langage est tout à fait différent, cet acte est dit indirect (p. ex. une question peut avoir valeur d'injonction). Ducrot désigne l'acte de langage indirect par l'appellation *acte de langage dérivé.* Selon Searle, un acte indirect se compose de deux actes de langage : un **acte primaire** (p. ex. une injonction), accompli par le biais d'un **acte secondaire** (p. ex. une question).
Si une phrase* peut s'utiliser de façon directe (i. e. développer une force illocutionnaire correspondant à celle indiquée par son marqueur) ou de façon indirecte, il y a **indirection possible** (*Il fait froid ici* : valeur d'assertion, ou d'injonction (« Ferme la fenêtre »)).

Si une phrase s'utilise habituellement de façon indirecte sans qu'il soit exclu qu'elle s'utilise de façon directe, il y a **indirection probable** (*Peux-tu ouvrir la fenêtre ?* : valeur d'injonction, ou éventuellement de question).
Si une phrase s'utilise toujours de façon indirecte, il y a **indirection manifeste** (*Peux-tu ouvrir la fenêtre, s'il te plaît ?* : valeur d'injonction obligatoire).
Lorsque l'indirection est probable ou manifeste, l'acte de langage indirect est dit **conventionnel** ; lorsque l'indirection est seulement possible, l'acte de langage indirect est dit **non conventionnel** (Searle).
[Voir *acte de langage direct*, *implicitation*]

Acte de langage primaire (Searle) : voir *acte de langage indirect*

Acte de langage primitif (Ducrot) : voir *acte de langage direct*

Acte de langage secondaire (Searle) : voir *acte de langage indirect*

Acte illocutionnaire : voir *théorie des actes de langage*
[Voir *acte propositionnel*]

Acte illocutoire (Ducrot) : voir *théorie des actes de langage (acte illocutionnaire)*

Acte institutionnel : voir *performatif*, *tripartition des actes de langage*

Acte locutionnaire : voir *théorie des actes de langage*

Acte perlocutionnaire : voir *théorie des actes de langage*

Acte propositionnel (Searle) : Searle distingue dans une phrase* l'acte propositionnel, c'est-à-dire l'expression d'un contenu appelé contenu propositionnel, et l'acte* illocutionnaire, ou acte accompli en disant quelque chose. Ainsi, dans *Je te promets de venir demain*, l'acte propositionnel est l'expression du contenu « venir demain », et l'acte illocutionnaire une promesse.

Allocutaire (Ducrot) : Dans le cadre de la polyphonie*, instance à qui est adressé l'acte d'énonciation*.
[Voir *destinataire*, *énonciateur*, *locuteur*]

Argumentation (Ducrot) : Pour Ducrot, l'argumentation est une relation de nature discursive établie entre un argument et une conclusion, et dans laquelle l'argument vise à faire admettre la conclusion. La langue dispose d'une série de potentialités argumentatives inscrites dans son lexique et dans ses structures (i. e. au niveau de la phrase*), et ces potentialités se réalisent dans le discours* (i. e. au niveau de l'énoncé*) en donnant lieu à des relations argumentatives. Une caractéristique essentielle de la relation argumentative est d'être scalaire, c'est-à-dire d'être gradable par rapport à des formes génériques appelées *topoï**, et de permettre de situer sur une « échelle » ou axe orienté et gradué. La pragmatique intégrée défend la thèse du **primat de l'argumentation**, selon laquelle les instructions argumentatives sont les données les plus importantes pour l'interprétation et la compréhension des énoncés.
[Voir *échelle argumentative*, *inférence*, *scalarité*]

Attitude propositionnelle (du locuteur) (Sperber et Wilson) : voir *explicitations de l'énoncé (explicitation d'ordre supérieur)*

But illocutionnaire: Le but illocutionnaire définit le type d'obligation contractée par l'un et/ou l'autre des intervenants lors de l'accomplissement d'un acte* illocutionnaire (le locuteur qui promet souscrit un engagement quant à ses intentions, le locuteur qui ordonne entend amener l'interlocuteur à exécuter l'action visée, etc.). Un même but illocutionnaire peut être visé avec une force* illocutionnaire plus ou moins grande.

Classe argumentative (Ducrot): voir *échelle argumentative*

Communication ostensive-inférentielle (Sperber et Wilson): Il y a communication ostensive-inférentielle lorsqu'un individu fait connaître à un autre individu par un acte quelconque l'intention qu'il a de lui faire connaître une information quelconque. Le locuteur d'un énoncé* pose un acte* de langage par lequel il entend faire savoir à son interlocuteur qu'il souhaite lui communiquer une information: l'énoncé est donc un acte de communication ostensive-inférentielle. La communication ostensive-inférentielle ne se limite toutefois pas aux faits de langage: elle inclut aussi les modes de communication non verbaux (attitudes, gestes, mimiques, regards, etc.) [Voir *double intention du locuteur*, *principe de pertinence*, *rendement*]

Composant linguistique (Ducrot): L'interprétation de l'énoncé* s'effectue en deux étapes, assumées successivement par le composant linguistique et par le composant* rhétorique. La première analyse, linguistique, assigne aux différents constituants de la phrase* puis à leur composition (i. e. à la phrase elle-même), en fonction des instructions de la syntaxe et de la sémantique, une signification indépendante de tout contexte: à la sortie du composant linguistique se trouve donc la signification de la phrase. Le composant linguistique donne également accès aux contenus* présupposés liés à l'énoncé.

Composant rhétorique (ou pragmatique) (Ducrot): L'interprétation de l'énoncé* s'effectue en deux étapes successives. La première relève du composant* linguistique, la seconde du composant rhétorique ou pragmatique. Cette analyse pragmatique s'exerce sur la signification de la phrase* livrée par le composant linguistique et assigne, compte tenu de cette signification et des circonstances de l'énonciation*, une valeur aux variables contenues dans la phrase: à la sortie du composant rhétorique se trouve le sens de l'énoncé.

Le composant rhétorique se divise en deux sous-composants:

– **le premier sous-composant rhétorique** a pour rôle l'attribution des valeurs référentielles et argumentatives qui donnent accès au sens littéral de l'énoncé;

– **le second sous-composant rhétorique** entre en jeu si le sens de l'énoncé est non littéral: il combine le sens littéral aux circonstances de l'énonciation afin de donner accès à ce sens non littéral. De ce sens non littéral relèvent les contenus* sous-entendus produits par le locuteur et repérés par l'interlocuteur. La mise en œuvre du second sous-composant rhétorique est régie par des lois* de discours*.

[Voir *littéralité*, *non-littéralité*]

Conclusion implicitée (Sperber et Wilson): voir *implication contextuelle*

Connaissances encyclopédiques: Les connaissances encyclopédiques d'un individu sont l'ensemble des savoirs dont il dispose sur le monde. Si un savoir est commun à un

grand nombre d'individus, il est appelé **savoir partagé général** ; si en revanche il n'est commun qu'à quelques individus, il est appelé **savoir partagé particulier**.
[Voir *implicitations de l'énoncé*]

Connecteur argumentatif (Ducrot) : Les connecteurs sont des termes à contenu* procédural (adverbes, conjonctions...) dont le rôle varie en fonction de leur environnement linguistique : ils fournissent des instructions sur la manière d'interpréter les enchaînements discursifs. En d'autres termes, les connecteurs servent à mettre en rapport des actes* de langage ; dès lors que ces derniers ont une valeur argumentative, les connecteurs sont dits argumentatifs. Les connecteurs argumentatifs sont donc des marqueurs spécialisés révélant explicitement les propriétés argumentatives inscrites dans la structure de la langue et permettant de définir l'orientation argumentative d'une phrase*.
[Voir *argumentation, opérateur argumentatif*]

Constatif (Austin) : Les constatifs sont des énoncés* assertifs qui servent à rendre compte de l'état présent ou passé du monde, qui décrivent le réel. Les constatifs sont évalués en termes de vérité ou de fausseté (selon que ce qu'ils décrivent correspond ou non à une réalité existante ou ayant existé) : ils sont véριconditionnels.
[Voir *illusion descriptive, performatif*]

Contenu conceptuel (Ducrot) : Les mots (substantifs, adjectifs, verbes) qui désignent des objets, des propriétés, des actions ou des événements du monde sont appelés termes à contenu conceptuel.
[Voir *contenu procédural*]

Contenu posé (Ducrot) : Le contenu posé d'un énoncé* est l'information explicite que cet énoncé communique, c'est-à-dire la proposition* qu'il exprime. Le contenu posé est simultané à l'acte d'énonciation*, et relève du domaine commun au locuteur et à l'interlocuteur.
[Voir *contenu présupposé, contenu sous-entendu, littéralité, non-littéralité*]

Contenu présupposé (Ducrot) : La présupposition, ou (contenu) présupposé de l'énoncé*, est un contenu informatif communiqué de manière implicite. Le mécanisme de la présupposition est inscrit dans la structure même du code de la langue et est donc indépendant des circonstances de l'énonciation* : le présupposé est antérieur à l'acte d'énonciation. Dans l'échange conversationnel, le présupposé est ce qui doit être nécessairement accepté par les intervenants pour que ceux-ci se comprennent ; il s'agit d'un principe de cohérence qui assure la continuité du discours*. Le présupposé relève de l'intention du locuteur et appartient sens explicite ou contenu* posé de l'énoncé. Dès lors, si la fausseté du présupposé est démontrée, il devient très difficile, voire impossible, de soutenir la validité de l'énoncé. Le contenu présupposé étant un produit du composant* linguistique – son étude relève donc de la linguistique –, il est antérieur au contenu* sous-entendu (produit du composant* rhétorique) : connaître le présupposé est par conséquent un préalable indispensable à la recherche du sous-entendu.
[Voir *littéralité, non-littéralité*]

Contenu procédural (Ducrot) : Les mots (pronoms personnels, conjonctions, adverbes, verbes performatifs*...) qui livrent des instructions, des procédures sur la façon d'utiliser les phrases dans la communication sont appelés termes à contenu procédural.
[Voir *contenu conceptuel*]

Contenu propositionnel : voir *acte propositionnel*

Contenu sous-entendu (Ducrot) : Le (contenu) sous-entendu de l'énoncé* est un contenu informatif communiqué de manière implicite, dans un énoncé non littéral. La production d'un sous-entendu dépend directement des circonstances de l'énonciation* : le sous-entendu est postérieur à l'acte d'énonciation. Le sous-entendu relève de l'interprétation de l'interlocuteur et est toujours exclu du sens explicite ou contenu* posé de l'énoncé. Dès lors, il est toujours loisible au locuteur de se retrancher derrière le sens explicite de l'énoncé et de laisser au seul interlocuteur la responsabilité de l'interprétation du sous-entendu. Le contenu sous-entendu étant un produit du composant* rhétorique – son étude relève de la pragmatique –, il est postérieur au contenu* présupposé (produit du composant* linguistique) : connaître le présupposé est par conséquent un préalable indispensable à la recherche du sous-entendu.
[Voir *non-littéralité*]

Contexte (Sperber et Wilson) : Dans la théorie de la pertinence, le contexte d'un énoncé* est composé des prémisses* tirées de la situation de communication et de l'interprétation des énoncés précédents, ou de l'énonciation* elle-même : le contexte est la partie de l'environnement* cognitif de l'interlocuteur (i. e. du récepteur du message) saisie au moment de l'énonciation*. Le contexte est donc une variable et non une constante : il est construit pour chaque nouvel énoncé et ne contient que les informations nécessaires à une interprétation cohérente de cet énoncé. C'est le principe* de pertinence qui permet borner le contexte : ne sont retenues que les informations qui ont le plus de chance de produire un rendement* satisfaisant.
[Voir *implication contextuelle*, *implicitations de l'énoncé*]

Coopération : voir *principe de coopération*

Déictique : Les déictiques ou indexicaux sont des mots par lesquels le locuteur se définit en tant que sujet : les pronoms de première et deuxième personnes (*je*, *tu*...), les démonstratifs (*celui-ci*...), les marqueurs de repérage spatial ou temporel (*ici*, *maintenant*...). L'interprétation des déictiques exige que soit connue la situation d'énonciation*, qui seule donne accès à leurs référents et permet ainsi leur désambiguïsation* pragmatique (ou référentielle).

Désambiguïsation (lexicale, syntaxique, pragmatique/référentielle) (Sperber et Wilson) : voir *explicitations de l'énoncé*

Destinataire (Ducrot) : Dans le cadre de la polyphonie*, instance visée par un acte* illocutionnaire accompli au travers de l'énonciation*.
[Voir *allocutaire*, *énonciateur*, *locuteur*]

Discours : Le discours est un phénomène pragmatique correspondant à un enchaînement d'énoncés* successifs.
[Voir *double intention du locuteur*]

Double intention du locuteur : Tout locuteur est animé de deux intentions : une **intention informative** (amener l'interlocuteur à la connaissance d'une information donnée) et une **intention communicative** (faire connaître à l'interlocuteur cette intention informative).
Lorsque cette double intention informative/communicative du locuteur se rapporte à un énoncé*, elle est dite locale ; lorsqu'elle se rapporte à un discours*, elle est dite globale. Interpréter un discours revient donc à attribuer à son locuteur une double intention relative à l'ensemble des énoncés qui constituent ce discours. Cependant, l'intention globale du locuteur ne se réduit pas forcément à la somme des intentions locales relatives aux différents énoncés qui composent le discours : elle peut être plus élaborée. C'est la recherche intuitive (en vertu du principe* de pertinence) de l'intention globale du locuteur qui incite à porter spontanément un jugement de cohérence sur un discours : plus cette intention est facile à construire et plus elle est riche (i. e. meilleur est le rendement*), plus le discours est jugé cohérent.
[Voir *communication ostensive-inférentielle*, *signification non naturelle*]

Échelle argumentative (Ducrot) : Lorsque plusieurs arguments concourent à établir la même conclusion, ils font partie de la même **classe argumentative**. Lorsqu'au sein d'une classe, les arguments peuvent être ordonnés en fonction de leur force, ces arguments constituent une échelle. Une échelle argumentative est donc une classe argumentative orientée.
[Voir *scalarité*]

Effet (cognitif) (Sperber et Wilson) : voir *rendement*

Effort (Sperber et Wilson) : voir *rendement*

Énoncé : Pour Grice (et pour les tenants de la pragmatique cognitive), l'énoncé est le résultat de l'énonciation* d'une phrase*, qui varie en fonction des circonstances dans lesquelles celle-ci est prononcée. L'énoncé véhicule ce que le locuteur veut communiquer (i. e. souvent plus que ce que dit la phrase, à savoir un contenu implicite). L'étude l'énoncé relève de la pragmatique.
Pour Ducrot, l'énoncé (résultat de l'énonciation) doit répondre à une exigence de cohésion (le choix de chaque constituant de l'énoncé est déterminé par le choix de l'ensemble de l'énoncé) et à une exigence d'autonomie (le choix de l'énoncé ne dépend pas du choix d'un ensemble plus vaste dont il serait un élément).
[Voir *discours*, *implicitation*]

Énonciateur (Ducrot) : Dans le cadre de la polyphonie*, instance responsable d'un acte* illocutionnaire accompli au travers de l'énonciation*.
[Voir *allocutaire*, *destinataire*, *locuteur*]

Énonciation : L'énonciation est le fait de produire un énoncé*. Il s'agit d'un processus unique, en ce sens que l'énonciation ne peut être reproduite sans que soient modifiées les conditions dans lesquelles elle se réalise (alors qu'un même énoncé peut, lui, être reproduit à plusieurs reprises).

Environnement cognitif (Sperber et Wilson) : L'environnement cognitif d'un individu est constitué par l'ensemble des faits qui lui sont manifestes, c'est-à-dire par l'en-

semble de ce qu'il sait et de ce qu'il peut savoir, par l'ensemble des informations auxquelles il a accès et de celles auxquelles il peut avoir accès. Si les interlocuteurs partagent le même environnement, on parle d'environnement cognitif mutuel. Cette situation déclenche le **principe de manifesteté mutuelle** : pour construire le contexte, les intervenants recourent à des éléments identiques (ceux qui, dans la situation de communication, leur sont manifestes à tous deux), ce qui facilite évidemment la communication.
[Voir *contexte*, *implicitations de l'énoncé*]

Explicitations de l'énoncé (Sperber et Wilson) : Les explicitations de l'énoncé* sont la première série de processus pragmatiques d'enrichissement de l'énoncé. Elles ont trait à ce qui est manifesté explicitement dans l'énoncé, et se répartissent en deux catégories :
– l'**explicitation du premier ordre**, qui consiste à enrichir la forme* logique de l'énoncé par la désambiguïsation lexicale, syntaxique ou pragmatique (i. e. référentielle), ce qui permet d'accéder à la forme* propositionnelle de l'énoncé ;
– l'**explicitation d'ordre supérieur** se réalise par la prise en compte de l'attitude propositionnelle du locuteur, c'est-à-dire de ses états mentaux et de ses intentions au moment où il parle, et du but* illocutionnaire de l'énoncé (le locuteur peut asserter, ordonner, ou questionner).
[Voir *implicitations de l'énoncé*, *tripartition des actes de langage*]

Force illocutionnaire : La force (illocutionnaire) d'un acte* illocutionnaire définit l'intensité avec laquelle le but* illocutionnaire de cet acte est mis en œuvre. Ainsi, l'ordre et la requête ont un même but illocutionnaire, mais sont de forces différentes. La forme et la syntaxe de la phrase* (déclarative, interrogative, jussive, etc.) constituent un marqueur qui permet de définir la force illocutionnaire de l'acte.

Forme logique de l'énoncé (Sperber et Wilson) : Obtenue à la suite d'une première interprétation, linguistique et codique, de l'énoncé*, la forme logique est une suite ordonnée de concepts correspondant aux composants linguistiques de la phrase*, à l'énumération de ce qui est manifesté explicitement dans l'énoncé.
[Voir *explicitations de l'énoncé*, *forme propositionnelle de l'énoncé*, *processus codique*]

Forme propositionnelle de l'énoncé (Sperber et Wilson) : La forme propositionnelle de l'énoncé*, ou proposition exprimée par l'énoncé, représente la pensée dont le locuteur veut faire état en produisant l'énoncé. La forme propositionnelle est livrée par l'explicitation* du premier ordre. Lorsque l'énoncé est assertif, elle est susceptible d'être évaluée en termes de vérité ou de fausseté : elle est vériconditionnelle.
[Voir *forme logique de l'énoncé*]

Illusion descriptive (Austin) : L'illusion descriptive est l'un des fondements de la philosophie analytique, en vigueur jusque dans les années 1950, et qui consiste à postuler que le but du langage est de décrire la réalité.
[Voir *constatif*, *théorie des actes de langage*]

Implication contextuelle (ou conclusion implicitée) (Sperber et Wilson) : Après l'interprétation linguistique qui a donné accès à la forme* propositionnelle, et après les processus pragmatiques d'enrichissement successifs des explicitations* et des implicitations*, l'énoncé* subit une interprétation pragmatique qui permet de passer des prémisses* à la conclusion du raisonnement par inférence* : celle-ci est appelée implication contextuelle ou conclusion implicitée. Cette conclusion consiste en l'acquisition d'une nouvelle information tirée de l'interprétation de l'énoncé face au contexte*, et ne pourrait donc être tirée ni du seul énoncé, ni du seul contexte. L'interprétation pragmatique d'un énoncé peut déboucher sur plusieurs conclusions implicitées.

Implicitation (Grice) : Il y a implicitation lorsque l'énoncé* communique davantage que ce dit la phrase*, c'est-à-dire lorsque l'énoncé véhicule un contenu implicite.
L'implicitation est dite **conventionnelle** ou **lexicale** lorsque le sens conventionnel des mots et la forme de la phrase suffisent à déterminer le contenu implicite (*Pierre est français, il est donc chauvin* implicite « Les Français sont chauvins »).
L'implicitation est dite **non conventionnelle** ou **conversationnelle**, ou encore **discursive**, lorsque le contenu implicite n'est pas véhiculé par un moyen conventionnel, et que sa récupération exige donc un raisonnement de la part de l'interlocuteur. L'implicitation conversationnelle est **généralisée** si elle est entrée dans l'usage et automatiquement déclenchée par l'utilisation de certaines formes linguistiques, et donc indépendante du contexte (c'est le cas des actes* de langage indirects conventionnels). L'implicitation conversationnelle est **particulière** (ou non généralisée) si elle est mise en œuvre uniquement grâce à la relation établie entre l'énoncé et certains éléments liés au contexte et aux circonstances particulières de la situation de communication (c'est le cas des actes* de langage indirects non conventionnels).
[Voir *maximes conversationnelles*]

Implicitations de l'énoncé (ou prémisses implicitées) (Sperber et Wilson) : Les implicitations ou prémisses implicitées sont la seconde série de processus pragmatiques d'enrichissement de l'énoncé*. À l'inverse des explicitations*, les implicitations ne relèvent pas de ce que l'énoncé manifeste explicitement, mais de ce qu'il communique implicitement : les prémisses implicitées correspondent à l'ensemble des hypothèses qu'il est nécessaire de poser pour parvenir à une interprétation pertinente de l'énoncé. Les premières prémisses sont formées par les informations auxquelles donnent accès les concepts livrés par la forme* logique et la forme* propositionnelle de l'énoncé : elles renvoient aux connaissances* encyclopédiques et servent de base aux processus* inférentiels d'interprétation de l'énoncé. Les prémisses supplémentaires sont constituées par une partie de l'environnement* cognitif de l'individu, c'est-à-dire par des données tirées de la situation de communication et de l'interprétation des énoncés précédents, ou par l'énonciation* elle-même (i. e. par le choix du locuteur de produire tel énoncé dans telles circonstances) ; elles constituent le contexte* de l'énoncé.

Indexical : voir *déictique*

Indirection (possible/probable/manifeste) : voir *acte de langage indirect*

Inférence : Un raisonnement par inférence consiste, à partir d'hypothèses de départ ou prémisses*, à déduire une ou plusieurs conclusions.
Pour Ducrot, l'inférence est la relation qui existe entre un fait et la production d'un énoncé*, ce dernier présentant ce fait comme le point de départ d'une déduction débouchant précisément sur la production de l'énoncé (p. ex. le locuteur produit l'énoncé *On n'ira pas se promener ce matin* après avoir ouvert les rideaux et vu tomber une pluie diluvienne).
[Voir *argumentation, processus inférentiel, signification non naturelle*]

Intention communicative (du locuteur) : voir *double intention du locuteur*

Intention informative (du locuteur) : voir *double intention du locuteur*

Littéralité : Un énoncé* est littéral si toute l'information qu'il communique est explicite, s'il ne communique aucun contenu implicite.
Pour Ducrot toutefois, le contenu* présupposé est un contenu implicite qui appartient au sens explicite, au contenu* posé de l'énoncé.
[Voir *non-littéralité*]

Locuteur (Ducrot) : Dans le cadre de la polyphonie*, instance responsable de l'acte d'énonciation*. Cette instance se subdivise elle-même en deux êtres de discours* distincts :
– le **locuteur en tant que tel (L)**, qui est considéré uniquement en tant que responsable de l'énonciation ;
– le **locuteur en tant qu'être du monde (λ)**, qui n'est pas considéré uniquement en tant que responsable de l'énonciation, mais est susceptible de se voir attribuer d'autres caractéristiques particulières. L'être que désigne le pronom *je* est toujours λ.
[Voir *allocutaire, destinataire, énonciateur*]

Loi de discours (Ducrot) : Les lois de discours* sont des normes fixées par la collectivité linguistique au sein de laquelle a lieu la communication ; elles ont pour propriété de ne porter que sur le contenu* posé de l'énoncé*. Nombre d'entre elles ont des caractéristiques scalaires.
[Voir *scalarité*]

Manifesteté mutuelle : voir *environnement cognitif*

Maximes conversationnelles (Grice) : Les quatre maximes conversationnelles (qualité, quantité, relation ou pertinence, manière ou modalité) régissent les rapports des intervenants qui participent à une conversation. Il ne s'agit pas de règles à caractère normatif, mais de principes d'interprétation des énoncés*. Les maximes conversationnelles peuvent donc être respectées, mais aussi violées, ou encore exploitées. Dans ce dernier cas, le locuteur transgresse délibérément et ouvertement une maxime tout en respectant le principe* de coopération et en se faisant parfaitement comprendre de l'interlocuteur : il y a alors implicitation* conversationnelle (ou acte* de langage indirect).
Grice précise que, comme le principe* de coopération, les maximes conversationnelles peuvent aussi s'appliquer aux modes de communication non langagiers.

Non-littéralité : Un énoncé* est non littéral si toute l'information qu'il communique n'est pas explicite, si une part, même infime, du contenu communiqué est implicite.
Pour Ducrot toutefois, le contenu* présupposé est un contenu implicite qui appartient au sens explicite, au contenu* posé de l'énoncé.
[Voir *contenu sous-entendu, littéralité*]

Opérateur argumentatif (Ducrot) : Les opérateurs argumentatifs sont des termes à contenu* procédural. Il s'agit de marqueurs spécialisés qui agissent au sein d'une proposition* et révèlent explicitement les propriétés argumentatives inscrites dans la structure de la langue.
[Voir *argumentation, connecteur argumentatif*]

Performatif (Austin) : Les performatifs sont des énoncés* qui permettent d'accomplir les actes qu'ils désignent. Ces actes ont pour caractéristique d'être « institutionnels », c'est-à-dire de n'exister que relativement à une institution humaine, et de faire référence à une convention humaine. Prononcer la formule conventionnelle revient donc à accomplir l'acte (*je jure, je te baptise, je vous arrête*...). Les performatifs sont évalués en termes de réussite ou d'échec (selon que les conditions nécessaires à l'accomplissement de l'acte visé sont ou non réunies), et non en termes de vérité ou de fausseté : ils ne sont pas vériconditionnels.
Les verbes performatifs sont ceux dont le sens correspond à l'exécution d'un acte « institutionnel » (*jurer, marier*...).
[Voir *constatif*]

Pertinence (Sperber et Wilson) : voir *principe de pertinence*

Phrase : La phrase est une suite de mots, qui ne varie pas en fonction des circonstances dans lesquelles elle est prononcée. Elle est caractérisée par sa structure syntaxique et par sa valeur sémantique. L'étude de la phrase relève de la linguistique.
[Voir *énoncé*]

Polyphonie (Ducrot) : La théorie polyphonique de l'énonciation* défend la thèse que l'activité énonciative se définit comme le produit de plusieurs voix ou points de vue, qu'une pluralité de voix cohabitent dans un même énoncé*. La polyphonie est certes un phénomène de discours*, mais elle est aussi inscrite dans les structures de la langue, vu que la langue elle-même résulte d'un nombre incalculable de situations de discours antérieures. Le modèle polyphonique repose sur la distinction, dans l'univers de discours, de deux niveaux : celui de l'acte d'énonciation et celui de l'acte* illocutionnaire. À l'exception du sujet* parlant, les entités définies dans le cadre de la polyphonie (allocutaire*, destinataire*, énonciateur*, locuteur*) ne représentent pas des individus réels mais des instances non incarnées, des êtres de discours.

Prémisses (Sperber et Wilson) : voir *implicitations de l'énoncé*

Présupposition (Ducrot) : voir *contenu présupposé*

Principe de coopération (Grice) : Le principe de coopération pose que, dans un échange langagier, chaque intervenant s'efforce d'apporter une contribution rationnelle et coopérative afin de faciliter l'interprétation des énoncés*.
Grice précise que, comme les maximes* conversationnelles, le principe de coopération peut aussi s'appliquer aux modes de communication non langagiers.

Principe de manifesteté mutuelle (Sperber et Wilson) : voir *environnement cognitif*

Principe de pertinence (Sperber et Wilson) : Le principe de pertinence pose que tout acte de communication* ostensive-inférentielle (et donc tout énoncé*) suscite chez son destinataire l'attente de la pertinence de cet acte. Il s'agit d'un principe d'interprétation non normatif (il n'est pas obligatoire de produire uniquement des actes pertinents), qui sert de base aux processus* inférentiels d'interprétation des actes de communication, et que les intervenants utilisent inconsciemment. Fondé sur le principe de pertinence, le modèle pragmatique de Sperber et Wilson est appelé **théorie de la pertinence**.
[Voir *rendement*]

Principe d'exprimabilité (Searle) : Le principe d'exprimabilité pose que toute intention du locuteur (pensée, croyance, désir, etc.) peut être exprimée explicitement et littéralement par un moyen conventionnel, c'est-à-dire par un énoncé*.
[Voir *littéralité*]

Processus codique : Les processus codiques d'interprétation du langage sont des processus applicables par rapport à un code, c'est-à-dire à un ensemble de conventions communes au locuteur et à l'interlocuteur. L'étude des processus d'encodage et de décodage des phrases* est prise en charge par la linguistique (phonétique, syntaxe, sémantique).
[Voir *processus inférentiel*]

Processus inférentiel : Les processus inférentiels d'interprétation du langage mettent en jeu la réflexion, le raisonnement, la faculté de déduction de l'interlocuteur. Ils s'appuient sur certaines connaissances (p. ex. liées à la situation de communication) ou prémisses* permettant de faire des hypothèses sur l'état d'esprit et les intentions du locuteur. Ces connaissances préalables n'ont rien de linguistique et ne font l'objet d'aucune association conventionnelle. Les processus inférentiels viennent donc se superposer au code pour livrer une interprétation complète de l'énoncé* ; leur étude relève de la pragmatique.
[Voir *inférence*, *processus codique*, *rendement*]

Proposition : voir *forme propositionnelle de l'énoncé*

Rendement (Sperber et Wilson) : Le destinataire d'un acte de communication* ostensive-inférentielle (et donc d'un énoncé*) doit, pour interpréter cet acte, fournir un raisonnement. Cela lui demande un **effort**, qui est fonction de la longueur de l'acte, de sa structure, de son éventuelle ambiguïté, du degré de difficulté que revêt la sélection des prémisses*, etc. Ce processus* inférentiel d'interprétation aboutit à un résultat, appelé **effet** cognitif : l'acquisition d'une nouvelle information, le changement de la force de conviction avec laquelle une croyance est entretenue, ou l'éradication d'une croyance. Pour qu'un acte de communication soit pertinent, il faut qu'un effet cognitif au moins soit atteint, mais aussi que cet effet équilibre l'effort consenti. Si tel est le cas, c'est-à-dire si effort et effet sont inversement proportionnels avec un effet maximal, le rendement de l'acte de communication est bon. Un rendement satisfaisant permet de considérer qu'une interprétation satisfaisante de l'acte de communication a été atteinte, et que les processus inférentiels d'interprétation, potentiellement infinis, peuvent être arrêtés.
[Voir *principe de pertinence*]

Scalarité (Ducrot): La scalarité est la caracrtéristique des phénomènes linguistiques (dits scalaires) qui relèvent de la gradation, qui permettent de situer sur un axe gradué et orienté.
[Voir *argumentation*, *échelle argumentative*, *loi de discours*, *topos*]

Signification naturelle (Grice): Il y a signification naturelle ou indication lorsqu'un phénomène est mis en rapport avec un signe qui le manifeste, sans qu'aucun raisonnement par inférence* soit requis: le signe et le phénomène ont une existence indépendante (p. ex., la fumée est le signe naturel du feu: la fumée indique la présence d'un feu, et le feu existe indépendamment de l'interprétation qui est faite de la fumée).
[Voir *signification non naturelle*]

Signification non naturelle (Grice): Le langage humain relève de la signification non naturelle ou « vouloir dire »: il est attendu de l'interlocuteur qu'il reconnaisse et l'information communiquée, et l'acte* illocutionnaire posé. Pour ce faire, il lui faut procéder à un raisonnement par inférence*. La réalisation de l'intention du locuteur dépend donc de l'interprétation de l'interlocuteur: sans la déduction du second, le « vouloir dire » du premier n'existe pas.
[Voir *double intention du locuteur*, *signification naturelle*]

Sous-entendu (Ducrot): voir *contenu sous-entendu*

Stratégie de l'interprète: Dans un échange langagier, pour récupérer la pensée de l'autre, chaque intervenant est amené à former un ensemble d'hypothèses. Ce processus de spéculation est appelé stratégie de l'interprète. Si les hypothèses posées sont adéquates, la communication se fait avec succès; si elles ne le sont pas, il y a échec de la communication (erreur, malentendu).

Sujet parlant (Ducrot): Individu dans le monde qui produit l'énoncé*. Le sujet parlant est le seul être réel, empirique, défini par Ducrot dans le cadre de la polyphonie*. Le sujet parlant est au locuteur* ce que l'auteur d'un roman est au narrateur.

Supposition (Sperber et Wilson): La supposition est un mécanisme mis en œuvre dans l'interprétation des énoncés* métaphoriques (*La voiture de Serge est une poubelle*) et de fiction (*Mary Poppins ouvrit son parapluie et s'envola*). Il consiste, le temps de l'interprétation de l'énoncé, à introduire la forme* logique (« La voiture de Serge est une poubelle »/« Mary Poppins ouvrit son parapluie et s'envola ») dans le contexte*, et à écarter de celui-ci les informations qui seraient contradictoires (« La voiture de Serge est une automobile »/« Mary Poppins n'existe pas », « Un parapluie ne vole pas »): il est alors possible de tirer les implications* de l'énoncé par rapport au contexte sans être confronté à une contradiction interne, c'est-à-dire d'interpréter l'énoncé métaphorique ou fictif (« La voiture de Serge est sale et délabrée »/« Dans les aventures de Mary Poppins, Mary se déplace grâce à un parapluie volant »).

Théorie des actes de langage (Austin): théorie selon laquelle le langage n'a pas pour unique fonction de décrire le réel, mais peut aussi permettre d'agir. Produire un énoncé* consiste donc à poser un acte de langage. Dans ce cadre, Austin distingue trois aspects de l'acte consistant à faire quelque chose par le langage:

– **l'acte locutionnaire**, ou fait de dire quelque chose, de prononcer une phrase* (réalisation grammaticale et articulatoire de la phrase selon les règles syntaxiques et phonologiques) ;
– **l'acte illocutionnaire**, ou acte que l'on accomplit en disant quelque chose (assertion, négation, interrogation, promesse, ordre, supposition, protestation, etc.). L'acte illocutionnaire est donc susceptible de transformer la situation de communication, de modifier les droits et les devoirs des intervenants. Ducrot désigne l'acte illocutionnaire par l'appellation *acte illocutoire* ;
– **l'acte perlocutionnaire**, ou acte que l'on accomplit par le fait de dire quelque chose (obliger l'interlocuteur à se conformer à une injonction, convaincre l'interlocuteur, changer de sujet de conversation, relancer la conversation, etc.).
Pour Austin, toute phrase énoncée sérieusement correspond au moins à l'exécution d'un acte locutionnaire et à celle d'un acte illocutionnaire, et parfois aussi à celle d'un acte perlocutionnaire. L'acte essentiel est l'acte illocutionnaire ; il s'évalue en termes de réussite ou d'échec.
[Voir *illusion descriptive*]

Topos (Ducrot) : La notion de *topos* (du grec *τοπς*, pluriel *τοποι*), empruntée à Aristote, désigne un lieu commun argumentatif, un principe général accepté par une communauté linguistique et servant de référence dans la construction du discours* argumentatif. Les *topoï* ne sont généralement pas explicités, et s'appliquent dans les limites d'une zone de validité particulière. Les *topoï* ont également la caractéristique d'être des règles argumentatives de nature scalaire (i. e. d'être gradables) : chaque *topos* donne ainsi lieu à quatre formes topiques (T_1, T_2, T_3 et T_4) du type {+P, +Q}, {–P, –Q}, {+P, –Q} et {–P, +Q}, elles-mêmes réductibles à deux grands principes opposés l'un à l'autre, « Il faut +Q » *vs* « Il faut –Q ». Ces formes topiques définissent les trajets interprétatifs qu'il faut emprunter pour passer d'un argument à sa conclusion.
[Voir *argumentation*, *scalarité*]

Tripartition des actes de langage (Sperber et Wilson) : Pour Sperber et Wilson, les actes* de langage se répartissent en deux catégories : les actes* institutionnels (ou performatifs*), qui doivent être identifiés et reconnus par le locuteur et par l'interlocuteur pour être accomplis, et les actes non institutionnels, qui peuvent être accomplis sans que leur identification précise soit nécessaire (p. ex., on peut très bien comprendre que quelque chose est communiqué à propos de l'avenir sans pour autant identifier un acte de prédiction). C'est de cette seconde catégorie d'actes seulement que doit rendre compte l'étude du langage. Dès lors, la classification des actes de langage non institutionnels peut se faire selon une simple tripartition des buts* illocutionnaires : l'**assertion** (« dire que »), l'**injonction** (« dire de »), et l'**interrogation** (« demander si »). Ces trois types d'actes offrent l'avantage d'être universels.
[Voir *explicitations de l'énoncé*]

BIBLIOGRAPHIE

ANSCOMBRE (J.-Cl.)
1973 « Même le roi de France est sage », in *Communications*, Paris, n° 20, pp. 40-82.

ANSCOMBRE (J.-Cl.) éd.
1995 *Théorie des* topoï, Paris, Kimé.

ANSCOMBRE (J.-Cl.) et DUCROT (O.)
1983, *L'argumentation dans la langue*, Bruxelles, Mardaga.

ARMENGAUD (Fr.)
2007[5] *La pragmatique*, Paris, PUF, coll. Que sais-je ?, n° 2230.

AUSTIN (J.L.)
1962 *How to do things with words*, Oxford, Oxford University Press ; trad. française de G. Lane *Quand dire, c'est faire*, Paris, Seuil, 1970[1].

BACRY (P.)
1992 *Les figures de style*, Paris, Belin, coll. Sujets.

BAKHTINE (M.)
1977 *Le marxisme et la philosophie du langage*, Paris, Éditions de Minuit.

BAR-HILLEL (Y.) éd.
1971 *Pragmatics of Natural Languages*, Dordrecht, Reidel.

BAYARD (P.)
1993 *Le paradoxe du menteur. Sur Laclos*, Paris, Éditions de Minuit.

BENVENISTE (É.)
1966 *Problèmes de linguistique générale I*, Paris, Gallimard.
1974 *Problèmes de linguistique générale II*, Paris, Gallimard.

BERRENDONNER (A.)
1981 *Éléments de pragmatique linguistique*, Paris, Éditions de Minuit.

BRACOPS (M.)
1996 *L'étude de* car. *Analyse syntaxique, sémantique et pragmatique* (thèse de doctorat), Université Libre de Bruxelles.

CERVONI (J.)
1992[2] *L'énonciation*, Paris, PUF, coll. Linguistique nouvelle.

CULIOLI (A.)
1991 *Pour une linguistique de l'énonciation*, Paris, Ophrys.

DELBECQUE (N.) éd.
2006 *Linguistique cognitive. Comprendre comment fonctionne le langage*, De Boeck-Duculot, Bruxelles, coll. Champs linguistiques. Manuels.

DUCROT (O.)
1969 « Présupposés et sous-entendus », in *Langue française*, Paris, n° 4, pp. 30-43.
1972a *Dire et ne pas dire. Principes de sémantique linguistique*, Paris, Hermann.
1972b Préface à Searle (J.R.) *Les actes de langage. Essai de philosophie du langage*, traduit de l'anglais par H. Pauchard, Paris, Hermann, pp. 7-34.
1979 « Les lois de discours », in *Langue française*, Paris, Larousse, n° 42, pp. 21-33.
1980a *Les échelles argumentatives*, Paris, Éditions de Minuit.
1980b « Analyses pragmatiques », in *Communications*, Paris, n° 32, pp. 11-60.
1983 « *Puisque*: essai de description polyphonique », in *Revue romane*, Copenhague, n° 24, pp. 166-185.
1984 *Le dire et le dit*, Paris, Éditions de Minuit.
1989 *Logique, structure, énonciation*, Paris, Éditions de Minuit.

DUCROT (O.), SCHAEFFER (J.-M.) *et al.*
2000 *Nouveau dictionnaire encyclopédique des sciences du langage*, Paris, Seuil, coll. Points Essais.

DUCROT (O.) et TODOROV (T.)
1979[2] *Dictionnaire encyclopédique des sciences du langage*, Paris, Seuil.

DUCROT (O.) *et al.*
1980 *Les mots du discours*, Paris, Éditions de Minuit.

ECO (U.)
1992 *Les limites de l'interprétation*, traduit de l'italien par M. Bouzaher, Paris, Grasset.

FLAHAULT (Fr.)
1979 « Le fonctionnement de la parole. Remarques à partir des maximes de Grice », in *Communications*, Paris, n° 30, pp. 73-79.

FODOR (J.A.)
1983 *The Modularity of Mind*, Cambridge (Massachusetts), MIT Press, trad. française par A. Gerschenfeld *La modularité de l'esprit*, Paris, Éditions de Minuit, 1986.

FONTANIER (P.)
1977 *Les figures du discours*, Paris, Flammarion, coll. Champs Flammarion, n° 15.

GANASCIA (J.-G.)
2006² *Les sciences cognitives*, Paris, Le Pommier, coll. Poche.

GARDINER (A.H.)
1932 *The Theory of Speech and Language*, Oxford, The Clarendon Press, trad. française par C. Douay *Langage et acte de langage*, Lille, Presses universitaires de Lille, 1989.

GHILS (P.)
2007 *Les théories du langage au XXe siècle. De la biologie à la dialogique*, Louvain-la-Neuve, Bruylant-Academia.

GOFFMAN (E.)
1959 *The Presentation of Self in Everyday Life*, Garden City, N.Y., Doubleday, trad. française par A. Accardo *La mise en scène de la vie quotidienne*, Paris, Éditions de Minuit, 1973.
1967 *Interaction Ritual. Essays on Face-to-face Behavior*, Garden City, N.Y., Anchor Books, trad. française par A. Kihm *Les rites d'interaction*, Paris, Éditions de Minuit, 1974.

GRICE (P.)
1975 « Logique and Conversation » (William James Lectures 1967), in Cole (P.) et Morgan (J.L.) éds. *Syntax and Semantics 3 : Speech Acts*, New York, Academic Press, pp. 41-58 ; trad. française « Logique et conversation » par Fr. Berthet et M. Bozon, in *Communications*, Paris, 1979, n° 30, pp. 57-72.
1978 « Further notes on logic and conversation », in Cole (P.) éd. *Syntax and Semantics 9 : Pragmatics*, New York, Academic Press, pp. 113-128.
1981 « Presupposition and conversational implicature », in Cole (P.) éd. *Radical Pragmatics*, New York, Academic Press, pp. 183-198.
1989 *Studies in the Way of Words*, Cambridge (Massachusetts), Harvard University Press.

GRUNDY (P.)
2000² *Doing Pragmatics*, Londres-New York, Arnold-Oxford University Press Inc.

HAILLET (P.P.)
2007 *Pour une linguistique des représentations discursives*, De Boeck-Duculot, Bruxelles, coll. Champs linguistiques. Recherches.

HARNISH (R.M.) éd.
1979 *Basic Topics in the Philosophy of Language*, New York, Harvester & Wheatsheaf.

HEINDERYCKX (Fr.)
1999 *Une introduction aux fondements théoriques de l'étude des médias*, Liège, Éditions du CÉFAL a.s.b.l., coll. CÉFAL Sup, n° 1.

JACQUES (Fr.)
1979 *Dialogiques. Recherches logiques sur le dialogue*, Paris, PUF.

JAKOBSON (R.)
1963 *Essais de linguistique générale*, Paris, Éditions de Minuit.

KERBRAT-ORECCHIONI (C.)
1986 *L'implicite*, Paris, Armand Colin.
1990- *Les interactions verbales*, tome I (1990), tome II (1992), tome III (1994), Paris, Armand 1994 Colin.
2008 *Les actes de langage dans le discours. Théorie et fonctionnement*, Paris, Armand Colin, coll. Cursus.

KLINKENBERG (J.-M.)
1998 « L'originalité du sens rhétorique : le trope comme sens implicite », in *Actes du XXIIe Congrès international de linguistique et de philologie romanes*, vol. VIII *Les effets du sens*, Tübingen, Max Niemeyer Verlag, pp. 67-74.

LYCAN (W.G.)
1984 *Logical Form in Natural Language*, Cambridge (Massachusetts), MIT Press.

MAINGUENEAU (D.)
2007² *L'énonciation en linguistique française*, Paris, Hachette, coll. Les fondamentaux. Lettres.

MARTINET (A.)
1960 *Éléments de linguistique générale*, Paris, Armand Colin.

MEUNIER (J.-P.) et PERAYA (D.)
1993 *Introduction aux théories de la communication. Analyse sémiopragmatique de la communication médiatique*, Bruxelles, De Boeck.

MEYER (M.)
1982 *Langage, logique et argumentation*, Paris, Hachette.

MILNER (J.-C.)
1989 *Introduction à une science du langage*, Paris, Seuil.

MOESCHLER (J.)
1985 *Argumentation et conversation. Éléments pour une analyse pragmatique du discours*, Paris, Hatier.
1994 *Langage et pertinence : référence temporelle, anaphore, connecteurs et métaphore*, Nancy, Presses universitaires de Nancy.
1996 *Théorie pragmatique et pragmatique conversationnelle*, Paris, Colin.

MOESCHLER (J.) et AUCHLIN (A.)
1997 *Introduction à la linguistique contemporaine*, Paris, Colin.

MOESCHLER (J.) et BÉGUELIN (M.-J.) éds.
2000 *Référence temporelle et nominale. Actes du 3e cycle romand de Sciences du langage*, Cluny (15-20 avril 1996), Berlin-Berne-Bruxelles-Francfort-New York-Vienne, Peter Lang, coll. Sciences pour la communication.

MOESCHLER (J.) et REBOUL (A.)
1994 *Dictionnaire encyclopédique de pragmatique*, Paris, Seuil.
1998 *La pragmatique aujourd'hui. Une nouvelle science de la communication*, Paris, Seuil, coll. Points Essais.

MORRIS (Ch.W.)
1938 « Foundations of the theory of the Signs », in *International Encyclopaedia of Unified Sciences 1/2*, Chicago, University of Chicago Press, trad. française « Fondements de la théorie des signes », in *Langages*, Paris, Didier-Larousse, n° 35, pp. 15-21.

Où en est la pragmatique ?
1995 *L'information grammaticale* n° 66, publié sous la direction de P. Attal, Paris.

Paroles animales.
*20*02 Numéro hors série (n° 131) de *Sciences et avenir*, Paris.

PAVEAU (M.-A.)
2006 *Les prédiscours. Sens, mémoire, cognition*, Paris, Presses Sorbonne nouvelle.

PAVEAU (M.-A.) et SARFATI (G.- É.)
2003 *Les grandes théories de la linguistique. De la grammaire comparée à la pragmatique*, Paris, Armand Colin.

PEYTARD (J.)
1995 *Mikhaïl Bakhtine. Dialogisme et analyse du discours*, Paris, Lacoste.

La pragmatique
1979 *Langue française* n° 42, Diller (A.-M.) et Récanati (Fr.) éds., Paris, Larousse.

La pragmatique
1989 *Revue québécoise de linguistique* n° 18/1, Montréal.

REBOUL (A.)
1998 « La fiction et le mensonge: les "parasites" dans la théorie des actes de langage », in *Psychologie de l'interaction*, n° 5/6, pp. 97-125.

RÉCANATI (Fr.)
1979 *La transparence et l'énonciation. Contribution à la pragmatique*, Paris, Seuil.
1981 *Les énoncés performatifs*, Paris, Éditions de Minuit.
1970 « Du positivisme logique à la philosophie du langage ordinaire: naissance de la pragmatique », postface à Austin (J.L.) *Quand dire, c'est faire*, Paris, Seuil, pp. 185-203.

ROSS (J.R.)
1970 « On declarative sentences », in Jacob (R.A.) et Rosenbaum (P.S.) éds. *Reading in English Transformational Grammar*, Waltham, Ginn, pp. 222-272.

ROULET (E.) *et al.*

1985 *L'articulation du discours en français contemporain*, Berne-Francfort-New York, Peter Lang.

SARFATI (G.- É.)

2002 *Précis de pragmatique*, Paris, Nathan, coll. Nathan université. Linguistique, n° 128.

SAUSSURE (L. de)

2003 *Temps et pertinence. Éléments de pragmatique cognitive du temps*, De Boeck-Duculot, Bruxelles, coll. Champs linguistiques. Recherches.

SEARLE (J.R.)

1969 *Speech Acts*, Cambridge (Massachusetts), Cambridge University Press ; trad. française par H. Pauchard *Les actes de langage. Essai de philosophie du langage*, Paris, Hermann, 1972.

1979 *Expression and Meaning*, Cambridge (Massachusetts), Cambridge University Press ; trad. française par J. Proust *Sens et expression: étude de théories des actes de langage*, Paris, Éditions de Minuit, 1982.

1983 *Intentionality*, Cambridge (Massachusetts), Cambridge University Press, trad. française *L'intentionnalité*, Paris, Éditions de Minuit, 1985.

SPERBER (D.) et WILSON (D.)

1978 « Les ironies comme mentions », in *Poétique*, n° 36, pp. 399-412.

1979 « Remarques sur l'interprétation des énoncés selon Paul Grice », in *Communications*, Paris, n° 30, pp. 80-94.

1986 *Relevance. Communication and Cognition*, Oxford, Blackwell ; trad. française par A. Gerschenfeld et D. Sperber *La pertinence. Communication et cognition*, Paris, Éditions de Minuit, 1989.

STRAWSON (P.F.)

1971 *Logico-linguistic Papers*, Londres, Methuen, trad. française par J.-Cl. Milner *Études de logique et de linguistique*, Paris, Seuil, 1977.

SIOUFFI (G.) et VAN RAEMDONCK (D.)

1999 *100 fiches pour comprendre la linguistique*, Paris, Bréal.

VION (R.)

2000 *La communication verbale. Analyse des interactions*, Paris, Hachette, coll. Hachette université. Linguistique.

WARNOCK (G.J.)

1958 *English Philosophy since 1900*, Londres, Oxford University Press.

1973 « Some types of Performative Utterances », in Berlin (I.) *et al.* éds. *Essays on J.L. Austin*, Oxford, Clarendon Press.

WITTGENSTEIN (L.)

1922 *Tractatus logico-philosophicus*, Routledge & Kegan Paul Ltd., trad. française par G.-G. Granger *Tractatus logico-philosophique*, Paris, Gallimard, coll. Tel, n° 311, 1993.

INDEX

TABLE DES MATIÈRES